编辑委员会

《符号与传媒》2019 秋季号，总第 19 辑

中国知网(CNKI)来源集刊　中文科技期刊数据库来源集刊
超星数字图书馆来源集刊　万方数据库来源集刊

符号与传媒
Signs & Media

主编　曹顺庆　赵毅衡
四川大学符号学-传媒学研究所　主办

总第19辑

19

四川大学出版社

项目策划：黄蕴婷
责任编辑：黄蕴婷
责任校对：毛张琳
封面设计：墨创文化
责任印制：王　炜

图书在版编目（CIP）数据

符号与传媒．19 / 曹顺庆，赵毅衡主编．— 成都：四川大学出版社，2019.9
ISBN 978-7-5690-3067-9

Ⅰ．①符… Ⅱ．①曹… ②赵… Ⅲ．①符号学—文集 Ⅳ．①H0-53

中国版本图书馆 CIP 数据核字（2019）第 191785 号

书名　符号与传媒（19）
Fuhao Yu Chuanmei（19）

主　　编　曹顺庆　赵毅衡
出　　版　四川大学出版社
地　　址　成都市一环路南一段 24 号（610065）
发　　行　四川大学出版社
书　　号　ISBN 978-7-5690-3067-9
印前制作　四川胜翔数码印务设计有限公司
印　　刷　郫县犀浦印刷厂
成品尺寸　170mm×240mm
插　　页　2
印　　张　15.25
字　　数　283 千字
版　　次　2019 年 9 月第 1 版
印　　次　2019 年 9 月第 1 次印刷
定　　价　62.00 元

扫码加入读者圈

◆ 读者邮购本书，请与本社发行科联系。
电话：(028)85408408/(028)85401670/
(028)86408023　邮政编码：610065
◆ 本社图书如有印装质量问题，请寄回出版社调换。
◆ 网址：http://press.scu.edu.cn

四川大学出版社
微信公众号

编者的话

在过去一个多世纪的世界符号学运动中，英国女学者维尔比夫人的贡献时常被忽视，“维尔比夫人的表意学”研究专辑中，苏珊·佩特里利详细介绍了维尔比夫人表意学理论体系；赵星植回顾了维尔比与皮尔斯对意义三分模式的讨论；孙凤、屠友祥系统探讨了维尔比视为基础性概念的“翻译”问题；薛晨就维尔比表意学中的“感知”概念进行讨论。这些文章引介了维尔比夫人的学术观点。恢复维尔比作为符号学创始人之一的学术史地位，是事不宜迟的工作。我们特地推出这个专栏，希望引起学界注意。

形式与内容的关系探讨自东方的先秦时期、西方的古希腊起就源源不断，对后世思想产生了极为深远的影响，至今仍是重要的研究领域。“哲学符号学”部分中，丁尔苏分析了现有的二元、三元符号模式，提出建立一符多义动态模式的设想；张颖探讨了乔姆斯基对克里斯蒂娃符号学思想的影响；刘维邦讨论数字时代审美范式由“精神性”向“身体性”发生的转向。哲学符号学并不仅仅梳理哲学思想史中的符号学脉络，更不断地面对新挑战，提出新见解。

作为常设内容，“传播符号学”部分收录了林正、蒋晓丽对心理健康干预式报道中意动叙述的探讨；李红秀借助伴随文本对两会红蓝女记者事件展开分析。我们还能看到王小英关于手机与自我关系的讨论，闫文君所论名人符号隐含作者以及王立慧对图像叙述的意识形态内涵的论述。此外，“理论与应用”中，学者们从符号叙述学角度对电影、历史文本展开的讨论，同样精彩。

Editor's Note

Victoria Lady Welby and her works have generally been ignored in semiotics research over the last hundred years. We thus present a special section entitled "Victoria Welby's Significs" to draw our readers' attention to this important figure in the history of semiotics. In this section, Susan Petrilli elaborates on Welby's theoretical system of significs. Zhao Xingzhi ponders the origin of the triadic model of meaning by reviewing the correspondence between Welby and Charles S. Peirce. The core concepts proposed in her significs, namely, translation, sense and mother-sense, are discussed by Sun Feng, Tu Youxiang and Xue Chen, respectively. These papers not only introduce Lady Welby's thought, but also—and most importantly—are dedicated to restoring Welby to her rightful position as co-founder of semiotics.

Debate on form and content dates back to the pre-Qin period in China and ancient Greece in the West, and these ideas continue to influence the thinking of scholars today. In an article entitled "Philosophical Semiotics", Ding Ersu advances a polysemic and dynamic model of the sign after reviewing dyadic and triadic models in semiotic history. Zhang Ying delves into Chomsky's influence on Julia Kristeva's semiotic theory. Li Bangwei focuses on the aesthetic turn from spiritual to bodily signs in the digital age. Philosophical semiotics is shown not merely to clarify the role of semiotics in the academic history of philosophy, but also to cope with new challenges and advance new views.

In our regular section "Semiotics of Communication", Lin Zheng and Jiang Xiaoli explore conative narration in mental health intervention reports, and Li Hongxiu analyses meta-journalism using a co-text framework. The relationships between mobile phone and self, between celebrity and implied author and between image and ideology are also carefully studied in this section by Wang Xiaoyin, Yan Wenjun and Wang Lihui, respectively. A more detailed discussion of film, historical texts, etc., can be found in the section entitled "Theory and Application".

目 录

哲学符号学

维尔比夫人的表意学

传播符号学

理论与应用

书　评

Contents

Philosophical Semiotics

Victoria Welby's Significs

Semiotics of Communication

Theory and Application

Book Review

哲学符号学

建立一符多文的动态符号模式

丁尔苏

摘　要：20世纪初，瑞士符号学家索绪尔提出了一个二元符号模式，在学界内外都产生了重大影响。然而，符号的能指与所指之关系并非他所想象的那样一蹴而就、单独对应，这就要求我们对索绪尔的符号模式进行再思考。几乎在同一时间，美国符号学家皮尔斯提出了著名的符号三分法，为后人梳理各类符号现象打下良好的理论基础。可惜皮尔斯未能清楚地阐释不同符号之间的相互转换，导致现今符号分类工作中的种种混乱。倘若在皮尔斯理论的基础上对符号的发生和演变给予足够重视，我们就可以建立一个能够更好解释各类符号现象的动态模式。

关键词：索绪尔，皮尔斯，符号模式，相似性推理，指示性推理

Towards a Polysemic and Dynamic Model of the Sign

Ding Ersu

Abstract: At the beginning of the 20th century, Ferdinand de Saussure proposed a dyadic model of the sign that has since been very popular in and outside the academic ivory tower. Concrete sign processes, however, do not always validate the simple and fixed one-to-one relationship between the signifier and the signified as conceived by the Swiss semiotician, hence a need for improvement of his model. Almost at the same time, Charles

Sanders Peirce put forward his famous trichotomy of signs which has been widely applied in subsequent efforts of sign classification. What the American semiotician did not make clear is the relationship of transformation that exists between the three categories of signs. If that aspect of semiosis receives its due attention, Peirce's theory could then make a significant contribution to the construction of a dynamic model of the sign which better explains sign phenomena of all kinds in real life.

Keywords: Saussure, Peirce, sign model, indexical reasoning, iconic reasoning

DOI: 10.13760/b.cnki.sam.201902001

说起符号模式，符号学学者最先想到的可能是现代符号学创始人费尔迪南·德·索绪尔于20世纪初提出的二元符号构架，即能指与所指的一对一结合。事实上，在西方思想史的长河中，还有许多理论家也对符号的基本形态提出过自己的观点，只不过他们关于符号的阐述远不如索绪尔那样清晰明了，所以大多被人遗忘。

最先对符号之构成展开讨论的是古希腊哲人，其中包括影响极其深远的意义实在论的鼻祖柏拉图（参见Ding，2010，pp. 8−17）。在此后两千多年里，西方人对该问题的探索从未间断，各种理论层出不穷，五花八门。但如果仅从符号的内部关系项着眼，以往众说纷纭的理论大致可以归入符号“二元模式”说或“三元模式”说。德国学者温弗雷德·诺特（Winfred Nöth）在《符号学手册》中分别列举了这两大阵营的代表人物（1990，pp. 88−90）。为方便起见，本文作者将诺特书中两份表格译成中文，并稍作调整如下：

表1　二元符号模式概览

理论家	Correlates of the Dyad（二元符号之关系项）	
	Sign Vehicle（符号媒介）	Meaning（意义）
Augustine（奥古斯丁），397年	sign（as thing） （［物］符号）	(other) thing(s), something else （［别的］事物、他物）
Albertus Magnus and Scholastics（艾尔伯图斯·麦格努斯及经院哲学家们），13世纪	aliquid（vox） （一物）	aliquo（res） （他物）

续表1

理论家	Correlates of the Dyad（二元符号之关系项）	
	Sign Vehicle（符号媒介）	Meaning（意义）
Hobbes（霍布斯），1640 年	antecedent experience （先行经验）	consequent experience （后随经验）
Locke（洛克），1690 年	idea（概念） word（词语）	thing（事物） idea（概念）
Port-Royal：Arnauld & Nicole（波尔—罗亚尔修道院的阿尔诺和尼古拉），1685 年	idea of the representing thing （再现物的概念）	idea of the thing represented （被再现物的概念）
Wolff（沃尔夫），1720 年	one thing（一物）	another thing （另一物）
Degérando（德格兰多），1800 年	sensation（感知）	idea（概念）
Saussure（索绪尔）	signifier（能指）	signified（所指）
Hjelmslev（叶尔姆斯列夫）	expression（表达）	content（内容）
Cassirer（卡西尔），1923 年以后	concrete sensible sign （具体感知符号）	content，meaning （内容、意义）
Bühler（比勒），1933 年	representative（concrete thing） ［（具体的）再现物］	meaning （意义）
Bloomfield（布隆菲尔德），1933 年	speech sound，signal （语音、信号）	response in hearer （听者生理反应）
Buyssens（比伊桑斯），1943 年	semic act （表意行为）	meaning，signification （意义、含义）
Jakobson（雅柯布森），1959 年以后	signans （符形）	signatum （符义）
Goodman（古德曼），1968 年	words，pictures，models，etc. （词语、图像、模式等）	denotatum，object （指称对象、客体）

表 2　三元符号模式概览

理论家	Correlates of the Triad（三元符号之关系项）		
	Sign Vehicle（符号媒介）	Sense（意义）	Referent（指称对象）
Plato（柏拉图），约公元前 400 年	sound（声音）	idea，content（理念、内容）	Thing（事物）
Aristotle（亚里士多德），约公元前 350 年	sound（声音）	affections（感受）	thing（pragma）（事物［状况］）
Stoics（斯多葛学派），约公元前 250 年	semaínon（能指）	sémainómenon，lektón（所指、意义）	object or event（客体或事件）
Boethius（波伊提乌），约 500 年	voice（发音）	concept（概念）	thing（事物）
Bacon（培根），1605 年	word（词语）	notion（概念）	thing（事物）
Leibniz（莱布尼兹），约 1700 年	sign character（符号性能）	concept（概念）	thing（事物）
Peirce（皮尔斯）	representamen（再现体）	interpretant（解释项）	object（客体）
Husserl（胡塞尔），1900 年	expression（表达）	meaning（意义）	thing（事物）
Ogden & Richards（奥格登与理查兹），1923 年	symbol（符号）	thought or reference（思想、指称）	referent（指称对象）
Morris（莫里斯）	sign vehicle（符号媒介）	significatum（含义）	denotatum（所指对象）

仔细对照这两份表格，我们不难发现，其实在二元符号模式与三元符号模式之间并不存在实质性的区别，或者说二元符号实际隐含着第三元素。如表 2 所示，三元符号的基本组成部分分别是：（1）符号媒介、（2）符号意义、（3）符号指称对象或客体。不少符号二元论者想越过“符号意义”这一中间环节，直接将符号媒介与指称客体连接起来。但这种连接应该说是虚幻的，因为它没有可能逃避符号意指活动中必不可少的“片面化”过程。赵毅衡教授在《符号学：原理与推演》里这样论述符号运作之“片面化”：“被感知的不是物本身，而是物的某些品质。物不需要全面的感知才携带意义。让物的过多品质参与携带意义，反而成为表意的累赘。‘被感知’并不能使符号回归物自身，恰恰相反，符号因为要携带意义，迫使接受者对物的感知‘片面化’

使感知成为意义的'简写式'承载。"(2011, p. 37)虽然赵教授这里讨论的是符号载体，但他的精辟见解同样适用于对指称客体的理解，因为我们所获得的关于客体的认识也不是该物的全部，而是其部分品质。可见"符号意义"在符号意指过程中不可或缺。

另一部分二元符号论者只关注共时状态下某个系统中符号媒介与符号意义之间的对应关系，故而将符号的指称客体暂时搁置，但这不等于说符号意义与其指称客体毫无关系。实际上，任何符号的意义总是与某一事物或现象相关联，后者是前者的最初来源。从这个意义上讲，二元符号模式还隐含着第三者。以索绪尔的二元符号模式为例，他把符号分成两个部分，一个叫能指，另一个叫所指：

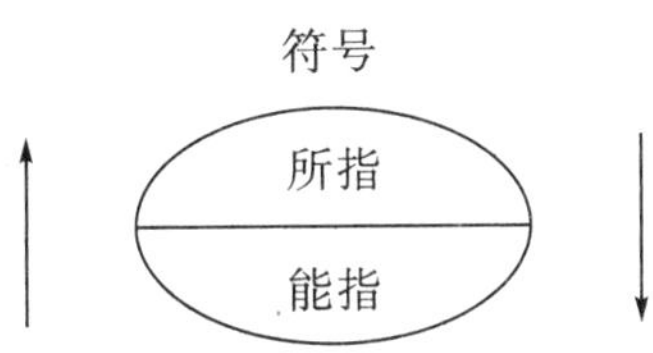

图1　索绪尔二元符号模式

索绪尔十分重视语言符号的任意性，指出同一个非语言客体或现象在不同语言里的体现各不相同，例如与"牛"的概念相对应的能指在英语里是"o－k－s(Ochs)"，而在法语里则是"b－o－f"。(1999, p. 103)但他的论述仍然离不开存在于语言之外的"趾端有蹄、头上长角、力量很大的反刍类动物"。用法国语言学家埃米尔·本维尼斯特(Émile Benveniste)的话来说，"在提及b－o－f与o－k－s之间的差别时，他无意识地依赖于一个事实，即这两个成分指称同一个实在。在这里，早先被符号的定义直截了当地排除在外的物体又悄悄地绕路爬了进来"(1971, p. 44)。可见二元符号只是三元符号的缩减版，而且两者之间的差异并非如诺特教授所说的那样"不可跨越"(unbridgeable)(1990, p. 83)。

更值得注意的是，二元符号模式与三元符号模式有一个共同之处始终没有引起学界重视，即它们都将符号媒介与符号意义之间的内部关系看成简单的一对一形式，从而极大地削弱了符号理论对符号现象的解释功能。既然二元论和三元论并无本质上的区别，我们不妨以现今流传最广的索绪尔理论为切入点，剖析一符一义静态符号模式的缺陷。

在其名著《普通语言学教程》中，索绪尔将语言符号定义为"一系列相连接的小区分，同时画在模模糊糊的观念的无限平面(A)和声音的同样不确定的平面（B）上面”（1999，p. 157）。他接着借用图像（见图2）进一步说明声音与观念的连接：

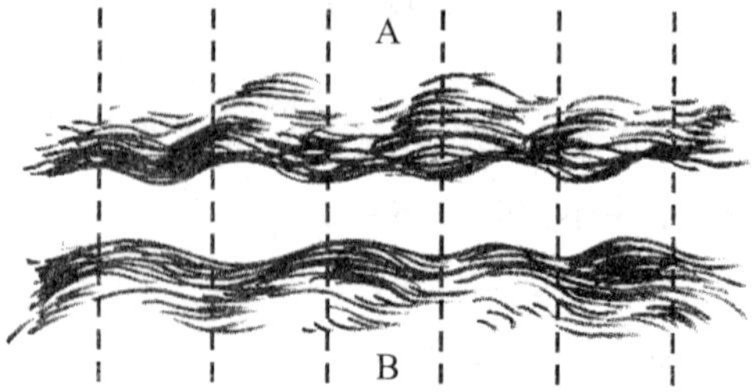

bark（吠）	bark（树皮）
lead（率领）	lead（铅）
light（光）	light（轻的）

图2　索绪尔的符号发生说

按照索绪尔的解释，不同的文化将原本含混不清的声音连续体和思想连续体切割为大小不一的单位，构成数量庞大的语言符号。由于切割方式的差异，不同语言的各个单位之间没有整齐的对应，所以说符号能指与符号所指的结合具有任意性。就符号的生成而言，索绪尔在这里提出的任意性原则不无道理。然而，符号的能指与所指之关系是否像他所想象的那样一蹴而就、单独对应却值得商榷。

首先，索绪尔归纳出的语言符号只有两个组成部分，一个是能指，另一个是与其对应的所指。索绪尔（1999. p. 102）用拉丁语“*arbor*”一词和与之对应的“树”的概念来说明其闻名遐迩的“二元符号模式”（见图3）：

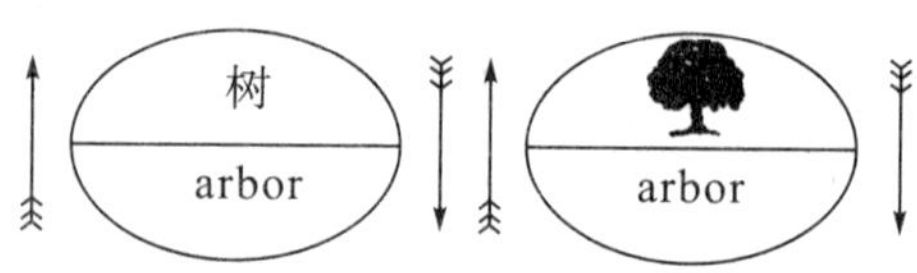

图3　索绪尔的二元符号模式

应该承认，索绪尔的符号模式干净利落，丝毫不拖泥带水，这也是它在学界非常流行的原因之一。可惜的是，符号的具体使用过程并非如此简单，或者至少与之相去甚远。

翻阅任何一本字典，细心的读者都会发现与同一词语形式相对应的经常不是单个概念，而是几个甚至几十个相关概念，语言学家把这一现象分别称为“同音字”和“同形字”。我们不妨从中、英文里各举几例：

表 3　英语同形异义词

bark（吠）	bark（树皮）
lead（率领）	lead（铅）
light（光）	light（轻的）
minute（分钟）	minute（微小的）
scale（鱼鳞）	scale（天平）
sow（播种）	sow（母猪）
tear（眼泪）	tear（撕）

表 4　英语同音异义词

blue（蓝色）	blew（吹［过去式］）
dear（亲爱的）	deer（鹿）
flour（面粉）	flower（花卉）
hear（听见）	here（这里）
mail（邮件）	male（男性）
son（儿子）	sun（太阳）
where（哪里）	wear（穿着）

表 5　汉语同形异义词

观（看［察言观色］）	观（居舍［道观］）
把（扶［把稳方向］）	把（介词，引介某受动对象，如“把他除名”）
房东（房主人）	房东（房子东边）
新生（获得新生）	新生（新来的学生）
白头翁（鸟名）	白头翁（中药名）
满堂红（紫薇的通称）	满堂红（形容全面胜利）
包（负责完成，如“包在我身上”）	包（因虫叮咬而鼓起的疙瘩）

表 6　汉语同音字

āi	埃	挨	唉	哀
àn	按	暗	黯	案
ào	傲	奥	澳	懊
bān	班	颁	斑	搬

众所周知，汉语属于单音节语言，其中同音字比比皆是，数不胜数，表6所呈现的几个同音单字只是冰山一角。

语言中还有一种常见的现象，即“一词多义”。就拿索绪尔自己采用的例子“树”来说，虽然在英语词典里“tree”只算一个词条，但与之对应的概念却不止一个。无论我们使用的词典规模如何，在该词条下面至少有以下几种含义：

名词：

1. 树；树状植物
2. 木制用具，木制构件
3. 树状结构；树状晶体
4. （动物体内的）树形分支管道系统；支气管树
5. 树形图；家谱图
6. 鞋楦
7. 圣诞树
8. （古）绞架；（钉耶稣的）十字架

动词（treed，tree·ing，trees）：

1. 赶得（人、兽等）上树躲避
2. 在……植树；用树覆盖
3. 给……（或装置）木制用具（或构件）
4. 用鞋楦楦（鞋）

此外，某一表现形式可以与多个概念相结合的现象在非语言符号中同样存在，请看以下几个饶有趣味的例子（见图4、图5、图6）：

图4 鸭/兔

图5 贵妇/女巫

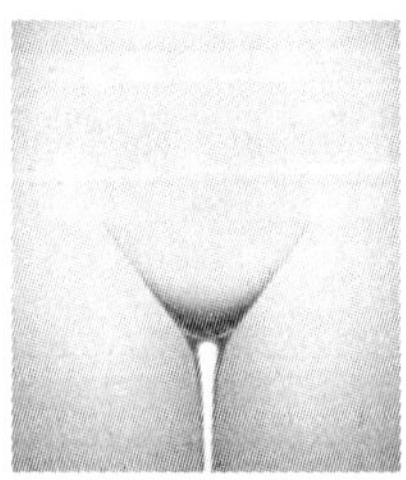

图6 马丁尼/女人

这里的三幅图像显然都具有“歧义”，由于解读角度不同，同一视觉形式可以与不同的概念相连接，我们不妨将这种现象称为“一图多解”。但无论同音异义、同形异义、一词多义，还是一图多解，符号的能指与所指之间的关系都远不像索绪尔所说的那样整齐划一，所以有必要将其一对一的简单符号模式加以修正：

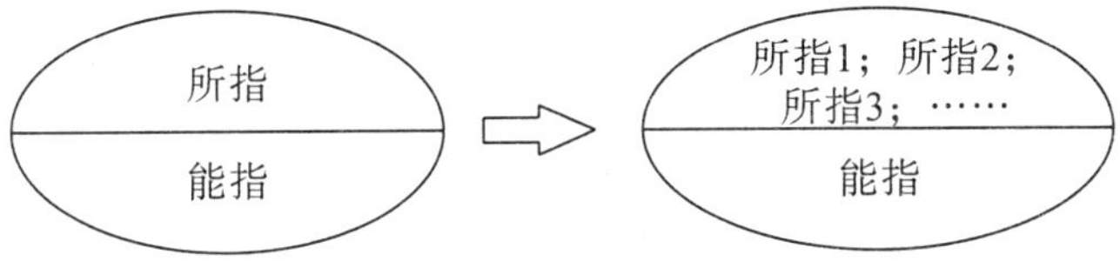

图 7　一符多义的动态模式

与图 7 左边的二元符号模式不一样，图 7 右边新模式中的“所指 1；所指 2；所指 3；……”反映了上文所讨论的“一符多义”实际状况。与同一符号形式对应的概念可能不止三个，所以在它们后面加上省略号。除此而外，省略号还代表符号的创新功能。也就是说，符号能指不仅与其现存的所指相对应，而且还能够与刚刚出现的意义单元相结合，产生新的所指。从这个意义上讲，我们的新符号模式是动态的。这一点尤其重要，因为跟大多数结构主义理论家一样，索绪尔通常忽略符号能指与所指之间的张力。他在《普通语言学教程》里这样写道：“我们无论是要找出拉丁语 *arbor* 这个词的意义，还是拉丁语用来表示‘树’这个概念的词，都会觉得只有那语言所认定的联接才是符合实际的，并把我们所能想象的其它任何联接都抛在一边。”（1999，pp. 101－102）然而，符号能指在实际使用的过程中有时的确能够与尚未被认定的所指“结下良缘”，而不像索绪尔所说的被抛在一边。这正是一词多义的符号最初得以产生的原因。

再回到索绪尔有关“树”的例子。英语中“tree”一词最初的含义只是“一种主干粗壮、枝节众多、叶片繁茂的植物”。我们可以想象，在近代历史的某一时刻，一位语言学工作者第一次让该符号形式脱离其传统指称对象（即枝繁叶茂的树），并在特定的语境下迫使其指向语言句子各个成分之间的相互关系（见图 8）：

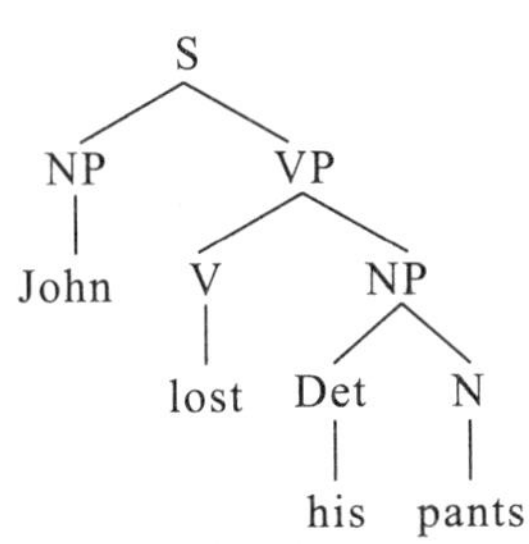

图 8　语法树

虽然这一新的能指尚未被当时的符号代码“认定”，但这不妨碍符号使用者根据旧所指（植物树）与新所指（语法树）之间的结构相似性将后者与“tree”这一形式连接。修辞学家将这种延伸符号意义的机制称作比喻。

用来拓展符号意义的还有另外一种常见的机制，即转喻。跟比喻不同，转喻的推理基础是现有符号所指与新生符号所指在时间上的顺序。如前所示，英语“tree”一词最初描述枝繁叶茂的活树，但它后来又被用来指称“木制用具，木制构件”（见图 9）。这里的逻辑联系不难理解，因为从时间顺序上看，属于植物的活树在先，而没有生命的木具在后。

图 9　“Roof Tree”作“栋梁”解

关于以上讨论的两种符号意义拓展机制，另一位符号学创始人查尔斯·桑德斯·皮尔斯也发表过十分精辟的论述，只不过他使用的术语不尽相同。按照这位美国学者的解释，符号的能指与所指之间可以有三种连接方式，进而产生三类不同符号：第一类叫作对应符号（diagrammatic sign）或像似符号（icon），它与话题之间存在某种相像或类似；第二类叫作指示符号（index），跟指示代词或关系代词一样，它硬将注意力引向意向客体，但不加描述；第三类是普适性的名称或描述，它通过名称与所指内容之间的概念性联想或惯常的联系来指称其客体（Peirce，1991，p. 181）。比喻依靠的是现存所指（植物树）与新生所指（语法树）之间的相似性，而转喻则有赖于前者（植物树）与后者（木制品）之间的时间顺序。需要补充的是，皮尔斯所说的三类符号还会相互转换，比喻和转喻经过多次使用，符号能指与所指之间的连接就习惯成自然（参见丁尔苏，2015）。此时符号能指与所指的对应不再有赖于相似性推理（iconic reasoning）或指示性推理（indexical reasoning），而成为一种习惯性联想。皮尔斯把这一类符号称作“规约符号”。

跟英语一样，中文里一词多义的现象也比比皆是，有时排在同一词语形式下面的义项多达几十个。本文作者在《符号与意义》里曾经从中、英文各取一例进行比较（2012，pp. 77－85）。如中文的“打”字极其常用，它的义项有 25 种之多；英语的“break”也很常用，它的义项更是接近半百，因而给符号使用带来许多不确定性。这里的要点是，同一词语所包含的不同义项是相互关联的。请看《新华词典》里关于“皮”字的解释：

> 皮 [pí]
>
> 1. 人或生物体表面的一层组织：牛皮｜荞麦皮｜碰掉了一块皮。
> 2. 皮子：皮箱｜皮鞋｜皮袄。
> 3. （皮儿）包在外面的一层东西：包袱皮儿。
> 4. （皮儿）表面：地皮｜水皮儿。
> 5. （皮儿）某些薄片状的东西：铅皮｜粉皮儿｜豆腐皮儿。
> 6. 有韧性的：皮糖。
> 7. 酥脆的东西受潮后变韧：花生放皮了，吃起来不香了。
> 8. 顽皮：调皮。
> 9. 由于受申斥或责罚次数过多而感觉“无所谓”。
> 10. 指橡胶：橡皮｜皮筋。

显而易见，“皮”这一符号媒介的原初所指是包在生物体外的一层薄组织，但后来的汉语使用者又将同一个符号形式用于与之相似的事物，如“粉皮儿”和“豆腐皮儿”，这个从旧所指到新所指的转移依靠的正是皮尔斯所说的相似性。此外，有些大型动物的皮肤比较厚，人类经常用它们制作鞋子或衣服，并称之为“皮货”。动物皮肤在先，皮革制品在后，两者的连接依靠的又是皮尔斯所说的指示关系。可见指示性推理和相似性推理不受语言的限制，英文使用者必须依靠它们进行人际交流，中文使用者亦是如此。换句话说，它们不仅是全人类认知世界的有效手段，而且还是所有语言符号产生和演变背后的引擎。

综上所述，符号，尤其是人类语言符号，绝非像索绪尔所描绘的那样是单一能指与单一所指的简单组合。在大多数情况下，能够与同一表达形式联合的是多个概念，构成所谓“多义符”（polysemy）和“同形异义符”（homonym）。更加重要的是，现有符号内部的诸多义项是相互关联的。符号意义不仅是过往交流活动的记录。随着人类生活的扩展与变化，我们的符号代码也不断得到更新。符号使用者经常“旧瓶装新酒”，借助“指示性推理”，或者“像似性推理”，从符号及其使用背景中得出新的解读。我们只有借助一符多义的动态模式，才能够令人满意地解释人类交往活动的实际情况。

引用文献：

丁尔苏（2015）．释意方法与符号分类．四川大学学报（哲学社会科学版），6，19－23.

索绪尔，费尔迪南·德（1999）．普通语言学教程（高名凯，译），北京：商务印书馆.

赵毅衡（2011）．符号学：原理与推演．南京：南京大学出版社.

Benveniste, É. (1971). *Problems in General Linguistics*. Miami, FL: Miami University Press.

Ding, E. (2010). *Parallels, Interactions, and Illuminations: Traversing Chinese and Western Theories of the Sign*. Toronto, CAN: University of Toronto Press.

Peirce, C. S. (1991). *Peirce on Signs: Writings on Semiotic by Charles Sanders Peirce* (J. Hoopes, Ed.). Chapel Hill, NC: University of North Carolina Press.

Winfred, N. (1990). *Handbook of Semiotics*. Bloomington, IL: Indiana University Press.

作者简介：

丁尔苏，香港岭南大学英文系教授。

Author:

Ding Ersu, professor of Department of English, Lingnan University, Hong Kong.

E-mail: ersuding@ln.edu.hk

论克里斯蒂娃“符义分析”对乔姆斯基转换生成语法的批判性接受*

张　颖

摘　要： 20世纪60年代末70年代初，美国语言学家诺姆·乔姆斯基(Noam Chomsky)的转换生成语法流行至法国，深刻影响了符号学家茱莉亚·克里斯蒂娃(Julia Kristeva)“符义分析”(sémanalyse)理论的建构，成为她符号学思想不可或缺的理论渊源。克里斯蒂娃对乔姆斯基思想的批判与突围有三：首先，她接受乔姆斯基转换生成语法模型的动态性特征，但拒绝乔姆斯基特定的天赋语言观以及言说主体的立场；其次，克里斯蒂娃的生成文本/现象文本较乔姆斯基的深层结构/表层结构更有独特的理论品格；最后，克里斯蒂娃发展乔姆斯基的转化生成语法，通过对小说文本的研究，提出一种转换方法，用以研究符号系统之外的社会历史因素在文本中的转换。借由探究“符义分析”对乔姆斯基思想的批判性接受，可以窥见克里斯蒂娃符号学理论的思想渊源与理论诉求，进而辨析其在法国符号学阵营中理论位置，以及其后结构主义的理论属性和特征。

关键词： 茱莉亚·克里斯蒂娃，诺姆·乔姆斯基，符号学，转换生成语法，影响研究

---

* 本文为国家社科基金青年项目“20世纪六七十年代结构-后结构主义运动中的克里斯蒂娃研究”(16CWW001)阶段性成果。

On the Critical Response of Julia Kristeva's Sémanalyse to Noam Chomsky's Transformational-generative Grammar

Zhang Ying

Abstract: In the late 1960s and early 1970s, the theory of transformational-generative grammar developed by the American linguist Noam Chomsky arrived in France, profoundly influencing the construction of the theory of sémanalyse developed by the semioticist Julia Kristeva. Kristeva's criticism and development of Chomsky's thought took three main forms. First, she accepted the dynamic characteristics of Chomsky's transformational-generative grammar model but rejected his view of gifted language and the position of the speaking subject. Second, compared with Chomsky's concepts of deep structure/surface structure, Kristeva's concept of géno-texte/phéno-texte has distinct theoretical characteristics. Finally, Kristeva developed Chomsky's transformational-generative grammar and proposed a new "transformation method" through the study of novel texts, which could be used to further study the transformation of social and historical factors outside the semiotic system of texts. Through exploration of Kristeva's critical response to Chomsky's theory, we glimpse the ideological origin and theoretical nature of Kristeva's thought, helping to distinguish its theoretical position in the French semiotics camp and the theoretical attributes and characteristics of her thought in the context of post-structuralism.

Keywords: Julia Kristeva, Noam Chomsky, semiotics, transformational-generative grammar, impact studies

DOI: 10. 13760/b. cnki. sam. 201902002

保加利亚裔法国符号学家茱莉亚·克里斯蒂娃 1965 年到达巴黎之时，法国正处于结构主义（structuralism）研究范式或结构论符号学（sémiologie）的全盛时期。她很快推翻了正在研究的有关新小说的课题，开始着手符号学思想的研究，并从符号学的角度研究作为文类的小说的构成。她在 20 世纪 60 年代末 70 年代初的语言学和符号学研究成果主要集中在三本专著中：《语言，这个未知的世界》（*Le langage, cet inconnu*，1969）、《符号学：符义分析探索集》（*Semeiotikê. Recherches pour une sémanalyse*，1969）与《小说文本，一种转换性话语结构的符号学研究》（*Le Texte du Roman, approach sémiologique d'une structure discursive transformationnel*，1970）。

克里斯蒂娃符号学思想的演进及关键概念的提出，与乔姆斯基的转换生成语法在20世纪60年代后期在法国的传播节奏几乎一致。这一时期乔姆斯基思想在法国的传播与接受，与尼古拉·吕威（Ruwet Nicole）的贡献密不可分。早在1966年，他就在《语言》（*Languages*）杂志上发表论文介绍乔姆斯基的生成语法。他于1967年完成并出版博士学位论文《生成语法引论》（*Introduction à la grammaire générative*）。随后的1967—1968年，其中的"生成"观与"转换"观在法国迅速传播，与结构主义向后结构主义范式转换的知识浪潮相连接，并与结构论符号学向后结构主义符号学的发展相应和，因而名声大噪。

乔姆斯基的著作影响了包括克里斯蒂娃在内的许多法国知识分子，正如克里斯蒂娃在接受《结构主义/解构主义史》（*Histoire du structuralisme*）[①]的作者弗朗索瓦·多斯（François Dosse）访谈时认为："我怀着极大的兴趣阅读了乔姆斯基的著作，因为他的模型比语音学模型更具动态性。我觉得，这可能回应了那时我刚刚开始设想的那种意义观。"（2012，p. 14）何为她"刚刚开始设想的那种意义观"？克里斯蒂娃是如何经由对乔姆斯基转换生成语法的批判与突围来建构符义分析论的，换言之，乔姆斯基的"生成"概念是如何推动克里斯蒂娃的理论推演进程的？这将是本论文试图讨论的问题。

一、克里斯蒂娃"符义分析"的理论诉求与乔姆斯基的"生成"概念

上文提到，克里斯蒂娃认为乔姆斯基的转换生成语法模型具有动态性，与她"刚刚开始设想的那种意义观"相呼应。这是哪一种意义观呢？20世纪60年代围绕法国结构主义进行的符号学研究强调结构分析，此时的文本被当作一个结构整体，是自足的、完成的和封闭的词语系统，意义是从系统中获得的。而克里斯蒂娃的"符义分析"则旗帜鲜明地旨在探索一种新的意指理

---

① 该书法文原文分上下两部，主标题为"结构主义史"（Histoire du structuralisme），其中上部的副标题为"符号之域：1945—1966年"（Le champ du signe，1945—1966），下部的副标题为"哀鸣之歌：1967年至今"（Le chant du cygnet，1967 à nos jours）。国内译者将上下两部分别翻译为"结构主义史"和"解构主义史"。

论，以研究表意实践活动为目标，此时的文本作为被分析的对象，是一种结构过程。“分节符号并从中找到某种新的外在性，可以翻检和组合的迹象的某种新的空间，即成义过程的空间。”（克里斯蒂娃，2015，p. 241）这种成义过程的新空间，包含着意义的孕育与生成的过程。

克里斯蒂娃为意指注入动态性，研究文本中的意指活动的尝试，从表象来看，与生成语法理论是存在着贴合之处的。弗朗索瓦·多斯认为，“乔姆斯基的时尚非常诱人，因为它提供了下列可能性：使结构具有动态性，同时调和发生（genèse）与结构（structure）之间的对峙，尽管乔姆斯基无意于此”（2012，p. 14）。多斯指出，这种贴合之处的根源在于乔姆斯基理论重构了意义的发生与结构之间的关系，并进一步推演。乔姆斯基最早著作《句法结构》的核心概念就是生成。他在研究语言时，从形式结构上考虑问题，试图用类似数学的科学演绎的方法，将语法过程公式化，从而建立一种一般语言结构理论。他认为语言中的无穷多的句子是依赖一组有限的形式规则，按照一定的公式或步骤生成的。自然语言的基本单位是离散的名词、动词等，它们遵照一定的形式规则，从深层结构，通过移动而生成现实语言中的句子。其中“语法转换规则 T 用一个指定的成分结构在一条指定的符号链上发生作用，从而用一个新的、推导出来的成分结构把这一条或者一套指定的符号链转换为一个新的符号链”（1979，p. 41）。“建立在这一理论基础上的符号学不再把意义当作只阐明其结构的一种已知，而是看成等待再生的一种句法。”（怀宇，2016，p. 38）不难看出，在理论诉求和观念变革的层面，乔姆斯基的“生成”概念能与“符义分析”对意义生成动态运作过程的探索相匹配。

然而，克里斯蒂娃并没有全盘接纳乔姆斯基的“生成”概念。同样是在接受弗朗索瓦·多斯采访时，她谈论起与乔姆斯基之间的交谈：“我们之间的谈话令我感到十分失望，因为他蔑视与语体学和诗学有关的一切事物。在他看来，这些现象不过是些装饰品而已。”多斯认为，“她并没有真正采纳其观念。她拒绝了有关天赋的解说和‘总是处于那里’这种语言学观念。在她看来，与现象学和弗洛伊德的思想相比，这些东西总是次要的”（2012，p. 14）。克里斯蒂娃在其 2016 年出版的访谈录中再次回忆道：“雅各布森在乔姆斯基波斯顿的处所将我介绍给他，他此时正致力于将语义学融合到生成语法之中，跟我解释说语言学与诗性语言没有任何关系。”（Kristeva，2016，p. 95）无论是克里斯蒂娃认为乔姆斯基“蔑视语体学和诗学”，还是多斯认为克里斯蒂娃对乔姆斯基“有关天赋的解说和‘总是处于那里’的语言学观念”的拒绝，均指向了克里斯蒂娃与乔姆斯基对“生成”观念表象背后的深层理论内涵理解存在巨大鸿沟。乔姆斯基讨论语言的生成能力以及表层结构和深层结构区分的基础，是他持有的特定的天赋语言观，即人天生具有学习语言的能力，这种能力生而有之，由基因决定。语言只是用来交流的工具，人的思想的塑造与语言并不相关，是独立的。乔姆斯基的深层结构观和人类天性观，是使得克里斯蒂娃与其基本的语言观念背道而驰的原因。

强调语言的工具性，拒绝语言与主体性的关联，这种观念无法满足克里斯蒂娃理论推演的诉求。尽管在《笛卡尔的语言学——理性主义思想史的一章》中乔姆斯基强调了说话主体（sujet parlant，又译“言说主体”）的重要性，但他所认为的主体是被封闭在语法结构之中的、连贯的、具有统一意识的。克里斯蒂娃认为“（乔姆斯基的分析方法）提出了把语言系统视为一个生成过程的观念，其中的每个序列和规则都遵循着一个以说话主体的意识为轴心的前后连贯的整体，而说话主体所享有的自由则只是服从语法性的规范而已”（2015b，p. 275）。在乔姆斯基特定天赋观的视野下，说话主体是而且只能是规范的服从者，拘囿于语法规则的范围之内。这样的主体是克里斯蒂娃所拒绝的，“乔姆斯基的语言学尽管认识到了说话主体的位置（笛卡尔形式层面），但是与本维尼斯特所打开的话语内部的语义以及交互主体领域相距甚远”（Kristeva，1996，pp. 15—16）。而建立在这样的一类说话主体基础之上的转换分析，则是“以说话主体的理性构想来考虑的一个心理过程的句法图络”（克里斯蒂娃，2015b，p. 275）。这并非克里斯蒂娃所寻求的转换分析。

“符义分析”的符号学理论建立在一种新的主体观基础之上，这一类言说主体并非连贯的实体，而是一种不稳定的、分裂的存在。语言对于主体而言并非简单交流的工具；语言建构了主体性，这类主体与心理分析理论中无意识的驱力相关，处在理性与非理性、意识与无意识的边界之上，处在不断运动的过程中。这一观点主要受到语言学家本维尼斯特的影响（张颖，2014），本维尼斯特与乔姆斯基在主体与语言关系的问题上矛盾不可调和，而克里斯蒂娃站到了本维尼斯特阵营一边。这一类主体不被语法规则拘囿，而是处于语言活动的边界处。“这将是一个在能指中并通过能指自我解构（se détruit）并自我重构（se reconstruit）的主体。”（克里斯蒂娃，2015b，p. 277）“符义分析”是从意义及其主体的表面出发，向纵深之处开掘，发掘意义的生成过程以及主体的形成与崩坏的过程。文本需要通过对能指以及能指运作的驾驭来实现这个纵切，透过表意手段、主体以及符号的运作实现对文本意义生成的探索。

乔姆斯基强调语言的工具性，为普遍语法确立框架，使句子在形式规则内部稳定转换与生成，其背后的思想基础是笛卡尔理性主义的理论传统。正如克里斯蒂娃所言："乔姆斯基精密的描写、它严密的条理性和动态性为探求理性确定性的读者带来的快感，掩盖不了这种研究方法深刻的基础含义。它不研究语言的多元性，也不研究言语的多重功能，它所证明的是主-谓逻辑体系的严密性。"（2015b，p. 276）克里斯蒂娃关注的是作为对象的语言所具有的唯物主义特征，即语言并不仅仅是一种交流的工具，而是与主体息息相关的、动态的语言实践。这背后的运作基础是她试图突破结构主义范式、为其注入活力的追求，其根源是在20世纪60年代末这一特定历史时期对以理性主义为基础的整体论、有机论和系统论的反叛。

二、乔姆斯基的"深层结构/表层结构"与克里斯蒂娃的"生成文本/现象文本"

乔姆斯基的《句法理论的若干问题》是其继《句法结构》之后的另一部代早期表性著作。他用成对概念"深层结构/表层结构"来讨论句法结构问题，在《句法结构》的基础上补充了语义方面的内容。他认为句子的意义是通过语义规则从深层结构中得出的，而语音则是通过语音学上的规则从表层结构中得出的，即语义规则对深层结构做出语义解释，语音规则对表层结构做出语音解释。换言之，在交流的过程中，言说者实际说出或听到的话语是语言中的物质，是表层结构，它说明的是语音；言说者表达出的句子的意思则是深层结构，它说明的是意义。相同的深层结构可以由不同的表层结构来表述，而不同的深层结构也可以由相同的表层结构来表述。

在《句法理论的若干问题》一书中，乔姆斯基认为，"句法部分由一个基础和一个转换部分组成，基础生成深层结构，而转换部分则把深层结构转化为表层结构。为了进行语义解释，一个句子的深层结构服从于语义部分，而该句子的表层结构则进入语音部分并接受语音解释。然后，一部语法的最终作用便是把语义解释与语音解释联系起来——也就是说旨在阐明一个句子是如何得到解释的"（1986，p. 134）。这里的"基础"指的是短语结构规则、次范畴规则和词库方面的内容。语言所承载的思想（所表达的意义），在乔姆斯基看来，是先天固有的，是人脑中存在的语义结构，而"转换"的形式操作，将深层结构转换成为表层结构。此处深层结构所决定的句子的意义，并不仅仅是纯粹语义上的，它还包含了语法层面的内容，比如词语、短语以及句子间的相互关系。乔姆斯基在《句法理论的若干问题》中强调的转换语法的核心，就是通过转换规则将深层结构转换成为表层结构。

克里斯蒂娃在《公式的产生》(L'engendrement de la formule) 一文中讨论"生成文本/现象文本"问题时，对生成语法的"深层结构/表层结构"进行了分析，她认为，生成语法理论"引入了某种综合视野，后者把话语行为呈现为某种生成程序 (un procès de génération)"，这是对生成语法在视野或新观念引入的价值层面的认同。这之后，她分三个层次论述了生成语法的深层结构可能存在的问题。首先，她质疑深层结构的目的单一，认为"乔姆斯基深层结构的目的仅限于生成语句，表示语句是非语法化的、非句法化的直线型的抽象结构 ('basic subject-predicate form')，而绝不上溯并观察直线型语句结构 (主谓句) 之前可能出现的各种不同的结构阶段"。她认为乔姆斯基深层结构忽略了主谓句生产之前的内容，比如说词语可能引发的多方面的阐释等。其次，她质疑深层结构与表层结构的形态层面的雷同，认为"成分相同，无任何变化程序：乔姆斯基的生成模式中看不到任何一成分类型向另一成分类型、一种逻辑类型向另一逻辑类型的过渡"。克里斯蒂娃认为从深层结构转换成表层结构，形态或者逻辑类型并未发生变化，而只是一种对语义内容进行的语音输出。最后，她质疑了生成语法的"生成"概念的理论实质，认为"所谓的生成语法并不生成任何东西，只是提出一种生成原则 (le principe de la génération)，假设出一个深层结构，作为表层结构的原型 (archétype)" (2015a, p. 243)。此处她质疑的是生成语法中"生成"的动态性和真实指向，认为乔姆斯基是用"生成原则"代替实际的生成活动，其深层结构与表层结构之间并不存在着形态的差异。

此处的三点批判，正对应着克里斯蒂娃"生成文本/现象文本"[①] 所具有的独特的理论内涵，尤其表现在对生成文本的解释之上。首先，生成文本与深层结构不同，"是语言运作的一个抽象层面，它绝不反映语句的结构，而是先于并超越这些结构，制作它们的'既往病史'"。"既往病史" (Anamnèse) 是一个医学用语，克里斯蒂娃用它来说明生成文本所统括的对象，包含着主谓句或者说线性的语句结构之前的结构阶段，实际强调的是存在于语言中的能指功能。其次，"生成文本/现象文本"在形态层面存在差异，生成文本存在于语言内部，"它们的极限不是为现象文本生成某种语句 (主谓句)，而是从表意运行之程序的各个阶段拿来某种表意手段" (2015a, p. 244)。生成文本是将语言的横断面截开而产生的语言能指层面的动态生成过程，而现象文

---

① "géno-texte"除了译成"生成文本"，也译成"基因文本"。"phéno-texte"通常译成现象文本。

本是构成结构的语言现象，涉及的是意义和交流的问题，同时假定了阐释的主体和接收者。最后，生成文本的生成，是将意义的生成过程带入表层的内容，它是现象文本的萌芽状态，将现象文本进行逻辑切割和重组，从而使得最终呈现的文本成为具有多重逻辑的共鸣体。表意运行的过程中，生成文本的序列“可能是现象文本的一个词、一系列词、一个名词句、一段、一个无意结构等”（2015a，pp. 244—245）。相对于现象文本处在表层，用于交流和传达，生成文本所体现出的是对意指的生产，二者共存于克里斯蒂娃的文本表意活动中。这是“生成文本/现象文本”相较于“深层结构/表层结构”的独特品格，也是克里斯蒂娃借助与乔姆斯基的理论对话所进行的对“生成”概念的探索。

需要强调的是，意义生成（成义过程）或意指活动本身，在克里斯蒂娃的理论中，“将是双重的行为：（1）语言网络的生产；（2）处于介绍成义过程地位的这个‘我’的产生”（p. 242）。与“生成文本/现象文本”的步调一致，主体“我”并非纯粹的笛卡尔式的主体，言说行为并非纯粹的“我思”的产物，而是与心理分析的无意识理论相勾连，处在语言活动的边界。而乔姆斯基的“生成”概念并未留意主体问题。

三、转换生成语法与小说文本的“转换方法”

在1970年出版的著作《小说文本，一种转换性话语结构的符号学研究》中，克里斯蒂娃将小说文本作为一种转换性话语结构来进行研究，其中既涉及对乔姆斯基转换生成语法的运用，还涉及她对文本转换方法问题的新探索，目的是探究“一些复杂的符号系统，比如小说”（Kristeva，1970，p. 37）。克里斯蒂娃1968年发表的论文《文本的结构化问题》（Problèmes de la structuration du texte）与收录在其符号学论文集中的文章《封闭的文本》（Le texte clos），均同《小说文本》讨论的内容相似，涉及文本结构层面的吸收和转换的问题。

在《文本的结构化问题》一文的前部分与《小说文本》的第三、四章，克里斯蒂娃花了很大篇幅实践乔姆斯基的转换生成语法模式，并借此来对小说的内在结构进行分析。具体来说，她将小说看成长句，将小说中的人物看成组成长句的词，将小说中的场景看成长句的从句或者复合句。她试图通过将转化生成语法的基本原则与小说的内在结构和意义生成联系在一起，而将语言层面的能指与所指的变化，与小说内部结构中的形式和内容的变化对应起来。她发现，用乔姆斯基的术语来说，小说的表层结构和深层结构分别对应着句法的描述与语义的阐释，表层结构即形式或能指层面的变化，并不能表现具有语义价值的语法关系，或者说，小说的意义（价值判断或作者的思想意图）即它的所指并不受表层结构的能指转换的影响。简言之，小说话语所表现的含义可以脱离语句的形式层面的变化而存在。

但克里斯蒂娃在完成这种对应分析之后，发觉了运用转化生成语法研究小说内部结构的局限：讨论这一切的前提是小说被看成一个封闭的文本，小说的转换生成只是在系统内部的稳定转换。她指出："很明显，转换分析并不能包含全部的特征，因为转换分析是'符号'思维的同谋，转换分析预设了能指/所指的二分法，并将研究建立在这种二分法的基础之上。这表现为当所指保持静止不变时，能指的转换是可能的……因此转化生成语法原则存在着局限性，这种分析方式适合说明一种封闭结构的内部变化，但是它无法把握这一封闭结构在社会文本或者历史文本的嵌入。"（Kristeva，1968，p. 312）

为具体把握小说题材的社会历史维度，克里斯蒂娃进一步发展乔姆斯基的转换生成语法，提出了一种"转换方法"（une méthode transformationnelle）。她指出："转换方法把一个既定的文本结构中的各个序列（或代码）看作对取自其他文本的序列或代码的'转换式'。具体到法国 15 世纪的小说结构，它们可以认为是对其他几种代码——经院哲学（la scolastique）、典雅爱情诗（la poésie）、城市的口头（广告）文学（la literature orale/publicitaire de la ville）、狂欢节（le carnival）——的转换结果。这种转换方法引导我们把文学结构置于社会整体之中，将社会整体看成是一个文本的整体。我们将这种产生在同一个文本内部的文本相互作用称为互文性。"（p. 312）这四种社会历史文本（经院哲学、典雅爱情诗、城市口头/广告文学和狂欢节），在克里斯蒂娃看来，是法国 15 世纪小说的四种互文因素。这四种文本是克里斯蒂娃对她在《词语、对话和小说》中提出的先前文本和同时代文本的进一步补充，具体来说，经院哲学和典雅爱情诗属于先前文本，而城市文学/广告文学和狂欢节则是属于同时文本，四种文本混合在同一个文本空间中，呈现多声部效果。这就是克里斯蒂娃所提出的社会历史文本在小说系统内部转换生成的结果，它体现出文学作品所具有的社会历史价值。

值得一提的是，这四种社会历史文本具有不同的性质。这种异质性主要表现在它们既可能是以语言为基础的文学文本，如经院哲学等，同时也可能是社会现象如狂欢节。克里斯蒂娃在说明转换场域中转换生成的过程时，将语言以及所有类型的意义实践活动，如艺术、电影、音乐等社会现象均纳入文本的意义生成中，表现为语言的符号系统与非语言的符号系统交错生成，各种不同的社会意义指称活动混杂地写入文本空间。

她尝试将乔姆斯基的转换生成法则运用于对小说结构的分析，肯定了转换生成语法在共时层面考察小说内在结构的转换生成时的有效性，但同时又提出转换生成语法在分析小说文本的社会文本和历史文本方面的局限，从历时转换的层面提出了“转换方法”，考察处于系统之外的各种社会历史因素在文本中的转换，将社会整体看成一个文本整体，分析社会中不同的代码在文本中的相互作用。这种将共时与历时结合来考察小说文本的生成模式的方法，也是克里斯蒂娃符号学理论的另一个核心概念“互文性”（inter-textualité）的理论内核。

在她 1974 年出版的专著《诗性语言的革命》中，克里斯蒂娃再次讨论了“互文性”，认为：

> 这个术语暗含着从一个或者多个符号系统到另一个符号系统的转移，但是这个术语经常被认为是陈旧的“影响研究”。所以，我们倾向于使用“转移”（transposition）这个概念，因为“转移”指出了从一个符号系统到另一个符号系统的通道，这一通道需要一种新的命名方式——一种描述和指示的场域性。若我们能认识到任何意指实践活动都是某一领域不同意指系统（一种互文性）间的转移的场所，我们就能理解意指系统表述的“所在之处”和它指示的“对象”从来不是单一的、完整的、与自身统一的、而总是多样的、破碎的，和类似于表格模式的。(2016，p. 43)

“互文性”用来表现一个意指系统到另一个意指系统的转移或者移置，任何意指实践活动均是不同的意指系统在转换场域中进行的转换生成，将不同的符号系统进行转移，在这样的情形下，意指系统的“所在之处”与所指示的“对象”会形成一种网络关系，如克里斯蒂娃所言，是“多样的、破碎的、类似于表格模式的”。克里斯蒂娃与乔姆斯基在转换问题上的分歧，在于她认为乔姆斯基转换生成语法只将变化的重心放置在语言系统内部，没有也不可能跳出语言系统，而她所强调的是将语言系统外部的不同符号系统均纳入转换和相互作用的场域中来。

结　语

乔姆斯基的转换生成语法理论旅行至法国，影响了包括克里斯蒂娃在内的法国众多的语言学家和符号学家，他思想的内核与结构主义的范式之间存在着微妙的关联。多斯指出，“它（乔姆斯基的著作）既是作为结构主义再次崛起的标志也是作为结构主义的危机符出现的。它戏剧性地改变了记号学的配置”（2012，p. 17）。克里斯蒂娃对其著作的接受、实践与扩展，均是在结构主义向后结构主义转型以及扩展符号学研究的边界的理论诉求下进行的。“符义分析”是一种独具特色的符号学理论，它从根本上挑战的是已有的符号学研究的强批判性和规约性。

乔姆斯基思想中的“生成”概念对克里斯蒂娃的影响，更多体现在视野和观念层面。后者对为结构注入活力、打破符号系统的封闭性的追求，与前者对生成的形式规则的强调，呈现出相似的理论诉求表象。但克里斯蒂娃很快意识到乔姆斯基几乎不考虑语境和主体的观念，他虽然将语句作为动态的变化过程进行考察，但依然处在语言系统的内部，而在这样的前提下，不同性质的符号系统的转换以及主体性与语言关系的考察将是不可能完成的任务。两人就以上问题的分道扬镳，是迥异的理论诉求早已预先设定的，而在“生成”问题上，两位理论家的对话足以互为镜像，映射出各自的思想内核。

克里斯蒂娃认为乔姆斯基的生成语法只停留在提出生成原则层面，并不能生成任何东西，而她所提出的生成文本概念具有与乔姆斯基生成语法不同的理论品格。然而，不得不提的是，生成文本如何体现将意义的生成过程带到表层的步骤，如何对用于交流和沟通的现象文本进行切割和重组，是克里斯蒂娃理论未解决的难题。钱翰在《二十世纪法国先锋文学理论和批评的“文本”概念研究》一书中认为，“生成文本是一个非常抽象和晦涩的概念……没有任何一个现实的文本可以被称之为生成文本，或者说，我们既不能看到也不能触摸到生成文本。当然，某些文本更能够向我们提示生成文本的可能性，例如先锋文本，例如马拉美的诗或乔伊斯的小说”（2015，p. 212）。生成文本具有进行实践的可能性，但在现实的意指活动中，始终不可能如现象文本般可被理解与阐释，而是表现为能指在文本中的运转，是永不结束的运动过程。它不再是结构内部的稳定转换的生成，是否又进入了生成的另一种难以控制的阶段？

引用文献：

多斯，弗朗索瓦（2012）. 结构主义史/解构主义史（季广茂，译）. 北京：金城出版社.

怀宇（2016）. 论法国符号学，天津：南开大学出版社.

克里斯蒂娃，茱莉亚（2015a）. 符号学：符义分析探索集（史忠义，等，译）. 上海：复旦大学出版社.

克里斯蒂娃，茱莉亚（2015b）. 语言，这未知的世界（马新民，译）. 上海：复旦大学出版社.

克里斯蒂娃，茱莉亚（2016）. 诗性语言的革命（张颖，王小姣，译）. 成都：四川大学出版社.

钱翰（2015）. 二十世纪法国先锋文学理论和批评的"文本"概念研究. 北京：北京大学出版社.

乔姆斯基，诺姆（1979）. 句法结构（黄长著，等，译）. 北京：中国社会科学出版社.

乔姆斯基，诺姆（1986）. 句法理论的若干问题（黄长著，等，译）. 北京：中国社会科学出版社.

张颖（2014）. 符号系统的主体和他者：论本维尼斯特对克里斯蒂娃的影响. 华中师范大学学报（人文社会科学版），53（6），103－109.

Kristeva, Julia (1968). Problèmes de la structuration du texte, in *Théorie d'ensemble*. Paris, FR: Seuil.

Kristeva, Julia (1970). *Le Texte du Roman: approche sémiologique d'une structure discursive transformationnel*. Paris, FR: Mouton Publishers.

Kristeva, Julia (1996). *Julia Kristeva Interviews*, Ross Mitchell Guberman, ed. New York, NY: Columbia University Press.

Kristeva, Julia (2016). *Je me voyage.* Paris, FR: Fayard.

作者简介：

张颖，陕西师范大学文学院讲师，研究方向为符号学、法国理论。

Author:

Zhang Ying, lecturer of School of Chinese Language and Literature, Shaanxi Normal University. Her research interests are semiotics and French theory.

E-mail: zhangyingellen@snnu.edu.cn

数字时代身体、符号与审美之关系

刘维邦

摘　要：数字时代里，数据化已成为一种认识论。由此，空间、身体乃至艺术都被数据化，同时，空间和身体的凸显以及艺术的终结正在促使传统的艺术观发生根本性转变。鉴于此，本文从身体、符号与审美的关系出发来反思当代审美与艺术，提出在数字时代居间性的身体已经符号化，现代生产逻辑与审美逻辑正在实现共谋，其结果是引发艺术由心理—情感符号变成身体—行为符号。其表现有三点：第一，空间符号取代了时间符号；第二，身体符号取代了情感符号；第三，“使其特殊”取代了自由创造。

关键词：数字时代，身体，符号，审美，艺术

The Relationship between Body, Sign and Aesthetics in the Digital Age

Liu Weibang

Abstract: In the digital age, digitalisation has become an epistemology. As a result, space, the body and even art are all digitalised. At the same time, the prominence of space and body and the end of art have brought about fundamental changes to the traditional concept of art. This article reflects on contemporary aesthetics and art based on the relationship between body, sign and aesthetics, and points out that the intermediary body has been symbolised in the digital age, and that modern production and aesthetic logic are in collusion. As a result, art has been transformed from psychological-emotional signs into physical-behavioural signs. This change has three manifestations: first, spatial signs replace temporal symbols; second, body signs replace emotional signs; and third, "making it special" replaces free creation.

Keywords: digital age, body, sign, aesthetics, art

DOI: 10.13760/b.cnki.sam.201902003

一、身体的居间性与符号化

早在20世纪30年代，著名的马克思主义文艺批评家、哲学家本雅明就已经预感到生产变革对人们生活方式和认知方式的决定性影响，并明确指出："人类的感性认识方式是随着人类群体的整个生活方式的改变而改变的。"（2002，pp. 88—89）

根据马克思主义的观点，生产不仅生产产品，还生产人与人之间的关系，生产社会意识形态或人们的思想观念。[①] 生产方式作为世界生成的"指挥中心"，隐喻着人与世界及其相关的观念、文化等根底里都暗藏着生产逻辑。在"世界—生产—工具—符号—人"的结构中，人的出生、养成和实现都以"身体"为"坐标中心"，以对工具与语言的使用为中介，以在世界中的实践实现自我价值这三者为目标的。在此过程中，身体的可感性、知觉性及其在世界中的存在使个体由生物性的人转为文化性的人；身体的居间性、参与性及实践性将个体的身体让渡给世界而成为社会性的存在者。

身体既不是一无所有的"容器"，也非一个绝对实体，而是一个不断在"处境"中"生成"的主体。就身体与空间的关系来说，世界总是处境性的身体所知觉到的世界，甚至可以说，世界不过是我的身体知觉的表象或集体表象。然而，无论是处境还是处境中的身体，从本质上都不可能脱离所处时代的生产关系，不可能自在于支配生产关系的生产方式之外。世界的生产性、工具性并不因任何处境性的个体而发生根本动摇。生产工具对世界的不可撼动的支配性是每个在世的身体主体必须承认并接受的真相。

身体以其可感的、行动的肉体形式居于我和世界之间，它既是"我"的一部分，同时也是世界的一部分，老子的"大患若身"和卢梭的"人生而自由却无往不在枷锁之中"所感慨的正是身体在我和世界之间的扭结状态。

---

① 马克思在《1844年经济学哲学手稿》中揭示了"异化劳动"通过生产对人与人关系的异化（2000，pp. 60—64），而阿尔都塞接着马克思的观点揭示了意识形态的生产性特点。（孟登迎，2002，p. 122）

除了身体具有“居间性”外，符号亦然。一般而言，在言说意义上讲，世界是复数的。世界的复数性说明了世界是以人对世界的认知和定义为基础的，而当世界由于复数性而陷于多元主义时，其定义背后的符号性便显露出来。在某种意义上，世界从起点上就是一种符号表述，而表述的本质是符号编码。换言之，世界是符号化的世界，符号化即对感知进行意义解释，是人应对经验的基本方式。因此，有学者提出，世界是由符号（能被我们理解的带上意义的物）和潜在的符号（有待被我们理解的）组成的（赵毅衡，2011）。在符号学意义上，世界不过是符号的集合。

世界的“表述性”和“符号化”在今天的信息社会和数字时代可谓愈演愈烈。

首当其冲的表现是大众传媒日益成为支配人们日常生活的信息指挥中心，手机、电视、电脑、大数据等集各种信息于一身并通过客户端传送至每一个个体，结果是每个个体都沦为大众传媒的信息支配物，大众传媒生产并决定着我们的信息来源和认知结构，正如尼尔·波兹曼在《娱乐至死》中所下的精辟论断一样：媒介即认识论。（波兹曼，2004，p. 19）

其次，近年来由于基因工程、物联网和人工智能技术的发展和应用，数据主义引起了人们的关注和警惕。数据主义者以决定论式的语调颠覆了传统的人文主义，他们提出所有生物都是一个信息流，都是算法，人比其他动物优越的地方就在于能处理更多的信息。当我们引以为傲的文明和历史沦为被身体这个信息处理器处理的信息时，人类中心主义的“物种优越感”瞬间被消解了。（赫拉利，2017）由此带来的更深层的问题是人本主义价值观的贬值、信息资源的资本化和市场化以及各种虚无主义价值观的反弹。

当世界和居间性的身体都沦为信息传媒的奴隶并被科学表述为“信息数据”时，仿佛以往的所谓意义都土崩瓦解了。世界除了信息符号外，似乎一无所有。换言之，数字时代的生产方式使世界和人都异化为数据或信息。尽管这种极端的看法可能忽略了人的自由意志，忽略了数据寡头的权力运作，但它至少昭示了：在数字时代，生产、生活的信息化致使世界和身体都被“工具-符号化”，身体对世界的可感性只能面对冷冰冰的信息世界，而符号作为主体和世界的中介已经成为身体的“互体”。

身体和符号作为彼此的“互体”，并不是数字时代的新产物，它根源于人的知觉的符号本能。中国古代圣人的“象天法地”（郭彧，2010，p. 304）和卡希尔“人是符号的动物”（1985，p. 34）都说明了“符号”是一种兼有物质性和人文性，融汇指示性和意义性的居间工具。尽管符号不能取代生活和事实，但它构成并参与了生活和事实，构成并参与了生活在事实中的人。从哲学上看，康德对现象和物自体的区分以及梅洛－庞蒂的知觉现象学理论进一步将世界由不可知的物推向处境性的知觉身体，而在知觉身体与世界之间，是物通过符号搭建起连接二者的桥梁。

可以认为，符号的中介性正是身体居间性在世界中的人文显现，是具身性向着显现为现象的物自体的意向性投射。一言以蔽之，符号，尤其是消费符号，已经成为居间身体的知觉互体。

二、生产逻辑与审美逻辑的共谋

根据“权力/知识”公式及其对人的现代规训，福柯宣称“人死了”。这里的人显然是具有自由意志的人，而人之死的判断的真正含义是主体性沦为权力、知识的产物。显然，这喻指权力主导的知识生产与人的不可调和的对立关系。如果说生产身体的前提是“身体的可感性和参与性”，那么，现代性生产方式则通过“权力/知识”生产体系建构了一个网罗世界的“圆形监狱”，任何个体的身体从生到死都不可逃避地在其中将自己让渡给这个“圆形监狱”去规训。

身体在现代生产中的生存悖论使每个存在者被迫让渡自我。这种身体让渡是一种可见、可感、可体验的生存事实，而知识对主体性的规训则常常是前理解的、不自觉的，以至于我们往往将“身不由己”归结为自己的原因，而不会注意到其背后的先在逻辑。

前文我们曾提到符号化是人对付经验的基本方式。所谓经验，即“经历和体验”及其通过内在化而形成的认知观念。在经验中，身体的“参与”及其与世界的互动、实践是基础性、动态性和持续性的。换言之，身体的可感的生理结构是经验形成的物质基础，身体的动态化是经验在空间中具有指导性的必要阶段，而身体实践的持续性是确保经验有效的累积体认。身体对于所处世界、空间和事情的处理并不是直接的，它面临自在而杂多的自然世界，需要对其进行符号意义上的命名、编码、分析和归纳，在此基础上通过历史实践对其进行表述、确认、修正和真理化，最终形成知识体系。就此而言，经验知识是身体知觉的观念化，而符号化则是身体经验世界知觉的关键步骤。

时至今日，知识早已凭借科技－工具主义超越经验主义，而符号早已溢出身体并充斥世界。人们凭借身体感知和相应的工具征服世界，实现了世界的人化、工具化和符号化，上文提到的大众传媒的勃兴和基因工程的推进进一步加速了这一进程。

笔者认为，数字是信息的深层编码，符号是信息的普泛形式，符号的深处也是数字。数字时代除了意味着世界的数据化，还意味着数据化的世界成为未来人的前理解与前逻辑；从根本上说，意味着作为生产和生活方式的信息，数据成为一种生产与消费的普遍逻辑，支配着全球化时代世界的运行。可以说，当世界由经验的符号化深入到数字时代的数据化时，符号－数据的生产与消费便成为一种本体性的存在。

当世界符号－数据化并以此主导人的身体知觉的生产和消费逻辑时，人便不得不沦为这种逻辑的附庸。

生产与消费是引导并形成人的需求的社会运作形式。在市场－资本－权力的主导下，空间被异化为生产与数据共谋和盘踞的王国，以此，身体的感性需求由生理性上升为一种意义尺度和价值指标，所谓“日常生活审美化”，本质上正是这种逻辑的延伸。易言之，身体知觉的生产逻辑使一切与身体相关的消费转化为合法的审美意识形态。

在身体知觉的生产逻辑里，符号－数据化实现自身并顺利侵入人的精神领域的方式正是审美。

自康德将审美判断定义为情感判断始，美学便与主体的情感需求密切联系到一起，即便后来的形式主义也未能完全撼动这个基本原则，其根源在于，形式如果离开身体的感知性，就无法获得自身的自足性以证实其艺术性，说到底，离开身体的感知去谈论所谓的艺术和审美都无疑是舍本求末。因此，审美逻辑的核心是情感－身体－形式逻辑，即通过身体知觉打通情感和形式的联系，实现人的艺术栖居，使其艺术地把握世界。

我们说符号－数据化的生产逻辑主导身体知觉并进入精神领域的方式是审美，其含义是：审美逻辑与身体知觉的生产逻辑在身体－形式上具有互文性、交叉性。换言之，身体知觉的生产逻辑借助审美的情感－身体－形式的通道将其并入和收编在自己的框架内。因此，有学者提出，美学是研究身体和世界审美关系的学问（王晓华，2016，p. 57），此说可谓抓住了消费时代审美逻辑的“牛鼻子”。

当符号－数据化的生产借助审美逻辑介入日常生活时，之前的生活方式、审美范式及其相应的尺度和边界便统统被打破或重新改写，一次又一次的艺术和审美的边界突破恰恰说明了现代审美逻辑的深入发展。身体通过知觉对生活的符号－逻辑化的本质是披着审美外衣的价值重估。借助审美逻辑，现代生产逻辑将符号－数据上升为新的价值尺度，这就是所谓的“媒介即认识论”，乃至价值论和世界观。在媒介化的世界中，一方面我们逐渐与媒介融为同一个主体，即在主体性中融入了工具性，另一方面，新的价值标准也通过媒介而形成了，如明星的“流量”便是这种标准的生动体现。

三、从情感符号转向行为符号的艺术

生产方式的革新必然引起整个社会的革命以及艺术创造和鉴赏标准的革新。正如本雅明在《机械复制时代的艺术作品》中所引的瓦莱利《艺术片论集》的著名论断：“人们必须估计到，伟大的革命会改变艺术的全部技巧，由此必将影响到艺术创作本身，最终或许还会导致以最迷人的方式改变艺术概念本身。”（2002，pp. 77—78）而数字时代带来的艺术变革的重要结果之一就是“日常生活审美化”，因此，鲍德里亚指出，今天的美学已经渗透经济、政治、文化和日常生活，从而丧失了其自主性和特殊性，而艺术形式也扩散、渗透进一切商品和客体，以至于从现在起所有的东西都成为一种美学符号。（海尔纳，贝斯特，2006，p. 155）

无论是本雅明还是鲍德里亚，都从社会学的角度来理解艺术内部将要或已经发生的深刻变化。世界的符号－数据化必然导致人及其文化（包括艺术）的符号－数据化，随后又必然导致艺术与非艺术界线的模糊，然后就是艺术概念及其传统判定标准的失效乃至艺术的终结。笔者认为，从身体－符号学的角度来看，当代艺术与现代艺术的最大区别是：艺术由心理－情感符号转变为身体－行为符号。其主要表现有三点。

（一）空间符号取代了时间符号

空间符号，就是空间的符号化和符号的空间化，即整个世界空间里的一切都变成了一种符号性的存在；时间符号不同于空间符号，其“时间”指的是“空间化了的时间”，因而时间符号就是“空间化了的时间的编码”。

“空间化了的时间”主要包括两层含义。第一，它是融摄理性和日常生活空间情感体验的时间观念。在这种时间观里，人们对于时间的判断标准并不是科学的进化论，而是一种基于人在空间里的日常生产和生活基础上的情感、经验、体验而内化的时间观。第二，它是经过艺术表述而将空间生存诗意化的时间观，具有非公共性、私人性和情感性特征。这种时间观在中国诗人、画家、书法家的作品中体现得淋漓尽致，比如陶渊明的“纵浪大化中”“聊乘化以归尽”以及“采菊东篱下，悠然见南山”，都将对宇宙、人生的历史性、瞬间性和个体性体验糅进诗句，“把客观时间和历史留下变为个体情感的时间性”。（李泽厚，2003，p. 250）

当代艺术所在的“信息时代”“消费时代”及其工业生产方式早已取代了传统的农业生产方式，人与空间的关系已经发生了根本变革，因此，不仅生存空间不再具有诗意，而且生存空间也不能被时间化了，因为，我们的时间业已被进化论变成一维的、机械的线性时间。在诸神逃遁、时间隐去的时代，我们只剩下空间里有限的身体栖居，身体的必有一死把我们推向空间的中心领地。

从现实来看，空间符号通过审美手段与现代生活、地理空间的结合愈加明显。以 1998 年戈尔《数字地球：21 世纪认识地球的方式》报告为基础的“数字城市”建设潮流，不仅追求城市基础设施、建设和管理的信息化，还追求政务、商务、企业与社会事业的信息化。（陈刚，阎国庆，2004，pp. 1—4）从中国方面来看，2006 年提出“数字中国”，预计到 2020 年中国数字地理空间框架将基本完成。（中央电视台新闻频道，2012）可以认为，对于空间及其审美的设计的数据统计已经成为当代城市建设和国家治理的重要依据。其中，大数据对地理空间的数据化统计、符号化构造和对身体的空间重构，在审美地理学意义上进一步瓦解并终将取代时间符号，使“日常生活审美化”进一步深化。

同时，艺术本身也由表现情感性的时间转向了表现身体栖居的空间，由时间符号转向了空间符号。

艺术成为空间符号首先意味着世界的空间化，换言之，时间与空间交织的世界中的时间轴正在趋向于被并入空间轴，立体化的世界正在转化为平面化的世界，而艺术作为反映人和世界关系的一种特殊的符号体系也随之变成了空间性的呈现。碎片、拼贴、墙体乃至行为艺术都成为空间景观，艺术消费的主流是匆匆而过的人追逐多元的、重复的、偶然的、飘忽不定的景观体验，因此，针对空间的生产和创作便成了艺术的主题。

其次，艺术成为空间符号还表示艺术符号成为一种空间元素并被空间元素化。被称为当代艺术的符号展示作为一种空间元素，与商场、街头、影院等空间里的艺术元素并无实质区别，它们共同构成空间里的艺术共同体，而且，与其他商业性的空间元素相比，艺术符号作为空间元素并没有价值上的优越性，它们平等地共存。

最后，就艺术本身而言，它也在借助空间元素来构成自身，更大程度上借助空间里的物质性元素完成自己所要表达的主题，以物质所在场域及其功用的空间转移来完成艺术的创造。这种方式在当代艺术馆中比比皆是，如以女人胸罩或废旧瓶子抑或是废纸为元素而完成的艺术创作。

（二）身体—行为符号取代了情感符号

当空间取代时间并试图将时间并入自己的领地时，身体便随之将精神和灵魂并入肉体。由此，人与空间的关系便由“灵魂—时间”变成了“身体—空间”，而艺术在由时间符号转向空间符号的同时，也由情感符号转向了身体的信息性、消费性符号。

上文提到，现代美学奠基于康德哲学。更确切地说，康德的“美是合目的性的纯粹形式”和“美是道德的象征”，都将审美判断视为情感判断，注重从（伦理）情感与形式的关系上界定审美，这奠定了现代美学的哲学根基。在卡希尔将符号视为存在的基础上，苏珊·朗格进一步将康德美学与卡希尔符号学融合起来，提出“艺术是人类的情感的符号形式的创造”的艺术本质说。在该学说中，朗格将艺术作为情感的符号形式区别于哲学的、逻辑的推论符号，这说明了在朗格的艺术符号学体系中，符号所依托的依然是主体性（知、情、意）结构。可以认为，其本质是披着康德哲学外衣的艺术符号学，所突出的是情感与审美的必然关联及其符号表征。

在信息技术、生物学、AI 技术高速发展的今天，世界、身体乃至情感、精神、文化都被数据化了。数据化从根本上使一切现象变成了一种可以计算和控制的编码。从大数据时代的“身体消费”来说，“身体—行为”符号的生产刺激和引导人们的消费行为已经成为事实，百度、淘宝、微信、今日头条等都是如此，它们根据网民的浏览记录给予个性化信息推送，这便是通过日常的、身体审美的符号来刺激身体感知及需求，促进相关的消费行为。此外，从 AI 技术看，根据《2019 中国人工智能产业生态图谱》的统计数据，AI 技术已经全面应用于金融、安防、医疗、教育、娱乐、社交、零售等各个行业，这进一步加深了对身体消费的数据统计和管理的科学化与系统化，也加速了身体符号对情感符号的置换进程。

如果每个人的世界都是基于处境性的身体所知觉到的空间叠加，那么世界就成了身体的感知空间的符号编程，从而人类引以为傲的艺术活动也就数据化了，乃至人工智能也能创作出优秀的诗歌和音乐，而且比人类更迅速。身体符号对情感符号的取代，一方面意味着人们的艺术兴趣正在趋向于符号对于身体感知的刺激，另一方面意味着艺术的界定标准由浓缩了时间的情感转向了空间里的身体行为。换言之，艺术行为符号学取代了艺术情感符号学。我们日常的“抖音”小视频或书法圈里出现的“射书”“盲书”“乱书”等现象，都说明了这一点。

（三）“使其特殊”取代了“自由创造”

当把艺术视为行为学的对象时，艺术便由结果论转向了过程论。更确切地说，艺术行为学强调的是艺术行动或活动，而不是作为结果的艺术作品，这种界定将其与以往的以作品中心论为主的艺术理论区别开来。

进一步说，当艺术行为变成一种生物行为被置于历史进化论的背景之中时，它就与其他的生物行为没有本质区别，因为“一种行为——如依恋、侵犯、繁衍、游戏（还有艺术，如果从行为学上来看的话）——是在给定的特殊环境中以一种特定的方式行动的一种遗传倾向”（迪萨纳亚克，2007，p. 68），而从进化论来看艺术的生物行为，艺术就可以界定为历史行为中人的身体感官（需求）与形式之间的一种审美关系。

美国理论家埃伦·迪萨纳亚克曾从生物-行为学出发提出“使其特殊”这一美学概念。她认为“使其特殊”是一种贯穿人类历史的生物需求，它是一种行为具有审美性的本质核心。因为在她看来，艺术是一种生物学意义上被赋予的（身体、感觉、情绪上的）满足和愉悦。（pp. 88－101）这种生物-行为学的研究取向的必然结果是使“身体”（欲求）成为艺术判定的实体凭据和历史标准。

在我看来，迪氏的研究并非理论个案，而是一种从生物行为学角度将艺术研究推向科学化和过程论的理论标识。

当艺术研究的发生-过程论取代结果论（作品中心论）后，艺术的（社会的、历史的、生物的，等等）行为学研究便以动态的历史性“身体”取代了凝结了的个体性“情感”。换言之，情感被还原为主体的行为产物，随之，艺术自然被理解为身体的生物欲求。世界的数据-符号化进一步加速了这一进程。

在这种取代过程中，“使其特殊”这一生物行为学的美学概念似乎能够代表当代艺术观与传统的“自由创造”艺术观的分庭抗礼。

传统的“自由创造”奠基于现代哲学，侧重于强调个体的主体性、情感性和创造性，尤其是康德的“天才为艺术立法”，集中体现了这一艺术观。在康德看来，天才最基本的特性就是创造性，即不是通过模仿或套用规则来创作的，天才的典范的独创性是一种天生的、自然的能力，艺术创造就是这种天才能力的自由应用。他明确指出，“自由创造”来自天才的一种内心力量，即以某种比例混合的想象力和知性，而这种比例既不来源于科学规则，也不来源于机械模仿，而“只是主体的本性所能产生的”（2009，p. 173）。此外，克罗齐的“直觉表现说”以及科林伍德的表现美学更是将作为抒情表现的直觉和情感作为艺术的本质。科林伍德不仅认为“艺术必然与情感相关”，甚至认为“艺术或是唤起情感，或是表现情感，二者必居其一”。（朱狄，1984，p. 73）

“使其特殊”奠基于生物进化论、行为学和身心一体论，侧重于强调人类艺术的生物基础、行为基础和身体基础。所谓“特殊”，一方面指艺术创作中不同于非艺术创作的一系列行为，如美化、夸张、构造、并置和变形等；另一方面，表示我们的感官被一件东西在知觉上的显著特点（特殊性）吸引，而且我们的智力也受到不同寻常的特性的挑逗和刺激。（迪萨纳亚克，2007，p. 88—89）而这些使某物在美学上特殊的因素“天生”就是“使人愉快和满足的”，它们即便自然而然地出现在非审美的情境中，也能被称为“审美的”。（p. 89）因此，“使其特殊”是一种以生物学为基础的科学的、认知的行为艺术观。

如果说“自由创造”是一种主体的内心能力，那么“使其特殊”便是身体（行为）的一种形式欲求。当历史进化论中的身体以其非理性、表象性的欲求取代主体的理性心理结构时，传统的艺术边界便突破作品，走向日常生活。由此引发的艺术泛化一发而不可收，并直接导致了传统艺术体系的解体乃至终结。结果，艺术作为一种人类集体的行为符号，正逐渐取代传统的情感符号，并成为一种平面化的、日常的消费元素，满足人的身体感官的愉悦和舒适需求，进而参与生活的方方面面。例如，在日常生活中，艺术元素不仅在街道设计、产品设计中大量出现，还以各种信息产品和服务的形式充斥我们手机里的虚拟空间。更为根本的还在于，身体的符号化进一步使行为符号超越身体，变成非具身性的、不确定的数据和计算，艺术作为一种因素正在溢出并反过来牵制身体，因而衍生出一种控制论，这是我们应当警醒的。

引用文献：

本雅明，瓦尔特（2002）. 机械复制时代的艺术作品（王才勇，译）. 北京：中国城市出版社.

波兹曼，尼尔（2004）. 娱乐至死. 南宁：广西师范大学出版社.

陈刚，阎国庆（编）（2004）. 数字时代：理论与实践. 杭州：浙江大学出版社.

迪萨纳亚克，埃伦（2007）. 审美的人（户晓辉，译）. 北京：商务印书馆.

郭彧（2010）. 周易. 北京：中华书局.

海尔纳，道格拉斯；贝斯特，斯蒂文（2006）. 后现代理论：批判性的质疑（张志斌，译）. 北京：中央编译出版社.

赫拉利，尤瓦尔（2017）. 未来简史：从智人到神人（林俊宏，译）. 北京：中信出版社.

卡希尔（1985）. 人论（甘阳，译）. 上海：上海译文出版社.

康德（2009）. 判断力批判（邓晓芒，译）. 北京：人民出版社.

李泽厚（2003）. 历史本体论：己卯五说. 北京：生活·读书·新知三联书店.

马克思（2000）. 1844年经济学哲学手稿. 北京：人民出版社.

孟登迎（2002）. 意识形态与主体建构：阿尔都塞意识形态理论. 北京：中国社会科学出版社.

王晓华（2016）. 身体美学导论. 北京：中国社会科学出版社.

易观（2019）. 2019中国人工智能产业生态图谱. 检索于 https://mp.weixin.qq.com/s/puXSwnjLgf4eD7e7mIWxqA.

赵毅衡（2011）. 符号与物："人的世界"是如何构成的. 南京社会科学，2，35−42.

中央电视台新闻频道（2012−12−07）. 数字中国有望2020年基本建成. 检索于 tv.cctv.com/2012/12/16/VIDE1355666173348537.shtml.

朱狄（1984）. 当代西方美学. 北京：人民出版社.

作者简介：

刘维邦，四川大学博士研究生，研究方向为中西方美学与审美人类学。

Author:

Liu Weibang, Ph. D. candidate of aesthetics of Sichuan University. His research direction are Chinese and Western aesthetics and aesthetic anthropology.

E-mail: 1157963619@qq.com

维尔比夫人的表意学

On Victoria Welby: Signfics and Language

Susan Petrilli

Abstract: As a method for the analysis of sign activity beyond logico-gnoseological boundaries, significs transcends pure descriptivism and evidences the relation of signs to values. Meaning is engendered in expression and communicative interaction, and involves the value of the semantic and linguistic orders, meaning as *signification* as well as ethic; the aesthetic and pragmatic value, meaning as *sense* and *significance*. Beyond meaning and language understood in strictly gnoseological terms, significs is committed to interrogating sense, to the problem of significance, and to evidencing the import of meaning producing processes for human behaviour. Other expressions used by Welby to qualify her significs include "philosophy of interpretation", "philosophy of translation" and "philosophy of significance". These and other aspects of Victoria Welby's theory of meaning or significs are the object of investigation in the present paper.

Keywords: communication, interpretation, meaning, semioethics, sense, significance, value

维多利亚·维尔比：表意学与语言

苏珊·佩特里利

摘　要： 表意学作为一种超越逻辑—认识论的边界的符号活动分析方法，

超越了单纯的描述主义，证明了符号与价值的关系。意义是在表达和传播互动中产生的，它作为表意的意义，涉及符义和语言秩序的价值；作为感觉和意味的意义，涉及伦理、审美和符用价值。超越在严格的认识论方面研究意义和语言，表意学致力于质疑感觉，研究表意问题，并证明意义生产过程对人类行为的含义。韦尔比还用“解释哲学”“翻译哲学”“意味哲学”等词语来界定其表意学。维多利亚·维尔比的意义理论或表意学理论的这些方面和其他方面都是本文研究的对象。

关键词：传播，解释，意义，符号伦理学，感觉，意味，价值

DOI:10.13760/b.cnki.sam.201902004

Ⅰ. Introducing Welby and Her Significs

ⅰ. What is Significs?

The expression "significs" was introduced by Victoria Lady Welby (1837—1912) for her special approach to the study of sign and meaning towards the end of the 19th century. With significs Welby thematized the capacity for questioning as the pathway to understanding, the humanization of experience, and responsible action. Researching at a time when evolutionary theory had unexpectedly overturned the conception of life and, together, humankind's place in the world, Welby indicated cultural revolution as a long-term project for social change.

She investigated the relations between sign, sense and value, between critical linguistic consciousness and ethical-pragmatic engagement. A method for the analysis of sign activity beyond logico-gnoseological boundaries in fact, significs transcends pure descriptivism and evidences the relation of signs to values. Meaning is engendered (and not merely transmitted) in expression and communicative interaction, in dynamical processes of becoming, and as such not only involves the value of the semantic and linguistic orders, meaning as signification (to say it with Charles Morris, 1964), but also the value of the ethic, aesthetic and pragmatic order, meaning as sense and significance. Beyond the study of meaning and language understood in strictly gnoseological terms, significs is committed to interrogating sense, to the problem of significance, and to evidencing the import of meaning producing processes for human behaviour. Other expressions used by Welby to qualify her significs include "philosophy of interpretation", "philosophy of translation" and "philosophy of significance"(Welby, 1983[1903], p. 89, p. 161; Petrilli, 2009, pp. 273—275).

Welby took her distance from the traditional terms of philological-historical semantics, for example as developed by Michel Bréal(Petrilli, 2009, pp. 253—300). Nor did she limit her attention to what is generally known as speech act theory or text linguistics. Instead, she focused on the generative nature of signifying processes and on their capacity for development and transformation as a condition of human experiential, cognitive and expressive capacities. Even more characteristically, she thematized the development of values as a structural aspect in the development of signifying processes.

The "significal method" arises from the association of the study of signs and meaning to the study of values. The conjunction between signs and values is not only the object of study of significs, but also provides its perspective. As such, significs is applicable to everyday life as much as to the intellectual, to the ethical and emotional spheres of sign activity, and therefore to problems of meaning, language, communication and value in the broadest sense possible.

Welby responded critically to prejudicial and stereotypical discourse of her time, the Victorian Age, and to the tendency to submit unquestioningly to the strongholds of truth, morality and justice—whether the Church and its so-called "Ecclesiasts", or secular power represented by Queen Victoria (her godmother). She served at the Queen's court as Maid of Honour for two years, after her mother's death in the Syrian desert, on the last of their numerous travels across unknown lands. Rather than a conventional education, Welby's books were the world and the inspiring life she led in unusual, often difficult, circumstances. She soon determined that authority should be interrogated; social practice should be significant for the sake of the community as much as of the single individual; human behavior endowed at all moments with sense and purport; and that signifying, expressive and communicative practices called for interpretation, critique and responsibility.

After investigating problems of interpretation relatively to the Sacred

Scriptures, Welby's interest in ethical-theological discourse focused more closely on linguistic-philosophical problems and found expression in a series of essays published towards the end of the 19th century. These include "Meaning and Metaphor" (*The Monist*, 1893) and "Sense, Meaning, and Interpretation" (*Mind*, 1896), a book of reflections, *Grains of Sense* (1897), and her monographs, *What Is Meaning? Studies in the Development of Significance* (1903) and *Significs and Language. The Articulate Form of Our Expressive and Interpretative Resources* (1911a). Editorial events that had contributed to the revival of significs today included republication of these works. *What Is Meaning?* was reproposed in 1983 and the volume *Significs and Language*, containing Welby's 1911 monograph together with a significant selection from her other writings, published and unpublished, in 1985. In those same years an anthology of writings by Welby appeared in Italian translation, *Significato, metafora, interpretazione* (Welby, 1985b), followed by another two, *Senso, significazione, significatività* (2007) and *Interpretare, comprendere, comunicare* (Welby, 2010). The first monograph ever on Welby appeared in 1998, *Victoria Welby. Significs e filosofia del linguaggio*, by S. Petrilli.

A large collection of papers by Welby has now been made available in the volume *Signifying and Understanding. Reading the Works of Victoria Welby and the Signific Movement* (see Petrilli, 2009). This volume presents papers from the *Welby Collection* at the York University Archives, Toronto (Canada), together with a selection of texts published during her lifetime. However, a significant part of Welby's work is still hosted yet unpublished in the archives. A large corpus of other printed matter by Welby or relating to her is available in the Welby library housed in the London University Library, London (UK). In addition to writings by Welby and her correspondence with preeminent figures of the time, *Signifying and Understanding* also includes a complete description of the materials available at the *Welby Archives* in York and three updated bibliographies listing all her writings as well as writings on Welby, her significs, as well as on the Signific Movement in the Netherlands and its developments. This movement was originally inspired by Welby through mediation of the Dutch poet and psychiatrist F. van Eeden (1860—1932), and flourished across the first half of the 20th century (cf.

Schmitz, 1990; Heijerman-Schmitz, 1991). Signifying and Understanding also features an anthology of writings by first generation significians like Frederik van Eeden, Gerrit Mannoury, L. E. J. Brouwer and David Vuysje.

After her death, more than as an intellectual in her own right, Welby's name continued circulating among the international community of researchers thanks, above all, to her correspondence with Charles S. Peirce(see Hardwick, 1977). She was in the habit of discussing her ideas and to this end entertained epistolary exchanges with numerous personalities of the day. Welby's main work is *What Is Meaning?*, positively reviewed for *The Nation* by Charles Peirce, founder of American pragmatism and father of modern semiotics— Welby, the founding mother. This review begins the Welby-Peirce correspondence, representing just one instance of a fascinating corpus of exchanges entertained by Welby with numerous major figures including, in addition to Peirce, Bertrand Russell, James M. Baldwin, Henry Spencer, Thomas A. Huxley, Herbert G. Wells, Max Muller, Benjamin Jowett, Frederik Pollock, George F. Stout, Leslie Stephens, Ferdinand C. S. Schiller, Charles K. Ogden, Henry and William James, Mary Everest Boole, Julia Wedgwood, H. G. Wells, Michel Bréal, André Lalande, Henri Bergson, Henri Poincaré, Rudolph Carnap, Otto Neurath, Harald Höffding, Ferdinand Tönnies, Frederick van Eeden, Giovanni Vailati, Mario Calderoni and many others. Part of this correspondence was edited and published by Welby's daughter Mrs. Henry(Nina) Cust, in two volumes, *Echoes of Larger Life*, 1929, which collected letters written between 1879 to 1891, whilst *Other Dimensions*, 1931, covered the years from 1898 to 1911. Other selections with various interlocutors have also been made available in *Signifying and Understanding* (Petrilli, 2009). We could claim that developments on significs are not necessarily attached to any individual name, but one who deserves special mention is Charles K. Ogden, a promising proselyte of significs, who discovered Welby and her significs as a young university student at Cambridge, and whose research was significantly influenced by her, even though he mentioned her but briefly in his epochal book with Ivor A. Richards, *The Meaning of Meaning*, 1923. Ogden promoted significs as a university student during the years 1910—1911, had met Welby personally at that time and was dedicated to spreading her ideas. Through Welby, Vailati introduced Peirce to Italy. Through van Eeden, significs spawned the Signific Movement in Netherlands, flourishing across the first half of the 20th century. Despite this important network of relations, used for the formulation, circulation and discussion of ideas, Welby's correspondence is mostly unpublished. What remains of her unpublished papers, including correspondence—saved from the 1938 fire that ravaged Denton Manor, her homestead in Grantham, Lincolnshire (England)—is entrusted to the York University Archives (Canada). Again, a substantial selection of her published and unpublished writings is available in the volume *Signifying and Understanding. Reading the Works of Victoria Welby and the Significs Movement* (Petrilli, 2009).

ⅱ. Some Central Themes

With "significs", Welby underlined how the problem of meaning was not circumscribed to a discipline, subject matter, or specialized role, whether scholar, scientist, artist, professional of some sort, but also concerned the ordinary person in everyday life: What does it signify for me, for us? What is the sense, the value of a given experience? What are its implications now or in time, past and future?

Significs studies meaning in all its forms, relations and practical implications, in language as in all human expression, action and creation. Significs is a philosophy of significance, interpretation and translation, which emphasize three distinct but interrelated dimensions of "significating" processes, a synthesis applicable to science and philosophy.

Welby's studies on meaning ensued from her initial concern with religious, moral and theological issues. She addressed problems of interpretation relative to the Sacred Scriptures. Her interest in ethical-theological discourse translated into social and pedagogical interests and merged with her linguistic and philosophical studies. She examined language and meaning thanks to her early awareness of the inadequacies of religious discourse, cast in outmoded linguistic forms. Pervasive linguistic confusion stemmed from a misconception of language as a system of fixed meanings.

This could only be resolved by recognizing the live nature of language, which flourished and changed with developments in knowledge and experience. She promoted the critique of language and together the need for education committed to the development of critical linguistic consciousness. The interpretive function is an a priori condition for relations among human beings and with the world at large.

A tendency to triadism in human thought is described by Welby which recurs in her theory of meaning: she distinguished between "sense" (organic response to environment and expressive element in experience), "meaning" (intention, purpose), and "significance" (consequence and implication of some event or experience). Correlate triads include, for reference: "verbal", "volitional", "moral"; psychic processes: "instinct", "perception", "conception"; knowledge and experience: "consciousness", "intellect", "reason"; consciousness: "planetary", "solar", "cosmic". Peirce associated Welby's meaning triad to his distinction between "immediate", "dynamical" and "final interpretant".

Education is a central concern in signfics. Welby in fact promoted a "significal education", systematic training in critical and creative reflection from early school-days, in identifying problems and asking questions—answers being a platform for new questions: to develop an inquiring spirit is more significant than providing ready-made answers, the dynamic reality of the question sweeps the mind forward to new and wider horizons. Significs implies education for meaning and value, development of expression and interpretation, enhancement of significance. It teaches us to make distinctions, detect confusions, establish connections and associations, and link all parts of growing experience, to apply the principle of translation.

The figurative dimension of meaning implies the capacity for establishing associations, comparisons, parallels among different spheres of experience, different sign systems, and calls for a critique of imagery. For Welby, "ambiguity" and "plasticity" of language are signifying resources. She interrogated definition as a solution, which she considered illusory, distinguishing between "rigid" and "plastic definition". She described two types of ambiguity: polysemy, plurivocality, polylogism, a positive attribute constitutive of the word and condition for expression and understanding; obscurity, expressive inadequacy, cause of confusion and equivocation. She critiques the fallacy of literal, univocal, "plain meaning" and the correlate concept of "hard dry facts".

Welby's philosophy of translation is based on her theory of meaning and interpretation. Prefiguring 20th century translation theory, translation not only occurs among different languages, but within the same language and among different sign systems, verbal and nonverbal. Breaking new ground, she describes translation as a cognitive-interpretive method. Sign processes translate across systemic and typological boundaries as the condition for the acquisition of knowledge, experience and practical skills. Significs evidences the relation between significance, interpretation and translation, and therefore between translation and the ethical dimension of otherness-driven signifying processes, resulting in the enhancement of significance. The search for sense involves relating knowledge and meaning to self and translating into the pragmatic terms of action. Translating also means to "moralize" and "humanize" the capacity for interpretation and relation.

Welby introduces the original concept of "mother-sense" ("primal-sense", "original-sense", "racial-sense", "native-sense"). Mother-sense is an inheritance common to humanity, without gender limitations. It is the generating matrix of the human capacity for signification, experience, expression, knowledge, consciousness and worldview, for interpretation and creativity. The faculty of critique and rational construction, the rationalizing intellect presupposes mother-sense, its condition of possibility. Welby distinguishes between "mother-sense" and "father-reason", i. e. "sense" and "intellect", two modalities in sense-generation, in modeling sense, though strictly interrelated in relations of complementarity: neither logic of reason, nor sense of logic, nor well-reasoned logic, nor logical sensing, but reason-becoming and sense-becoming, beyond bivalent logic. Sexual identity is ambiguous, consonant with Peirce's "logic of vagueness". Mother-sense recovers the relation between "intuitive knowledge" and "rational knowledge". Critique is a condition for healthy communication, but to flourish must recover the connection with mother-sense.

Mother-sense and otherness are central in Welby's description of subjectivity and its dialogic nature. She distinguishes between "self" and "Ident". The subject's identity is multiplex and emerges in the dialogic relation among its parts. The "I" or "Ident" develops with the self, in a relation where multiple selves model the different and interconnected faces of the "Ident". Ident is associated with mother-sense; self is one of its possible representations. The vocation of identity is otherness. As centrifugal material, dialogical and intercorporeal interrelatedness in becoming, the Ident transcends centripetal forces polarized in the self, yet necessary for it to subsist as self, as "ephemeron". As the knower, the Ident is unknowable. The Ident is an orientation toward the self insofar as it is other. As such it continuously supersedes the limits of the world-as-it-is and of the already-given subject that inhabits it. The more self-reflective behavior is multifaceted, the greater its capacity for critique and metadiscursivity.

ⅲ. Implications for the Ethics of Communication

"Significs" is rich in implications for the ethics of communication (Arnett, Holba, Mancino, 2018). In dialogue with the Peircean tradition in sign and language studies, with Charles Morris' focus on the relation of signs to values, with Thomas Sebeok's global semiotics and developments in biosemiotics, with Mikhail Bakhtin's dialogism and Emmanuel Levinas' philosophy of otherness, with Adam Schaff's, Ferruccio Rossi-Landi's, and Augusto Ponzio's studies on signs and ideology, the implications of significs have been developed with "semioethics" (Petrilli & Ponzio, 2003; Petrilli, 2014).

Welby concerned with the entire signifying universe, with a special interest in signifying processes in the human world, particularly in verbal expression, but without falling into the trap of anthropocentric oversimplification. She in fact focused on verbal expression, the language of the "man of the street" as well as of the intellectual, but with reference to the larger context, what we may also call the great "biosemiosphere", in which language is engendered. However, she knew that to deal with her special interest area adequately, it was necessary to understand its connections to larger context: consequently, she extended her gaze to ever larger totalities, beyond the verbal to the nonverbal, beyond the human to the nonhuman, beyond the organic to the inorganic. From this point of view, Welby may be considered as prefiguring contemporary global semiotics and developments in the direction of biosemiotics as conceived by Thomas Sebeok who enquires into the connection between semiosis and life and asks the question, "Semiosis and Semiotics: What Lies in Their Future?" (in Sebeok, 1991, pp.97—99). Moreover, given its special focus on significance in human behaviour, Welby's significs may be read as proposing a new form of humanism, by contrast with semiotic analyses conducted exclusively in abstract gnoseological terms.

With its focus on the relation between sign, value and behaviour, in particular the sign's ultimate value, or significance, on the connection therefore between sign and value in all its aspects-pragmatic, social, ethic, aesthetic, etc., significs is particularly concerned with the effects and implications of the conjuction between signs and values for human behaviour.

The special slant in Welby's studies on signs and meaning in the direction of the relation to values and the broad scope of her special perspective enables us to read "significs" as a prefiguration of "semioethics". This expression was introduced by myself with Augusto Ponzio as the title of our monograph in Italian, *Semioetica*, 2003 (now forthcoming in English translation), and as the title of an essay commissioned to us by Paul Cobley for *The Routledge Dictionary of Semiotics*, 2010.

In so far as it is focused on the pragmatical-ethical implications of human signifying processes, significs is a major source of inspiration at the origin of "semioethics" with which it overlaps. As emerges from Welby's own words as reported above, attention on the interpretive-translational dimension of sign activity and the connection with values is programmatic for significs from its very inception.

"Semioethics" is a neologism which has its origins in the early 1980s with "ethosemiotics" and subsequently "tel(e)osemiotics" to name an approach or attitude we deem necessary today more than ever before in the context of globalization and global communication. Semioethics is not intended as a discipline in its own right, but as a perspective, an orientation in the study of signs. By "semioethics" we understand the propensity in studies on signs, semiotics, to recover the ancient vocation of the latter as "semeiotics" (or symptomatology), which focuses on symptoms. A major issue for semioethics is "care for life" in a global perspective (see Sebeok, 2001) according to which semiosis and life converge (see Ponzio & Petrilli, 2005, p. 562). This global perspective is made ever more urgent by growing interference in planetary communication between the historical-social and biological spheres, between the cultural and natural spheres, between the semiosphere (Lotman) and the biosphere.

The semioethic approach to communication underlines the importance of listening to the other, of difference, of caring for the other, of dialogue, of recognition of otherness as the basis of communication. Value theory is essential for communication ethics. Whether a question of individual or community, of interpersonal relations or relations through social media characteristic of the global world today, communication is oriented by values, ideologies and social planning. Rather than alienation with respect to the social relations of communication, whether in the private or public sphere, healthy communication requires critique, creativity, consciousness of the values informing human action and signifying behavior. The communication globe is not adequately understood in descriptive terms alone. To evidence the relation between communication, values and human action is to expand strictly epistemological-cognitive boundaries of signs and meaning into the ethical-pragmatic, where signs and values are thematized in their interrelatedness. The implications are extraordinary: the other cannot be evaded and indifference is neither wise nor desirable. Communication ethics calls for critical thinking, responsible action, and responsiveness to the other, for the betterment of human understanding and life.

Ⅱ. Language, Meaning and Subjectivity

ⅰ. On Signifying and Understanding

Welby analysesd meaning according to three different levels or classes of expression value: "sense", "meaning" and "significance" which were co-present and interact to varying degrees in the live processes of signification and interpretation among speakers. She developed her meaning triad from different points of view with corresponding terminology: to the triad "sense", "meaning", "significance", there corresponds the distinction between "signification", "intention" and "ideal value". Moreover, the reference of sense is "sensal" or "instinctive"; the reference of meaning is "volitional"; and the reference of "significance" is "moral". Other triads include the distinction between "instinct", "perception" and "conception" for different levels in human psychic process; "planetary", "solar" and "cosmical" for different types of experience, knowledge and consciousness. (Petrilli, 2009, pp. 20—24; see the dictionary entry "Significs", by Welby, Stout & Baldwin, now in Petrilli, 2009, pp. 195—196; Welby, 1983 [1903], pp. 46—47, now in Petrilli, 2009, pp. 265—266).

The meaning of the term "sense" is ambivalent. It is also used to indicate the overall import of an expression, its signifying value. But as one of the three apexes in her meaning triad, "sense" denotes the most primitive level of prerational life, the level of initial stages of perception, of immediate response to the environment and practical use of signs. As such, it indicates a necessary condition for all experience. "Meaning" concerns rational life, the intentional and volitional aspects of signification. "Significance" implies "sense" in the restricted sense, though not necessarily meaning, and is also indicated with the term "sense" understood broadly. "Significance" concerns the sign's import and ultimate value, its overall bearing, relevance and import for each one of us. It denotes expression value in terms of the condition of being significant, of signifying implication, of participative involvement, which ultimately also involves the question of responsibility.

Welby continued to specify her triadic model for the analysis of meaning throughout her writings to her 1911 encyclopaedia entry, "Significs", where she further gave the following definitions: "Sense" refers to "the organic response to environment" and "essentially expressive element in all experience"; "Meaning" is purposive and refers to the specific sense which a word "is intended to convey"; "Significance", which includes sense and meaning and transcends them, refers to "the far-reaching consequence, implication, ultimate result or outcome of some event or experience" (Hardwick, 1977[1911], p. 169; now in Petrilli, 2009, pp. 345—350). Triadism is a pivotal characteristic of Welby's thinking (see her unpublished essay in 1886, "Threefold Laws", now in Petrilli, 2009, pp. 331—340; for a more complete picture of triadic correspondences in Welby's writings on significs, see the table of triads presented by H. Walter Schmitz in his 1985 volume, *Significs and Language*, now in Petrilli, 2009, pp. 948—949).

According to Charles S. Peirce, Welby's meaning triad coincides with his own tripartition of the interpretant into "immediate interpretant", "dynamical interpretant" and "final interpretant". In his own words from a letter to her in 14 March 1909:

> Let us see how well we do agree. The greatest discrepancy appears to lie in my Dynamical Interpretant as compared with your "Meaning". If I understand the latter, it consists in the effect upon the mind of the Interpreter that the utterer (whether vocally or by writing) of the sign intends to produce. My Dynamical Interpretant consists in direct effect actually produced by a Sign upon an Interpreter of it. They agree in being effects of the Sign upon an individual mind, I think, or upon a number of actual individual minds by independent action upon each. My Final Interpretant is, I believe, exactly the same as your Significance; namely, the effect the Sign would produce upon any mind upon which circumstances should permit it to work out its full effect. My Immediate Interpretant is, I think, very nearly, if not quite, the same as your "sense"; for I understand the former to be the total unanalyzed effect that the Sign is calculated to produce; and I have been accustomed to identify this with the effect the sign first produces or may produce upon a mind, without any reflection upon it. I am not aware that you have ever attempted to define your term "sense"; but I gather from reading over what you say that it is the first effect that a sign would have upon a mind well-qualified to comprehend it. Since you say that it is Sensal and has no Volitional element, I suppose it is of the nature of an "impression". It is thus, as far as I can see, exactly my Immediate Interpretant. (Hardwick, 1977, pp. 109—110)

As we understand from Peirce's observations above, his "immediate interpretant" concerns meaning as it is ordinarily and customarily used by the interpreter and as such it more or less corresponds to Welby's "sense", the interpreter's immediate response to signs. A discrepancy is identified between Peirce's "dynamical interpretant" and Welby's "meaning". The "dynamical interpretant" concerns meaning in a given context, specifically the effect of the sign on the interpreter. From this point of view, Peirce's "dynamical interpretant" can be correlated with Welby's "meaning". But while Peirce refers to the actual effect produced by the sign, Welby, instead, underlines the intended effect, which is the effect the utterer intends to produce, but which is not necessarily the effect achieved. However, Peirce's "final interpretant" and Welby's "significance" are described as corresponding exactly insofar as they both indicate interpretive potential at the highest degrees of significance and understanding (Petrilli, 2009, pp. 288—294). Moreover, Peirce considered such convergences between his own triad and Welby's as an indication of their validity.

Welby studied the nature of significance in all its forms and relations evidencing the close relation between the generation of signifying processes in human experience and the production of values. From this point of view, the notion of significance can be associated with Charles Morris' conception of "significance" as developed in his 1964 monograph, *Signification and Significance*. Furthermore, Welby thematized the interpretive function as the condition for signifying processes, hence for communication, expression and understanding. The connection between signs and values enhances the human capacity to establish relations with the world, the self and others.

This connection also orients translation processes from one sphere of knowledge into another and from one sphere of action into another, from one pragmatic interpretant into another, which is inevitably an ethical-pragsmatic interpretant or, if we prefer, a semioethical interpretant. Sense, meaning and significance are enhanced through ongoing translation processes.

Welby's theory of sign and meaning conceptualizes ongoing translative processes beyond limits and boundaries as ultimately imposed by identity logic and official discourse. In this sense her translational theory of meaning can be described as a theory of the "transcendent". In this connection, another interesting definition of "significs" is formulated by Welby in *Significs and Language* (1911), which reads as follows: "the study of the nature of significance in all its forms and relations, and thus of its working in every possible sphere of human interest and purpose" (Welby, 1985a[1911], p. vii). Welby was concerned with the practical bearing of sense, meaning and significance "not only on language but on every possible form of human expression in action, invention, and creation" (Welby, 1985a[1911], p. ix). Furthermore, as she had already specified in *What Is Meaning?*, the "philosophy of significance" significs involves the "philosophy of interpretation, of translation, and thereby of a mode of synthesis accepted and worked with by science and philosophy alike" (Welby, 1983[1903], p. 161).

The problem of sign and meaning provides a unifying perspective on the kaleidoscopic plurality of experience and communication. This means to study the processes through which signs and meaning are produced. To study such processes involves analysing the conditions of possibility that enable their articulations and transformations. Such processes unfold on a synchronic and diachronic axis, and relate to verbal and nonverbal sign activity, to linguistic and non-linguistic semiosis in general.

This is the perspective adopted by Welby and her significs. She researched the signifying processes of ordinary life and ordinary language, of the sciences, of the human potential for interpretation and expression, and of the manifold expressions of human sign activity at large. Perception, experience and cognition are mediated by signs, such that the relation between speaking subjects and their world is indirect and approximate insofar as it is a sign-mediated relation in ongoing interpretive processes. Further, given that our relation to so-called "objective" reality is a sign-mediated relation in which are generated the signifying processes of expression, interpretation, communication, all of us—everyday humans and intellectuals—are potential "significians". Together we produce signifying processes and, in turn, we evolve in signifying processes that go to form the anthroposemiotic sign network.

ii. Significs, Language and Consciousness

To carry out research on language adequately, verbal language, the main working instrument at our disposal must be in good working order. Consequently, for Welby the problem of reflecting on language and meaning in general immediately takes on a dual orientation. It concerns not only the object of research, but also the very possibility of articulating discourse. Welby was faced with the problem of constructing a vocabulary in which to formulate her ideas adequately. She soon realized that a fundamental problem in reflection on language and meaning concerned language itself, the medium through which reflection took place. She described the linguistic apparatus at her disposal as antiquated and rhetorical, subject to those same limits she wished to overcome and to those same defects she aimed to correct.

In her effort to invent a new terminological apparatus Welby offered alternatives to terms sanctioned by use. She introduced the term "sensal" to underline the expression value of words, by contrast with "verbal" for reference to the specifically linguistic or verbal aspect of signs, whether graphic and phonic. The term "interpretation" appeared in the title of her 1896 essay, "Sense, Meaning and Interpretation" (in Petrilli, 2009, pp. 430—449) and was initially proposed to designate a particular phase in the signifying process. Subsequently, on realizing that it designated an activity present throughout all phases of signifying processes, the term "interpretation" was replaced with "significance"; this was an example of how Welby's terminological quest was motivated by concrete problems of expression. Unlike "semantics", "semasiology" and "semiotics", the word "significs" was completely free from technical associations. As such, it appeared suitable to Welby as the name of a new science which intended to focus on the connection between sign and sense, meaning and value (pragmatic, social, aesthetic and ethical), as she explained in a letter to the German philosopher and sociologist Ferdinand Tönnies, winner of the "Welby Prize" in 1896 for the best essay on significal questions (Petrilli, 2009, pp. 192—194, pp. 235—248).

Other neologisms related to "significs" include the noun "significian" for the person who practices significs and the adjective "significal". The verb "to signify" indicates the generation of meaning at maximum degrees of signifying value and "to signalize" more specifically the act of investing a sign with a given meaning. In her 1896 essay Welby also proposed the terms "sensifics" with the corresponding verb "to sensify". These were subsequently abandoned as being too closely related to the world of the senses. But even when Welby used terms that were readily available, including those forming her meaning triad, "sense", "meaning" and "significance" (1983, [1903], pp. 5–6), she did so in the context of an impressively articulate theoretical apparatus that clarified the sense of her special use of these terms.

Welby introduced images from the organic world to denounce the "maladies of language" and "linguistic pathology", largely caused by the use of verbal expression that was inadequate or antiquated, featuring metaphors and analogies that were outdated and simply incorrect. On the level of logical procedure, the poor use of language and expression is inseparable from the engendering of false problems, misunderstanding, and confused reasoning (Ponzio, 2006). The human understanding of differences and commonalities among signs, senses and meanings also requires improving. In Welby's view, this state of affairs calls for the development of a "critical linguistic consciousness" and appropriate "linguistic therapy". But a correct diagnosis of "linguistic pathology" requires an adequate theory of signs and meaning (Petrilli, 2009, Ch. 4). Significs takes on the dual task of theoretical analysis and therapeutic remedy, as it attempts to offer practical suggestions for the solution to problems of signification.

As part of her commitment to logical, expressive, behavioural, ethical and aesthetic regeneration, she advocated the need to develop a "linguistic conscience" against a "bad use of language" which inevitably involved poor reasoning, bad use of logic and incoherent argumentation. The very need to coin the term "significs"—a term difficult to translate into other languages, as discussed in her correspondence, for example, with Michel Bréal or André Lalande regarding French and Giovanni Vailati for Italian (Petrilli, 2009, pp. 302–310, pp. 407–418)—was a clear indication in itself of the existence of terminological obstacles to development in philosophical-linguistic analysis. Welby's condition was typical of a thinker living in a revolutionary era characterized by the transformation and innovation of knowledge: she was faced with the task of communicating new ideas which involved renewing the language through which she was communicating.

Welby was sensitive to problems of everyday language and in proposing the term "significs" kept account of the everyday expression "What does it signify?" with its focus on ultimate value and significance beyond semantic meaning. But Welby's commitment to the term "significs" risked appearing as the expression of a whimsical desire for novelty, given that such terms as "semiotics" and "semantics" were already available. Charles S. Peirce and Giovanni Vailati were among those who did not initially understand her proposal, maintaining that the introduction of a new term could be avoided. Yet she quickly converted them to her view by demonstrating that terminological availability was in fact only apparent, for none of the words in use adequately accounted for her own special approach to signs and meaning. Though she proposed a neologism for the study of language, Welby did not fall into the trap of technicalism, just as, despite her constant efforts to render expression as precise as possible, her aim was not to (fallaciously) eliminate the ambiguity of words. Ambiguity understood in the sense of polysemy played a fundamental role in language and communication, which was something Welby recognized and thematized distinguishing ambiguity from confusion and bad language usage. She aimed to describe aspects of the problem of language, expression and signifying processes at large which had not yet been contemplated or which had been mostly left aside by traditional approaches. More precisely, she proposed to reconsider the same problems in a completely different light, from a different perspective: the significal.

Significs is also described by Welby as "a method of mental training" which concentrates intellectual activities on "meaning", the main value and condition for all forms of study and knowledge (Welby, 1983 [1903], p. 83). Again, significs is "a method of observation, a mode of experiment" which "includes the inductive and deductive methods in one process" (Welby, 1983 [1903], p. 161). This is what Vailati baptized the "hypothetical-deductive method" and Peirce the "abductive" or "retroductive method". The scope and reference of significs is universal. From this point of view, it emerges as a transdisciplinary method and not as a "supplanting system". Most significantly: "The principle involved forms a natural self-acting critique of every system in turn, including the common-sense ideal" (Welby 1983 [1903], p.162), therefore significs is also metadisciplinary.

ⅲ. Common Speech and Common Sense

Welby criticized attempts at overcoming obstacles to mutual understanding by neutralizing linguistic diversity through recourse to a universal language. Whether this involves imposing the primacy of one natural language over another, or constructing an artificial language, this solution to the problems of language and communication is nothing less than delusory. She recognizes that the great variety of languages, dialects, jargons, slangs, etc. favours the development of our linguistic-cognitive resources. Examples are provided by popular culture and the popular instinct of the "man in the street", described as unconsciously philosophical and a model to apply in the study of language related issues. Welby underlines the "significal" import of popular idiom, especially as it finds expression in everyday language and in folklore: "[...] both slang and popular talk, if intelligently regarded and appraised, are reservoirs from which valuable new currents might be drawn into the main stream of language—rather armouries from which its existing powers could be continuously re-equipped and reinforced" (Welby, 1985a [1911], pp.38—39). Distinction and diversity among languages enhances signifying, interpretive and communicative practice. In contrast, the imposition of an artificial universal language leads to levelling the multiplicity of our cultural, linguistic and psychological patrimony, of possible worldviews and logics. According to Welby, difference (linguistic and non-linguistic) is not the cause of division and silence, but, on the contrary, favours the possibility of interconnection and signifying continuity. Differences engender other differences as part of a detotalizing totality in continuous evolution. (1983, [1903], p.212)

In Welby's terminology, "common meaning" is an expression that contains both the idea of universal validity and of the specificity of signifying processes. Like Rossi-Landi (1961) and his concept of "common speech" (*parlare comune*), for Welby too such expressions as "common language", "common speech", "common meaning" and "common sense" are not limited to "ordinary language" or "everyday language" in the terms theorized by the

English analytical philosophers. "Everday language" is just one aspect of linguistic expression. Taken globally, considering the different languages that make a historical-natural language and the multiplicity of historical-natural languages over the globe, difference in linguistic expression overall is subtended by a universal patrimony specific to humanity indicated with such expressions as those listed above. In Welby's theory of language and meaning, these expressions indicate, precisely, common signifying material operative in the great multiplicity of languages and jargons forming a single natural language, as much as across the great variety of different non-verbal languages and cultures populating the sign universe. Such material constitutes the "foundation of all sectorial differences of speech", of "mere technical or secondary meanings", as Welby said in a letter to Thomas H. Huxley dating back approximately to the years 1882—1885 (in Cust, 1929, p. 102).

The expressions "common meaning", "common sense" and "common speech" denote a sort of a priori in a Kantian sense, a level of reference common to all languages—a set of operations that constitute the repeatable and constant material forming the conditions for human expressivity. To such common material may be traced analogical and homological similarities in human biological and social structures which interconnect different human communities beyond historical-cultural differences. This common patrimony of communicative techniques allows translation from one universe of discourse to another, indeed is a condition for translational processes across different languages, whether internal or external. As Rossi-Landi argues, we must focus on underlying processes and identify the universal empirical procedures operated by speakers in all languages (when translating interlinguistcally for example, but also when teaching, learning, or simply conversing in the same language) (Rossi-Landi, 1961, p. 204 ff.).

The expressions above, "common speech", "common language", "common meaning" and "common sense", do not neglect the great multiplicity of different languages forming the cultural patrimony of humanity; they do not eliminate plurilingualism and polylogism by tracing them back monologically to a mythical original language, an Ursprache, to the universal linguistic structures of some Logos, or to biological laws that govern and unify all human languages. To recognize commonality or an underlying unity does not imply reconducting difference to identity. On the contrary, Welby, with Rossi-Landi after her, recognized the plurilinguistic and pluridiscursive value of language and distanced herself from monologizing temptations. These are inherent, for example, in Noam Chomsky's linguistic theory, which fails to explain the communicative function of language or its social and intersubjective dimensions. The notion of common speech, as clarified by Rossi-Landi, does not contradict to plurilingualism and plurivocality, i. e. the simultaneous presence of multiple languages and multiple voices(Rossi-Landi, 1992, pp. 134—136). On the contrary, it alludes to the similarity in functions carried out by different languages which, in their diversity, satisfy similar needs of expression and communication. Therefore, common speech serves to explain difference, variability and multiplicity among languages in terms of the needs of different traditions of experience and expressivity, which develop different means, solutions and resources to satisfy expressive and communicative demands common to all human societies.

Antonio Gramsci is another noteworthy figure who gave special attention to the question of what he too denominated "common sense". Most significantly, the syntagm "common sense" is present in the opening pages of his *Quaderno 1* (Gramsci, 1975a), included in the list of "Main Topics", dated 8 February 1929. Like Welby, Gramsci too had a dual attitude toward "common sense": he both criticized the concept recovered it and renewed it (Sobrero, 1976). He criticized common sense when it implied imprecise and incoherent beliefs and outdated worldviews that had sedimented in languages and cultural systems. But there also exists a "broad region" of "common sense" (senso comune), of "good sense" (buon senso) which subtends our conception of life and morals and involves all social classes; "common sense" thus understood refers to the ideas, senses and values commonly accepted by all social strata, unwaringly and uncritically (Gramsci, 1975a, *Quaderno* 1, pp. 65, 75—76). This is a recurrent theme in Gramsci's 1949 monograph, *Gli intellettuali e l'organizzazione della cultura* (Gramsci, 1971a). Such "philosophy without philosophers", that is, what Gramsci also calls "low philosophy", an "inconsequent, incoherent, disruptive philosophy" (1975a,

Quaderno 8, p. 173) is the form in which "high philosophy"—which responds to the interests of the ruling class—variously circulates among the masses(an important contribution on this point is Gramsci's monograph, *Il materialismo storico e la filosofia di Benedetto Croce*, first published in 1948, see Gramsci, 1975b):

> Every social stratum has its own "common sense" which is at the bottom of the most widespread conception of life and morals. Every philosophical trend leaves a sedimentation of "common sense": this is the document of its historical effectiveness. Common sense is not something rigid and static; rather, it changes continuously, enriched by new scientific notions and philosophical opinions which have entered into common usage.
>
> "Common sense" is the folklore of "philosophy" and stands midway between "folkore" proper (that is, as it is understood) and the philosophy, the science, the economy of the scientists. "Common sense" creates the folklore of the future, that is, a more or less stiffened phase of a given time and place. (Gramsci, 1975a, *Quaderno 1*, p. 65, p. 76)

In order to create a new political and cultural hegemony, a task Gramsci assigns to the party ("The Modern Prince", *Note sul Machiavelli*, 1971), common sense among the masses must necessarily be replaced with an organic conception of the world(cf. Boothman, 2008). To this end, the production of hegemony is not only a question of demystifying backward beliefs upheld by common sense, but also of identifying any spontaneous and progressive tendencies in it. Gramsci held that in order to affect common sense it would be necessary to place oneself "in the sphere itself of common sense", "detaching onself sufficiently to allow for a mocking smile, but not contempt or haughty superiority". Taken into common sense is not an "enemy to defeat"; instead, a "dialectical" relation—in my terminology, a "dialogical" relation—should be established with it (cf. Gramsci, 1975a, *Quaderno 1*, p. 65, p. 75—76).

Although Gramsci did not distinguish often between "common sense" and "good sense" (he recurrently said "common sense", that is, "good sense"), all the same he sometimes spoke of "good sense" in terms of protection against the excesses of insane intellectualism and also as the reasonable part of common sense. Gramsci observed that Manzoni, in his *Promessi Sposi* (Ch.

XXXII), distinguished between "common sense" and "good sense" *à* propos the deadly plague of 1576 and the plague-spreaders. As Gramsci observes:

> Speaking about the fact that there were indeed people who did not believe in plague-spreaders, but that could not support their opinion against widespread popular opinion, Manzoni adds: "There must have been a secret outlet of the truth, a domestic confidence: good sense was there; but it remained hidden, for fear of common sense". (1975a, *Quaderno 10*, II, p. 48)

To critique and surmount deep-rooted "common sense", exploiting its "good sense" as well, is the necessary condition for dissemination among the masses of a new and more unitary and coherent conception of the world, of a new common sense (Gramsci, 1988, p. 188). This involves organizing the system of superstitious and folkloristic philosophical conceptions typical of the masses into a new national popular philosophy, to the end of spreading a new culture, one that is organic and in keeping with the ideology of a new "social block", shared therefore by all strata of society. Common sense in Gramsci is closely connected with the problem of ideology.

Rossi-Landi refered to Gramsci in several passages throughout his writings. One particularly important passage relevant to our present discourse is from his 1978 monograph *Ideologia*, in a chapter titled "Ideology and Social Practice". After dedicating the first three paragraphs to the introduction of ideology into the problematic of social reproduction, to social reproduction as the arché or beginnning of all things, and to the articulations of social reproduction, Rossi-Landi dedicated the fourth paragraph to the question of sign systems, ideologies and production of consensus, and he refered to Gramsci. He observed that Gramsci, even if in "pre-semiotic" terms, had already identified the role carried out by sign systems in the social reproduction system and, precisely, in the relation between co-called "structure" and "superstructure" (Rossi-Landi, 1978, p. 111). This paragraph concludes with the statement that in Gramsci's view, the most important goal for the "New Prince" (reference here is to the Machiavellian-Gramscian conception of the "Prince": the "New Prince" is the party) is to reorganize verbal and nonverbal sign systems for the sake of revolutionizing social teleology. Let me add that this means to reorganize "common sense", with its "common places" and its "good sense", as a function of new social planning. According to Rossi-Landi, Gramsci knew that to develop and impose a new ideology and, consequently, to permeate the dominant mode of production with new ideological values, to permeate culture with new ideological values was only possibile through sign systems. These are described as the mediating level between the two levels of modes of production and ideological institutions.

ⅳ. Vagueness and Misunderstanding

The only important alternative to pragmaticism, at least the version criticized by Peirce, is traditional logic. The latter contends that thought has no meaning except itself and that substance is a category, an irregular pluralism of functions (CP 5.500). Logicians have elaborated a great many different categories, but they all agree that those concepts which are categories are all simple, and that they are the only simple concepts. The fact that something may be true of one category that is not true of another does not imply that these differences constitute the identifiable specificity of that concept: "Each is other than each of the rest but this difference is unspecifiable and thus indefinite. At the same time there is nothing indefinite in the concepts themselves". (CP 5.501) Peirce proceeds to establish a relation of affinity between differences connected to concepts and different qualities of feeling. The differences are perceived, just as we perceive different fragrances of different flowers, but the different qualities which may be predicated of each fragrance do not at all constitute the fragrance; they are not part of the fragrances themselves. As to their relations, nothing can be predicated except that each one is other than every other. Therefore, those relations are indefinite; but there is no indefiniteness about the feelings involved. On Peirce's account, concepts as analyzed by the logicians are no more than another kind of quality of feeling. Though the logician would never admit this on the grounds that concepts are general while feelings are not, s/he cannot demonstrate this position. Instead, Peirce maintains the following:

> [Concepts and feelings] are different no doubt; but the difference is

> altogether indefinite. It is precisely like the difference between smells and colours. It must be so, because at the very outset they defined concepts as qualities of feeling, not in these very words of course, but in the very meaning of these words when they said that concepts possess, as immediate objects, all the characters that they possess at all, each in itself, regardless of anything else. (CP 5.501)

Proponents of individualism would agree, Peirce argues, that reality and existence are coextensive; in other words, that reality and existence are either alike true or alike false with regard to every subject; they have the same meaning, or Inhalt. Many logicians would refuse such a position as a *reductio ad absurdum* of individualism, the two meanings to their mind clearly not being the same: "[R]eality means a certain kind of non-dependence upon thought, and so is a cognitionary character, while existence means reaction with the environment, and so is a dynamic character." (CP 5.503) A misunderstanding characteristic of individualists is their belief that all other human beings are individualists as well, including the scholastic realists whom they thought believed that "universals exist". In reality, many great thinkers of the past did not believe that "generals" exist, but regarded them as "modes of determination of individuals" and such modes were recognized as being of the nature of thought. According to Peirce, the metaphysical side of pragmaticism attempts to solve the problem by accepting the existence of "real generals" and by seeking to answer the question: "In what way can a general be unaffected by any thought about it?"(CP 5.503).

Another misapprehension clarified by Peirce is this: for the pragmaticist, the import, or adequate, ultimate interpretant—Peirce says exactly the "ultimate interpretation"—of a concept is contained in a "habit of conduct" or "general moral determination of whatever procedure there may come to be" (CP 5.504). The import of any word (except perhaps a pronoun) is not limited to what is in the utterer's mind actualiter, that is, at the moment; but, on the contrary, it is "what is in the mind, perhaps not even habitualiter, but simply virtualiter, which constitutes the import"(CP 5.504). Every animal has habits and thus has innate ones. Insofar as an animal has cognitive powers, it must also have "in posse innate cognitive habits", this being Peirce's interpretation of innate ideas. Pragmaticists share these positions with a critical philosophy of common sense and they should not be considered as individualists, neither of the metaphysical nor of the epistemological type.

In line with critical common sense, Peirce maintains that all beliefs are vague. He even goes so far as to claim that the more they are indubitable, the vaguer they are. He goes on to discuss the misunderstood importance of vagueness, even in mathematical thought. Vagueness is no less than constitutive of belief, inherent to it and to the propositions that express it. It is the "antithetical analogue of generality":

> A sign is objectively general, in so far as, leaving its effective interpretation indeterminate, it surrenders to the interpreter the right of completing the determination for himself. "Man is mortal". "What man?", "Any man you like". A sign is objectively vague, in so far as, leaving its interpretation more or less indeterminate, it reserves for some other possible sign or experience the function of completing the determination. "This month", says the almanac-oracle, "a great event is to happen". "What event?" "Oh, we shall see. The almanac doesn't tell that". The general might be defined as that to which the principle of excluded middle does not apply. A triange in general is not isosceles nor equilateral; nor is a triangle in general scalene. The vague might be defined as that to which the principle of contradiction does not apply. For it is false neither that an animal (in a vague sense) is male, nor that an animal is female. (CP 5.505)

Generality and vagueness do not coincide. Indeed, they oppose each other, though on a formal level they are seen to be on a par. A sign cannot be at once vague and general in the same respect, as Peirce said, "since insofar as the right of determination is not distinctly extended to the interpreter it remains the right of the utterer" (CP 5.506). Furthermore, only if a sign is not indeterminate can it avoid being vague or general, but "no sign can ever be absolutely and completely indeterminate" (CP 5.506).

In the light of his logic of relations, no proposition has a single subject, but rather has different levels of reference. On this aspect, Peirce refers to an article by himself published in *The Open Court* in 1892, "The Reader is Introduced to Relatives" (CP 3.415 – 3.424). Even if only implicitly, all propositions necessarily refer to the truth, "the universe of all universes". Therefore they refer to the same determinately singular subject, understood both by the utterer and the interpreter, and assumed by all to be real. At a more restricted immediate level, all propositions refer to a non general subject.

In his paper "Consequences of Critical Common-Sensism" (CP 5.502—537), Peirce reflected further on the role of vagueness. Communication among interlocutors is never completely definite, never completely non-vague, for where the possibility of variation exists absolute precision is impossible. Beyond expressing his hope that qualities of feeling among different persons might one day be compared by physiologists and thereby no longer represented a source of misunderstanding, Peirce identified a cause of misunderstanding in the intention itself of intellectual precision and in the very commitment to explanation and specification, on the one hand, and in the diversity of experience among different persons, which was as calling for an uneliminable situation of dialogue both with others and with self, on the other hand. From this point of view, misunderstanding is inevitable, indeed, we might add, the very condition for understanding. Communication is necessarily vague because no man's interpretation of words is based on exactly the same experience as any other men's. Even in our most intellectual conceptions, the more we strive to be precise, the more unattainable precision seems. It should never be forgotten that our own thinking is carried on as a dialogue, and though mostly in a lesser degree is subject to almost every imperfection of language. (CP 5.506)

Therefore, just as when we look closely at the detail of a painting we lose sight of its overall sense, the more we attempt to be precise, the more unattainable precision seems, even when we are dealing with intellectual conceptions. Vagueness is the common matter that subtends communication and constitutes a condition of possibility of communication itself; it is an a priori condition for the formulation of the propositions to be communicated. Such vagueness is strictly dependent upon reference to the different experiences of each one of us, from organic-instinctual life to intellectual life. Thus understood, more than postulating vagueness as the cause of misunderstanding, Peirce like Welby recognized it as the condition of possibility of communication, thanks to which it was possible to formulate or actualize the propositions that form our communicative exchanges. Moreover, communication is achieved in terms of dialogue, whether interior dialogue or dialogue with other interlocutors external to oneself. Variability in the experience of the individual implies variability at the level of explicit interpretation and also at the level of implicit understanding.

Therefore dialogue and understanding, as negotiated in communication, are strictly dependent upon vagueness, variability, the implicit and the unsaid. Understanding is possible thanks to the understood, and as such is always vague. The risk is that the more we attempt to be precise, the less we understand each other. To explicate the indeterminate and render it comprehensible means to undertake new interpretive/translative courses, new signifying paths, and thus to introduce new implications, new variables, and hence a new degree of vagueness. Ultimately, communication is dialogic investigation and approximation by interlocutors with respect to the referent of discourse—both the general referent, truth, and the immediate, special referent. Speaking, saying, explication, determination, understanding—all these stand firmly rooted in the understood, the unspoken, the unsaid, in implied meaning (Petrilli, 1998a, pp. 95—105; 2013, pp. 186—88).

Expression and communication are achieved thanks to the relation among signs, or, better, among interpretants. And given the close association of interpretation to translation (as evidenced in particular by Roman Jakobson 1959), to the point that under certain aspects these terms overlap and may be considered synonymous, the relation among interpretants is a translational relation (see also Petrilli, 2014a, Chs. 10, 11, 15). Meaning is achieved through processes of transferral and transvaluation in the interaction, to varying degrees of dialogic responsiveness, among signs. And as we have also aimed to evidence in this chapter, indeterminacy, ambiguity and vagueness are necessary conditions for continuity of such interpretive/translative processes in human semiosis.

Ⅴ. Significs, Semiotics, Semioethics

Reading the works of scholars of the sign like Welby and Peirce provides us with theoretical instruments for a more adequate understanding of social symptoms and critique of the world today, of the world-as-it-is. This world (our own), the world shaped and connoted in the era of globalization and global communication, is oriented by the logic of identity and characterized by the representation of difference based on this type of logic. "Identity" is understood here as closed and egocentric identity and difference based on identity logic thus understood is identity-difference (Petrilli, 2013, pp. 190—195). Difference orientated by the logic of closed identity leads to the construction of worlds and worldviews based on separation and dominion among identity-differences—whether these concern gender, ethnic group, ideology, religion, etc. Identity logic thus describes subtends "the globalization of indifference" and inevitably results in the need to defend the interests of identities, to the point even of accepting the logic of war.

Instead, from the perspective of significs or semioethics (Petrilli & Ponzio 2003, 2005), difference is thematized in terms of otherness logic and dialogism and emerges as otherness-difference. Such logic involves the capacity for unity on the basis of intercorporeal dialogue and co-participation, even when encounter involves discord. Global hospitality, peace and freedom call for the relation of involvement with the other which cannot be achieved on the basis of closed identities, barriers and alibis. Instead, what is required is the relation of responsibility for the other, or dialogic responsiveness towards the other, to echo Mikhail Bakhtin, across boundaries and relative alibis. In this framework, commitment to human rights means commitment to the rights of the other.

Significs is the name of that discipline or theoretical orientation in the study of signs and language that encourages one to ask questions like: "What does it signify?" "What does it mean?" "In what sense?" It is not surprising that the expression "significs" should have been introduced (in 1894 ca.) by a woman—Victoria Welby precisely. Nor is it surprising that she never entered the Pantheon or genealogical tree of the "Fathers" of the language and sign sciences, despite her connections with scholars like Charles S. Peirce, Bertrand Russell, Charles K. Ogden, George F. Stout, John M. Baldwin, Ferdinand S. Schiller, Ferdinand Tönnies, Frederik van Eeden, and many more.

"What does it signify?" "In what sense?" "Why?" are questions Welby induced one to ask in the face of any form of expression, verbal and nonverbal, piece of human behaviour or social practice. "The most wonderful of all words is the 'Why'. It is ours wherewith to press into and probe, to conquer and govern the very centres of mental life" (Welby, 23 August 1911, now in Petrilli, 2009a, p. 514). As a significian, she focused on the relation of signs to values, ultimately on the relation of signs to life. She thematized the need for critical awareness and interpretation to enhance the value of the single individual, the potential for significance, and to safeguard human dignity under all aspects (Petrilli & Ponzio, 2005, Ch. 2; Petrilli, 2009, Ch. 4).

The logic of significs is associated with a new form of humanism, the "humanism of otherness" (Levinas, 1961, 1972) by contrast with the "humanism of identity". It is also associated with "dialogism", "intercorporeal dialogism" (Bakhtin, 1981). In this framework, responsibility is connected with the other, with the capacity for responsiveness which, in turn, is connected with gift-giving logic, the capacity for creative love, care for the other, and construction of new worlds. Welby's special approach to signs and language favours reflects upon issues relating to human rights, responsibility, freedom, hospitality and listening. Welby predicated love and care for the other, compassion, justice, and patience—all guiding values for healthy social practice. She identified gift logic as a constitutive component in the relation among signs, in the generation of signifying practices, in the construction of subjectivity. Otherness and excess, overflow and transcendence with respect to identity logic are determining factors in the dynamics of interpretive processes and expressive systems, including the verbal, which is all one with the dynamics of the development of subjectivity, interpersonal relations and experience of the world.

Cited Works:

Arnett, R. C., Holba, A. M. & Mancino, S. (2018). *An Encyclopedia of Communication Ethics. Goods in Contention*. New York, NY: Peter Lang.

Bakhtin, M. (1981). *The Dialogic Imagination*. Austin, TX: Texas University Press, 1981.

Boothman, D. (2008). "Hegemony: Political and Linguistic Sources for Gramsci's Concept of

Hegemony". In Richard Howson & Kylie Smith (eds.), *Hegemony. Studies in Consensus and Coercion*, 33−50. New York, NY: Routledge.

Cust, Mrs. Henry (Elizabeth) (Ed. & Intro.). (1929). *Echoes of Larger Life: A Selection from the Early Correspondence of Victoria Lady Welby*. London, UK: Jonathan Cape.

Gramsci, A. (1971a). *Gli intellettuali e l'organizzazione della cultura*. Rome, ITA: Editori Riuniti.

—. (1975a). *Quaderni dal carcere, ed. by V. Gerratana* (4 vols). Turin, Einaudi, new ed. 2001.

—. (1975b). *Il materialismo storico e la filosofia di Benedetto Croce,* Intro. by L. Gruppi. Rome, ITA: Editori Riuniti.

—. (1988). *Lettere dal carcere* (vol. 1). Rome, ITA: Editrice l'Unità.

Hardwick, C. (Ed.) (In collab. J. Cook). (1977). *Semiotic and Significs. The Correspondence between Charles S. Peirce and Victoria Lady Welby*. Bloomington, IN: Indiana University Press.

Petrilli, S. (1998a). *Teoria dei segni e del linguaggio*. Bari, ITA: Graphis.

—. (2009). *Signifying and Understanding. Reading the Works of Victoria Welby and the Signific Movement*. Berlin, DE: De Gruyter Mouton.

—. (2013). *The Self as a Sign, the World and the Other.* New Brunswick, CAN: Transaction Publishers.

—. (2014). *Sign Studies and Semioethics. Communication, Translation and Values*. Berlin, DE: De Gruyter Mouton, .

Petrilli, S. & Ponzio, A. (2003). *Semioetica*. Rome, ITA: Meltemi.

—. (2005). *Semiotics Unbounded. Interpretive Routes in the Open Network of Signs*. Toronto, CAN: Toronto University Press.

—. (2006) "Metaphor and poetic logic in Vico". Perspectives on Metaphor. *Semiotica*, 161−1/4, pp. 231−249. Special Issue, Guest ed. Frank Nuessel.

Rossi-Landi, F. (1961). *Significato, comunicazione e parlare comune*. Padua, ITA: Marsilio, 1980. [New ed. by A. Ponzio, 2006.]

—. (1982). *Ideologia*. Milan: ISEDI; Milan, Mondadori, 2005. Eng. trans. from the 1982 ed. by R. Griffin, Marxism and Ideology. Oxford, UK: Clarendon Press, 1978.

—. (1992). *Between Signs and Non-sign*. Amsterdam, NED: John Benjamins.

Sebeok, T. A. (1991). *A Sign Is Just a Sign.* Bloomington, N: Indiana University Press.

Welby, V. (1893). Meaning and Metaphor, *The Monist* 3. 4 (1893): 510−525. Now in S. Petrilli 2009, 421−430.

—. (1896). Sense, Meaning and Interpretation, *Mind* N. S, 5. 17(1896): 24−37, 5. 18(1896): 186−202. Now in S. Petrilli 2009, 430−449.

—. (1897). *Grains of Sense*. London, UK: J. M. Dent & Co. (A selection of passages is included in S. Petrilli 2009.)

—. (1903). *What Is Meaning? Studies in the Development of Significance*. London, UK: Macmillan.

—. (1983[1903]). *What Is Meaning? Studies in the Development of Significance*. Ed. and Preface by A. Eschbach, Intro. by G. Mannoury. Amsterdam, NL; Philadelphia, PA: John Benjamins.

—. (1985a). *Significs and Language*. Ed. and Intro. by H. W. Schmitz. Amsterdam, NL; Philadelphia, PA: John Benjamins. (Including Welby's monograph of 1911, *Significs and Laguage* and a selection of other writings by her).

—. (1985b). *Significato, metafora, interpretazione*. It. trans., ed., and Intro. by S. Petrilli. Bari, ITA: Adriatica.

—. (2007). *Senso, significato, significatività*, It. trans., Intro. "Il senso e il valore del significare", and ed. by S. Petrilli. Bari, ITA: Graphis.

—. (2009). *Signifying and Understanding. Reading the Works of Victoria Welby and the Signific Movement*, Pref. by P. Cobley. Berlin, DE: Mouton.

—. (2010). *Interpretare, comprendere, comunicare*. It. trans., ed. and Intro., by S. Petrilli. Rome, ITA: Carocci.

Author:

Susan Petrilli, full professor of Philosophy and Theory of Languages at the University of Bari Aldo Moro, Italy. She is vice-president of the International Association for Semiotic Studies. Her research fields are semiotics, significs and Maxist semiotics.

作者简介：

苏珊·佩特里利，国际符号学协会副主席（2014至今），意大利巴里大学哲学与语言学理论教授，研究方向为符号学、表意学、马克思主义符号学。

E-mail: susan.petrilli@gmail.com

论意义三分之形成：回顾皮尔斯与维尔比的讨论*

赵星植

摘　要：皮尔斯曾与英国女学者维尔比夫人有着长达9年（1903—1911）的学术通信往来，主要就符号与意义理论，特别是意义三分模式，展开持续且深入的讨论。二者的符号学与表意学不约而同地强调：符号表意之目的在于解释，进而获致得体的意义，因此符号学就是意义学。而处理这个核心问题的基本框架，就是细致分析符号意义的三分关系。这场讨论意义深远，它既印证了意义是符号学的中心问题，标志着20世纪初意义理论大潮的涌起，同时也开创了以意义解释为中心的符号学三元动态模式。这一模式被视为当今符号学的“大传统”，至今引领符号学运动前进的方向。

关键词：皮尔斯，维尔比，符号学，表意学，意义三分

The Birth of Triads of Meaning: Revisiting the Correspondence between Peirce and Lady Welby

Zhao Xingzhi

Abstract: The correspondence between Charles Peirce and Victoria Lady Welby lasted as long as nine years (1903－1911), during which they engaged in in-depth discussion about the theories of signs and meaning, and especially the triads of meaning. Whilst constructed independently,

* 本文为国家社科基金青年项目“皮尔斯学术手稿中的关键概念整理与研究”（18CWW002）阶段性成果。

Peirce's semiotics and Welby's significs both emphasise that the goal of signification is to interpret, clarify and then adequately realise the meaning of signs. Hence, semiotics is essentially the study of meaning, and the fundamental approach is to elaborate on the triadic relations of meaning. This correspondence is of great importance and should be revisited, not only because both Peirce and Welby regarded "meaning" as the core of semiotics, announcing the beginning of meaning theories in the early 20th century, but also because they co-founded the triad model of semiotics, which is regarded as the "major tradition" in semiotic studies today.

Keywords: Charles S. Peirce, Victoria Lady Welby, semiotics, significs, triads of meaning

DOI: 10.13760/b.cnki.sam.201902005

一、皮尔斯与维尔比：意义学的开端

20世纪初被誉为现代理论大潮的“星座效应”时代（Dolezel，2010，p. 134），多国的学者同时感受到现代性的压力，独立思考与探索，形成众多的理论流派。这种群星璀璨的思想活跃情景，集中展现在意义理论上的爆发（赵毅衡，2017，p. 48）。当时各国理论界较为隔阂，出版与翻译介绍也不如现在方便，许多重要学者尽管近乎同时在为意义之意义问题进行系统研究，但并不知彼此的工作。皮尔斯不知道索绪尔，英美学界当时也不熟悉胡塞尔，等等。因此，20世纪初的意义理论研究，如同星座一般，多点同时爆发，对后世研究影响深远。

欧美意义学理论学者能联结成星座，有段重要的学术交往史不得不提——被后人誉为“符号学之母”的英国女学者维尔比夫人（Victoria Lady Welby）与皮尔斯（Charles Sanders Peirce）在当时展开长达9年的书信往来。这对当代意义理论的形成与汇聚，起到了至关重要的作用：二者的学术交往应当被视为意义学的开端。特别是，维尔比夫人凭借其广泛的书信网对皮尔斯符号学理论进行坚持不懈的引介（Hardwick，1977，p. i），使皮尔斯符号学理论在当时的理论中心——欧洲得以传播，后经瑞恰兹（Ivor Richards）与奥格登（Charles Ogden）的整理，以解释与语境使用为中心的现代意义理论逐汇聚形。

维尔比夫人出生英国贵族之家，维多利亚女王（Queen Victoria）和女王母亲肯特公爵夫人（Duchess of Kent）是其教母（Hardwick，1977，p. xvii）。她早在1903年已出版理论专著《何为意义？表意学进展研究》（*What is Meaning? Studies in Development of Significs*），讨论意义表达与解释的相互关系，建构其表意学（significs）理论体系。该书仔细探讨语言符号与意义表达之间多维度的互生关系，应当说是符号与意义问题的最早提出者（赵毅衡，2017，p. 48）。

维尔比关注到皮尔斯，是因为她阅读了皮尔斯为鲍德温《哲学与心理学辞典》（*Dictionary of Philosophy and Psychology*）所撰写的“逻辑”词条（Hardwick，1977，p. xv）。维尔比惊喜地发现皮尔斯的符号学（semiotics）与她的表意学存在颇多共同点，即均致力于思维或概念的清晰性（conceptual clarity）。于是她便联系《何为意义》的出版商，委托他们将该书寄予皮尔斯（Peirce & Welby，1977，p. 1）。皮尔斯给予该书非常高的评价，并在《国家》（*The Nation*）上发表长篇书评。值得一提的是，皮尔斯同期在该杂志上还发表了对另一本书的书评，即罗素（Bertrand Russell）的《数学原理》：不过是一篇几段话的短评论。最后他同时评价道，这两本书皆为“逻辑学方面的重要著作”（Peirce & Welby，1977，pp. 157—159）。对维尔比来说，能与罗素相提并论，这是“极高的评价”（Peirce & Welby，1977，p. 5）。随后，皮尔斯将该书评寄给维尔比，二者长达9年的学术通信往来由此开启。

二者的书信往来从1903年延续到1911年，均是他们人生的最后一段时间。维尔比逝世于1912年，而皮尔斯则逝世于1914年。这是皮尔斯人生中最艰难的时光。1902年起，他已债台高筑，靠在《国家》杂志上发表书评和少许文章度日。1908年，他停止投稿，也就失去了最主要的生活来源。1909年起，皮尔斯已经不得不依靠吗啡来缓解他的三叉神经痛。（Brent，1998，p. 430）但也是在最后的几年中，特别是在与维尔比的通信上，皮尔斯首次深入阐释了其符号学的10种三分法，并进一步拓宽了其在现象学层面建构的解释符号学理论体系。因此，从理论价值来看，二者的书信是符号学三元模式奠基的最直接文本证据，下文将详细阐释。

而从学术史的角度来看，二者的书信往来还间接促成了20世纪初意义理论大潮的汇聚。维尔比的学术活动以其广泛的学术书信网闻名。她与同时代多个学科领域的重要学者有过书信交往，除皮尔斯外，还包含伯特兰·罗素（Bertrand Russel）、亨利·詹姆斯（Henry James）、威廉·詹姆斯（William James）、查尔斯·奥格登、亨利·柏格森（Henry Bergson）、保罗·卡尔纳普（Paul Rudolf Carnap）等人。（Hardwick，1977，pp. xvi；Petrilli，2009，pp. 934－947）她在与上述学者的通信过程中，常常把与皮尔斯的通信抄送给各位学者，向他们推荐皮尔斯的符号学与实用主义理论。

她曾写过多封信给罗素与威尔森（J. Cook Wilson），向其推荐皮尔斯，并把这些推荐信函同时寄给当时《心灵》（*Mind*）杂志的主编斯托特（G. F. Stout），认为应当推动这三位重要哲学家之间的学术交流与对话。当时著名英国哲学家拉姆齐（F. R. Ramsey）也在与维尔比通信中了解了皮尔斯的思想。在为其挚友维特根斯坦（Ludwig Wittgenstein）所写的《逻辑哲学论》书评中，他直接采用皮尔斯符号学中个别符（token）与型符（type）这两个概念进行区分，并将皮尔斯的实用主义与维特根斯坦的相关思想进行对比。英国分析哲学界能够在当时深入谈及远在美国且几乎默默无闻的皮尔斯符号意义理论的重要思想，维尔比在其中起到了重要的中介作用。（Thayer，1968，pp. 108－109）

而在另一端，维尔比在剑桥大学的门生奥格登，则在综合维尔比与皮尔斯的意义理论观点，推进意义理论整合方面做出了重要的贡献。奥格登经由维尔比的介绍，细读了皮尔斯大量的信件和期刊文章，在当时就非常熟悉其符号学思想，特别是符号表意三分概念。维尔比曾写信给皮尔斯道，他为皮尔斯在剑桥找到了一位学生，那就是奥格登：

> 我非常激动地写这张明信片是想告诉您，我可能为您在剑桥找到了一位学生。他认真细致地研读了我给他的所有您有关存在图的信件和文章，他非常期待盼望阅读您和司陶特教授发表在文集上的大作，希望不久就能收到。您的这位新生（the recruit）名叫奥格登，他在麦格达伦学院（Magdalene College）。同时，他也对探索表意学充满了激情。（Peirce & Welby，1977，p. 139）

在奥格登与瑞恰兹合作的《意义的意义》（*The Meaning of Meaning*，1923）一书中，他们不仅讨论了当时默默无闻的索绪尔，更能非常熟练地使用并讨论皮尔斯的一系列复杂术语，且用十多页附录介绍皮尔斯思想体系以及他与维尔比的通信。更为重要的是，该书已经提出了一个相当系统的符号学理论："意义，这个所有的语言理论的核心术语，如果没有一个令人满意的符号理论，是无法处理的"，因此，"我们的一生几乎从生到死，不是在使用符号，就是在解释符号"。（Ogden & Richards，1989，p. 50）

奥格登的这段话里，有维尔比与皮尔斯的影子：符号表意之目的在于解释，进而获致得体的意义。符号学就是意义学（赵毅衡，2017，p. 47）。而处理这个核心问题的基本框架，就是意义解释的三分关系。因而从符号学意义上说，维尔比与皮尔斯的讨论最重要的意义，在于其印证了“意义”是符号学的中心问题，意义表达与意义解释过程是符号学与表意学的根本议题。这开创的是以意义解释为中心的符号路径。

西方学界曾定义“符号学是对符号的研究”（Semiotics is the study of signs），该定义依然被当今符号学界使用。这一定义实为同义反复，无法说清符号学的学科特性及研究核心。而从皮尔斯到维尔比，再到奥格登与瑞恰兹，符号学作为意义之学的脉络就已经非常清晰。无论是皮尔斯的解释项三分、维尔比的意义三分，还是奥格登的意义三角，核心问题都是从符号意义的解释与传播出发，探寻符号表意的动态三分结构。因此，尽管符号学是对符号进行研究，但根本目的是对符号所携带与传播的意义进行规则性探讨。

二、符号学与表意学

皮尔斯与维尔比在通信过程中，曾多次感叹尽管双方此前不曾相识，但独自创立“符号学”与“表意学”，在研究目的与研究路径上竟然如此契合。因而皮尔斯曾在一封信件中如此写道：

> 尊敬的维尔比夫人……我自 1863 年，那时我俩还未认知，就已经全身心地投入到和你非常相同的研究之中了，如同一个孤单的心灵对着一个似乎不愿听我胡扯的心灵。（CP 8.376）

信中皮尔斯所谓“非常相同”，在笔者看来，是指这两种学说共同关注符号意义解释机制。维尔比表意学的核心，就是意义三分论。她认为厘清日常表达中意义明晰性的根本方法，是对意义的类型进行仔细区分。她把意义分为“感知”（sense）、“意义”（meaning）与“意味”（significance）三个层次，着重分析不同语境中解释者对语言表达中三种意义的感知与解释过程。意义三分的讨论贯穿其研究生涯。

皮尔斯符号学的核心同为符号意义的解释，他曾指出，“任何事物都可以被视为符号，只要他被解释为符号”（CP 2.308）。为此，他引入“解释项”（interpretant）这一核心概念，并将其与符号和对象（object）组成动态的三元关系。符号的意义由封闭转而向解释者敞开，符号结构从静止与单一转向动态与多元。皮尔斯所谓的解释项，即符号在解释者心中引起的一个更为发展的符号（皮尔斯，2014，p. 34），而这种符号即为解释者根据符号与其对象关系所阐释的意义。为进一步说明符号与意义的动态关系，皮尔斯根据其现象学三性原则对解释项进行三分，即直接解释项、动力解释项与最终解释项，从而展现符号意义从第一性（Firstness）到第三性（Thirdness）这一认知过程。（皮尔斯，2014，p. 39）

上述两套意义三分方案的最大共同点是都关注符号意义“感知—解释—取效”的渐进过程。后文将着重对此部分进行分析与对比，此处想进一步指出的是：二者不约而同地提出这种意义三分机制，根源在于他们对意义理论研究之目的有着根本一致的看法。这就是探究可以厘清人类思维的方法，以获致意义解释的清晰性。要实现这种清晰性，基本路径便是仔细梳理符号表达与意义解释之间的多重关系。

维尔比对意义清晰性的关注始于她在日常生活经验中发现的语言以及语言思维的不恰当之处。她指出，当街上的人开始无意识地问出“……什么意思?”“这表示什么?”等问题时，符号活动的认知、实用以及伦理问题便显现出来。（Welby，1983，pp. 5－6）的确，为了积累知识和经验，各行各业的表意者都被要求去提出这样的问题：“……的意思是什么?”“我们……想要表示什么?”“……的意义是什么?”这些问题及其回答都将重点放在表意过程的感知、意义和意味上，它们诱使表意者对一切经验的价值进行反思。所有认知冲突、审美冲突、伦理冲突以及宗教冲突便依附在这些问题之上。

事实上，维尔比早在1891年就编辑出版过一本名为《为模糊性作证：文集》（*Witness to Ambiguity*：*A Collection*）的小册子，其可视为她在意义问题上所做的早期尝试。这本小册子是她阅读数本意义问题研究相关的哲学与科学著作后进行的摘编。她在前言部分介绍该文选的出版目的：

> 要帮助读者厘清那些长期被忽略的甚至否认的（有关意义问题的）事实；不过这些事实恰恰也是现有研究成果匮乏的主要原因，也是研究重心混淆的原因，更是无望找到可用于“揭秘”（enigmas）的真正方法。而这种方法则可能依赖还未发掘的但本身却存有的意义，或意义的变迁。（Welby，1989，p. 1）

总体观之，维尔比表意学的出发点如下：在任何形式的心智活动中，语言意义的混淆不清（confusion）普遍存在，因此需要发展一种“语言意识”（linguistic conscience）；要达成上述目标，我们不仅需要对术语进行精确的定义，更需要关注语境中出现的新表达与比喻方式是否更加贴近当下的经验（experience）与发现；这要求我们不仅要更警惕我们所使用之概念的具体含义，更要了解这些概念在不同语境中的使用情况。因而她在1893年《意义与比喻》（Meaning and Metaphor）一文中，阐明了表意学的这一基本任务："我们需要'清晰意义的批评理论'（Critique of Plain Meaning）"。

1911年，维尔比生前最后一本专著《表意学与语言》（*Significs and Language*）的前言部分，对表意学的特征及其要务总结得非常到位：

> 我们姑且可以把表意学简单地定义为，研究所有不同形式的含义（significance）及其相互关系之本质（nature），以及它在人类兴趣和目的之任何领域所发挥的具体作用的学科。然而现实情况是，这类研究甚至在教育学领域都被完全忽视，所以到目前为止它都还没有，也很难有一个让人满意的定义。实际上，解释能力（interpretative function）是唯一一个被直接忽视的，或者说是被随意对待的能力。其实，它却是人类交往乃至把握这个世界的先决条件。（Welby，1985，p. vii）

由上可见，表意学作为一种廓清意义的理论方式，与皮尔斯符号学一样，是一种广义的符号学或意义理论体系。维尔比的表意学重在探究人们对不同类型的符号意义的解释过程。在她看来，符号表意的重心在于解释，而非结构，因为解释是人类进行意义交流的基本前提以及必备条件。同时，意义解释行为以及理解程度的不相同导致了符号意义的层级性。因此，维尔比在《何为意义》一书中指出，"表意学着重符号与符号之间在最广泛意义上（in the widest sense）的关系，并承认这些关系中存有一种实际重要性的递增关系"（Welby，1983，p. 47）。这也解释了为何维尔比把表意学的中心放在意义三分的研究之上。

与维尔比一样，"廓清思维"与"明晰观念"是皮尔斯这个思想体系的主线，只是皮尔斯的理论视角相对于前者则更加宏观。皮尔斯延续洛克（John Locke）的观点，认为符号学即逻辑学，是因为逻辑学的根本目的就是厘清我们的思维，清除意义模糊性。只不过他认为当时的逻辑学不足以完成这一任务，因此有必要发展出一套可包含整个符号类型的广义符号学体系来扩展逻辑学。这一目的，皮尔斯在青年时发表的文章《如何使我们的思想明晰》（How to Make Our Ideas Clear）中就已经阐述得非常清楚：

> 我们有正当理由要求逻辑教给我们的第一课是：怎样把我们的观念弄明白。这是极重要的一课，它只是受到未上这一课的人的轻蔑。知道了我们的思想，把握了我们自己所指的意思，就将为伟大

的、重要的思想奠定牢固的基础。(Peirce, 1986, p. 257)

皮尔斯对哲学逻辑学的这一基本观点早在他年轻时阅读康德哲学的过程中便已形成。他认为这种观念的廓清，应当存在在于经验的各个层面。而要完成这一艰巨的任务，不仅仅需要一套新的解释范畴，同时更需要仔细检查表达经验所使用的符号及其相互关系。前者使皮尔斯改造康德的范畴表，建构三元范畴，以基础的现象学（或显象学，phaneroscopy）作为符号学理论基础；后者使其发展出一套处理符形、符义以及符用的符号学三学科（皮尔斯，2014，p. 5）。

同样在上述文章中，皮尔斯提出了廓清思维的一种基本方法，即“考虑一下我们所持观念的对象具有什么效果，这些效果具有可设想的实践关系。然后我们关于这些效果的观念就是我们对这一对象的观念的全部了”(Peirce，1986，p. 259)。这就是著名的皮尔斯实用主义准则。皮尔斯在其理论后期，特别是在与维尔比的通信中，多次重述这一准则，并试图将其拓展为“方法学”(methodeutic)[①] 作为符号学的第三分支。(张留华，2016)而这一分支的重点就是以符号与解释项之相互关系为出发点，探讨符号传播过程中不同层次的意义生成方式及其具体效果。

不过，皮尔斯对双方思想的区别与联系有着深刻的认识。在1908年皮尔斯写给维尔比的一封信件草稿中，他指出符号学与表意学在本质上均属于“研究符号本质的广义科学”(general science of the nature of signs)(CP. 378)。只是这一本质应当包含两个重要的方面，第一即符号的表意与解释，第二则是表意与社群真相(truth)的达成。皮尔斯认为，维尔比的表意学着重探索第一个方面：

> 我非常欣喜您与我的研究如此接近。对我来说，表意学比符号学的范围小一些，因为表意(signification)仅仅是符号的两个主要功能之一……因此表意学似乎集中在符号与其解释项的关系研究之上，我假定你就是这样限制的。(CP 8.378)

皮尔斯的符号学第三分支即普遍修辞学或方法学与维尔比的表意学一致，旨在探索符号与解释项（即意义）的相互关系。但皮尔斯进一步认为不应让符号学止步于对意义类型的分类研究，而是要寻找出一种探寻科学真相的方

① 皮尔斯又在其他手稿中，将这一分支称为“普遍修辞学”(universal rhetoric)或“思辨修辞学”(speculative rhetoric)(CP 1.444)。

式，即他所谓的“探究社群”（community of inquiry）理论。皮尔斯认为符号与真相有着天生的接近性，符号的目的就是表达真相（皮尔斯，2014，pp. 133－134），而解释者在符号意义解释与传播的过程中，最终能够形成一个获致真相的意义社群。这一路径让符号与社群直接连接起来，让符号学在社会领域同样展现强大解释力。

实际上，表意学同样关注符号意义与社会的相互关系，倡导把理论研究重点放在社会语境中符号表意的复杂性之上。但是它主要考察清晰的符号表意在梳理社会伦理规范、教育价值、宗教观念等方面的重要意义。维尔比用“价值”（value）来概括“意味”所包含的这类伦理意义（Welby，2009，pp. 260－261）。这种价值为一切实践经验与思辨经验所共享，同时也是实践经验与思辨经验的条件。

皮尔斯非常敏锐地发现了这一关键区别。他在这封信中进一步说道：

> 另一方面，逻辑学（指符号学，笔者注）对符号的真相问题更感兴趣……我期望您以后的大作将会让读者发现，表意学不仅在伦理道德方面，更主要是在真相方面，具有重大意义。(CP 8.378)

由皮尔斯与维尔比开创的意义理论新体系，致力于符号表意与社群关系的研究，为符号学成为广义的社会文化理论奠定了坚实的基础。而皮尔斯所指出的他与维尔比的所谓“差异”，只是意义研究的应有之题：符号学不仅需要处理“善”，更应当处理“真”。于是他力劝维尔比，与他共同开创这一广阔的新领域：

> 假若我们把它（指符号学，笔者注）一分为二——那么，根据我对“科学”这一概念理解，是指科学者用这个词表示一个由共同兴趣者（devotee）所组成的社会群体，因此我们会立刻陷入一人坚守一个群体（two groups of two）的窘境之中。然而，如果您和我团结一致，那么至少，这个社群中还有两位成员……（CP 8.378)

三、意义三分：维尔比的方案

皮尔斯与维尔比的这场持久的学术对话，不仅促进了意义理论的汇聚，而且还在方法论上开创了表意分析的三元模式，至今对当代符号学以及意义理论研究具有重要的启示意义。

维尔比对意义的分类研究始于1896年《感知、意义与解释》（Sense, Meaning and Interpretation）一文。只是当时她把意义分为五类：意指

(signification)、含义(import)、感知(sense)、意味(significance)以及意义(meaning)。(Welby, 1896)这五个单词，在西文中为同义词，区分起来非常困难，并且这些单词都是一词多义，比如“sense”既可指意义，也可指感知；“import”可指含义，也可指重要性。

从《何为意义》一书开始，维尔比论及感知(sense)、意义(meaning)和意味(significance)的意义三分就确立起来。这三个术语，分别表明了符号表意过程的解释潜力、表达意图复杂性以及实际后果三个递进阶段。

首先是感知(sense)。维尔比认为，感知作为意义的第一阶段，是对“环境的有机反应(organic response)，并且在本质上，所有经验均存有这种表达性因素(expressive element)”(Welby, 1983, p. 28)。前文已述，“sense”这一单词，在英文中既包含“意思”这一含义，也包含“感知”这一含义。从维尔比自己的定义来看，她更侧重于“sense”的感知特性。她认为对意义的感知并非人类特有的能力，因为“整个‘动物世界’(或许也包含植物)都共享着感知世界(sense world)”(Welby, 1983, p. 28)。维尔比此定义非常类似于皮尔斯所谓作为第一性的“感觉”(feeling)，均指动物乃至生物(即皮尔斯所谓的“准心灵”, quasi-mind)所携带的解释潜力。

维尔比强调感知是意义生成之最基础也最重要的环节。它作为一种信息的中介，是每个经验、解释、认知以及行为得以形成的决定性中介(determining medium)。同理，文字、词语、句子、形式以及内容也都无非是传达意思(sense)的方式之一。(Welby, 1983, p. 221)维尔比非常看重感知(sense)作为中介的重要作用，因为它是连接自在物世界和意义世界的重要桥梁：“但除非‘信息’(message)包含如‘从什么到什么’的观点，否则它自身是没有意义的，这就像‘连接’(link)必须要在两个东西之间一样。”(Welby, 1983, p. 113)

而“感知”作为中介的这一根本作用，决定了作为解释者的人似乎能够感知并识别到符号文本的意义，乃至解释符号自身携带的所谓“终极价值”(ultimate value)：

> 人类感知世界有许多地方需要借助意义—感知(meaning-sense)的规训，来进行理性的解释。而这种感知，这种对经验的意义(meaning)、意向(intent)、意图(purport)、意志(purpose)以及“目的”(end)的敏感性，会在感知中累积到最高点，然后变成一种识别(recognition)，识别意味(significance)、含义(import)、重要性(importance)、终极价值，以及所有经验及知识的最重要时

刻。（Welby，1983，p. 194）

上述引文让我们不难理解维尔比为何有时候也把表意学称为“Sensifics”：感知（sense）作为意义世界形成的基础，连接着我们的“智性世界、道德世界以及审美世界”（Welby，1983，p. 195）。因此，人们只有通过有意识地对符号表意进行观察与反思，并且对自己的意义感知和解释能力进行系统的训练，才能有效地解释符号意义所携带的伦理价值、社会价值、审美价值，乃至人类的终极价值。这也是为何维尔比认为，表意学应该是而且必须是教育学领域的一个重要组成部分。

维尔比认为：意义总是与意图（intention）和目的（end）相关，是“意义”（meaning）体系中的第二级意思（Welby，1983，p. 21）。因此，维尔比对比道：“‘感知’本质上不是目的性的（purposive），而这恰恰是‘意义’（meaning）的主要特征。意义是为有意表达的特定感知所准备的。”（Welby，1983，p. 79）进一步说，意义是解释者在朦胧地感知到意思后，对其进行判断、筛选，并根据自己的意图而想表达的含义。

而意义的第三层即“意味”（significance），则是维尔比表意理论的核心。她认为意味“包含感知（sense）和意义（meaning），但又在范围上超越二者，且包含更加广泛的结果、意涵、终极结论，或者事件和经验的结果。‘意味’这一术语被使用得更加充分”（Peirce & Welby，1977，p. 169）。这表明，意味作为意义活动过程的最终项，暗含着感觉及意义两者，但又因其涉及符号对每一个人的影响、含义以及终极价值而超越两者。这一切在《何为意义》的开篇便已得以简明的陈述：

> 严格来说，一个词并没有所谓的感知（sense），只有它被用于其中的意义（meaning）——环境、心灵状态、指涉和属于它的“论域”。一个词的意义是它想传播的意图——使用者的意图。一个词的“意味”（significance）总是多方面的，它通过表达它自身的重要性，它对我们的吸引力，它属于我们的瞬间，它自身的情感力量、理想价值、道德面貌以及它的普遍性或至少是社会性来强化其感知及其意义。（Welby，1983，pp. 5—6）

从上述引文来看，维尔比所谓的意味，大体上是指一个符号背后所蕴含的社群意义，它不仅关涉符号使用者的感知与意图，更关涉交际双方所在社群中能够用此符号进行交流而包含的根本意义。

维尔比在鲍德温《哲学与心理学辞典》“表意学”词条中，对“意味”这一术语进行了举例说明："第三是道德的，例如，我们说某一件事'它的意味不能被高估'，并且在这样的情况下，不可能在不造成重大损失的情况下替代这类事件的'感知'或'意义'。"（Welby，1905，p. 529）因此，意味不仅仅是符号所指具体的意义，而且包含这个符号使用社群共享的价值、道德以及伦理，而这正是维尔比所谓的终极价值。

四、解释项三分：皮尔斯的回应

维尔比从符号解释与意义生成的立场建立的表意学体系，得到了皮尔斯的高度赞赏。皮尔斯在 1903 年所做的著名的洛威尔系列演讲（Lowell Lectures）中的一场，详细评价了维尔比的意义三分式。而这一评价，也可以视为二者所开创的基于解释的符号学模式的共同理论抱负：

> 这本书［指《何为意义》，笔者注］具有非常多优点，其中最突出的是意义的三种模式。但是我认为本书更重要的意义是，它极力阐明"何为意义"这一根本问题。一个词对于我们来说是有意的，以至于我们可以利用这些意义来与他人进行交流，同时也可以从他人的交流中获得相关知识。但这只是意义最底线的层次。更充分来说，一个词的意义是所有条件性预测的总和，而人们使用它是有意向为此意义负责，或者有意向否认该意义的。在词语使用中出现的这种有意识或有准意识的（quasi-conscious）的意向（intention），是意义的第二个层次。但是，除了某人有意接受了词语而产生的某种结果外，接受一个词的意义还会产生大量未知的结果：这些结果不仅仅是知识，恐怕有可能是社会的进化。谁也说不清楚某个词或某个短语中会存有何种理论能改变世界面貌。但这些结果的总和，就构成意义的第三个层次。（CP 8. 176）

对皮尔斯本人来说，他是非常赞成维尔比对符号意义的解释过程及其实际效果和结果的诸种讨论的。在皮尔斯看来，每个符号都必须能表达出一个解释项，而解释项自身就是符号，是符号在解释者那里所引起的一个更加发展的符号。因此，从广义上说，解释项就是符号的意义。而解释项三分理论，就是要说明符号在符号意义解释过程中，对解释者产生的不同程度的影响。为此他根据符号学三性原理，把解释项分为直接解释项（immediate interpretant）、动力解释项（dynamic interpretant）以及最终解释项（final interpretant），分别对应于解释者对符号意义的感知、感知产生的效果，以及社群共有的解释规则或习惯（CP 8.314）。这与维尔比表意学强调的意义三个层次不谋而合。

事实上，皮尔斯也的确把自己的解释项三分理论与维尔比的意义三分理论对应起来。1909 年 3 月 14 日他写给维尔比的一封信详细地阐述了二者意义三分理论的异同，这封信也被奥格登与瑞恰兹收入《意义的意义》一书的附录。皮尔斯在信中指出："我现在发现我的分类与你的分级几乎相同，如果两者都正确的话，就好像它应该如此。"（Peirce & Welby，1977，p. 109）

首先，关于直接解释项与维尔比"感知"（sense）之间的相互关系。根据皮尔斯，任何符号在被实际解释之前，必须具备可解释性（interpretability）。（CP 8.315）由于这种可解释性，我们可以把直接解释项说成"被解释的可能性或倾向"。任何一个符号都有其本身独特的可解释性，而它在实际被解释时的可能效力即是这个符号的直接解释项。皮尔斯进一步指出，直接解释项仅是一种可能性，对应于知觉经验来看，它是一种感觉（feeling），是对符号的解释潜力。

因此这一概念显然与维尔比所强调意义三分的第一个层次，即对事物意义之感知是一致的：

> 我认为我的直接解释项若不是与你的"感知"完全相同，也已十分相似，因为我将前者理解为符号很可能产生的或是自然希望其产生的经过分析的总效应，并且我习惯于将此等同于符号对一种思维首先产生的或是可能产生的影响，而不反映这种思维。（Peirce & Welby，1977，p. 109）

皮尔斯的直接解释项将意义看作解释者通常习惯使用的，正如维尔比所说与感知相关，因此它与解释者对符号的直接反应相关。

其次，是最终解释项与意味的相互关系。皮尔斯认为最终解释项就是符号对解释者产生的一种规则式（rule-like）或法则式（law-like）的效力。（皮尔斯，2014，p. 45）"符号的最终效力（ultimate effect），正是因为它是符号特征所预期的，或注定会有的一种效力，因此或多或少地都具有一种习惯本质或形式本质……"（皮尔斯，2014，p. 46）由此，最终解释项就属于第三性范畴，其产物为法则、习惯、性情与规律性等。

事实上，当皮尔斯的最终解释项出现在其解释可能性的极限时，它就与符号相关，也就是与符号可能在无限的解释项链中引起的所有可能的反应相关。换句话说，与维尔比的意味相似，皮尔斯的动态解释项表明了符号的创造性潜力。基于此，皮尔斯认为他的最终解释项与维尔比所谓的意味完全相同；也就是符号对任何思维都会造成影响，而环境基于此应保证它能发挥它的完全效应。

最后，皮尔斯认为他与维尔比意义三分法的最大差异在于动力解释项与意义的相互关系。皮尔斯认为动力解释项就是由符号产生并作用于符号解释者的一种直接效力或实际效力（CP4.535），“它是任何心灵对一个符号所产生的任何一种解释”（CP 8.315）。它是属于第二性的概念，因此动力解释项的产物即行为、事件或者单独产生的观念等（皮尔斯，2014，p. 67）。

皮尔斯认为，维尔比的意义是“符号发送者意图（无论是口头的还是书面的）对解释者心灵所产生的影响”。但是他所谓的动力解释项则仅仅存在于符号实际上对解释者所产生的直接效力之中，质疑发送者的意图这种效力是否依然存在。皮尔斯的这一解释，实际上比维尔比更为激进，他是完全站在了接收者的角度来看待符号的意义生产问题。

不过，皮尔斯所谓的动力解释项在一个特定的语境中与符号的表意相关，正如维尔比对意义的主张一样，它是按照一个特定意图而被使用的。在另一处，皮尔斯曾回顾他与维尔比的通信：“我不认为我们可以确定地说因为神是造物主，所以他就可以发出所有符号。但［维尔比夫人］则认为如是，因为这与意志（volition）有关。此时我立刻发现，动力解释项就是解释的意志成分。”（CP 8.185）这说明在意义是否受到意图的影响这一问题上，二者确实受到了彼此的影响。

综上，皮尔斯与维尔比就意义问题进行的长达9年的探讨，已清晰地说明符号学的核心就是意义问题，符号学就是意义学，这标志着20世纪初意义理论大潮的涌起。并且，二者提出的符号表意动态三分模式，倡导符号意义研究与社群关系结合，使文本向解释敞开，至今影响着当今符号学的发展。

引用文献：

Brent, J. (1998). *Charles Sanders Peirce: A Life*. Bloomington and Indianapolis, ID: Indiana University Press.

Dolezel, L. (2010). *Possible Worlds of Fiction and History: The Postmodern Stage*. Baltimore, MD: John Hopskins University Press.

Hardwick, C. S. (1977). "Introduction". In Charles C. S. & Welby, V. *Semiotics and Significs: The Correspondence between C. S. Peirce and Victoria Lady Welby* (C. S. Hardwick, Ed.). Bloomington and Indianapolis, ID: Indiana University Press.

Orgden, C. & Richards, A. (1989). *Meaning of Meaning*. New York, NY: Harcourt, Grace

Janovich.

Peirce, C. S. (1931—1958). *Collected Papers of Charles Sanders Peirce* (P. Weiss & A. W. Burks, Eds.). Cambridge, MA: Harvard University Press.

Peirce, C. S. (1986). *Writing of Charles S. Peirce: A Chronological Edition*. Vol. 3. Bloomington and Indianapolis, ID: Indiana University Press.

Peirce, C. S. & Welby, V. (1977). *Semiotics and Significs: The Correspondence between C. S. Peirce and Victoria Lady Welby* (C. S. Hardwick, Ed.). Bloomington and Indianapolis, ID: Indiana University Press.

Pertrilli, S. (2009). *Signifying and Understanding: Readings of the Works of Victoria Welby and Signific Movement*. Berlin, DE: De Gruyter Mouton.

Welby, V. (Ed.). (1891). *Witnesses to Ambiguity: A Collection*. Grantham, UK: W. Clarke.

Welby, V. (1896). Sense, Meaning and Interpretation. *Mind*, 5(17): 24—37.

Welby, V. (1902). Significs. In J. M. Baldwin (Ed.). *Dictionary of Philosophy and Psychology* (Vol. 2). New York, NY: Macmillan.

Welby, V. (1983). *What is Meaning? Studies in Development of Significs* (Reprinted version). Amsterdam/Philadelphia: John Benjamins Publishing Company.

Welby, V. (1985). *Significs and Language: The Articulate Form of Our Expressive and Interpretative Resources* (Reprinted version). London, UK: Macmillan & Co.

Welby, V. (2009). The Social Value of Expression. In S. Petrilli. *Signifying and Understanding: Readings of the Works of Victoria Welby and Signific Movement*. Berlin, DE: De Gruyter Mouton.

皮尔斯（2014）. 皮尔斯：论符号（赵星植，译）. 成都：四川大学出版社.

张留华（2016）. 实用主义准则的符号学解读——基于晚期皮尔斯思想的发展. 社会科学家，3：151—155.

赵毅衡（2017）. 哲学符号学：意义世界的形成. 成都：四川大学出版社.

作者简介：

赵星植，博士，四川大学外国语学院副教授，四川大学符号学-传媒学研究所成员，研究方向为皮尔斯符号学、传播符号学。

Author:

Zhao Xingzhi, Ph. D., associate professor of College of Foreign Languages and Cultures, Sichuan University, member of ISMS research team. His academic interests are mainly about Peircean Semiotics and Semiotics of Communication.

E-mail: Xingzhi.zhao@scu.edu.cn

论维尔比夫人的翻译哲学思想[*]

孙　凤　屠友祥

摘　要：维尔比夫人理论中的“翻译”是一种在大脑中自主进行的“转化”，是自动进行且无法取消的认知活动，是思想翻译。在表意学理论体系中，“翻译”作为方法论而存在，意义混乱问题出现的根源之一就在于这种自主翻译功能的停滞或退化，对“翻译”功能的恢复是解决意义混乱问题的本要。可译性的基础在于人类共通的经验，而“母性感知”作为人类潜在具有的共同而本能的感知力，是获取此种经验的前提，也是对自主翻译功能最早、最基本的运用。强调对事物本身进行感知，这扭转了翻译中“存在之被遗忘”的窘境，打破了僵化的翻译模式，凸显了意义的动态性。表意学追求“向上的翻译”，以对话性的翻译为形式，以获取“意味”为目标，具有明确的伦理意味，这对实现有效沟通、化解无谓矛盾等意义重大。通过对维尔比夫人的翻译哲学思想的阐释，可以看出表意学注重意义之动态性，强调对体验/经验之感知，关切意义之“实效”的翻译思想无疑是具有革新性的。

关键词：维尔比夫人，表意学，翻译哲学，结构相似，向上的翻译

On Lady Welby's Translation Philosophy

Sun Feng　Tu Youxiang

Abstract: In Lady Welby's theory, "translation" is an autonomous "transformation" in

* 本文为国家社科基金项目“重建符号学基本原理视域下的符号否定性与本体论研究”（17BZW003）和教育部人文社科重点基地重大项目“普通符号学与生态符号学研究”（16JJD740014）阶段性成果。

the brain, an automatic cognitive activity that cannot be cancelled, or in other words a thought translation. In Welby's theory of significs, translation exists as a methodology; one of the roots of meaning confusion lies in the stagnation or degeneration of the autonomous translation function, which must be restored to solve the problem of meaning confusion. The foundation of translatability lies in similarities in human experience; "mother-sense", the common, instinctive and potential perception of human beings, is the premise of acquiring such experience and the earliest and most basic application of autonomous translation. It emphasises the "perception" of the thing itself, which reverses the dilemma of "forgetting of being" in translation, breaks the rigid translation model and highlights the dynamics of meaning. The theory of significs pursues "upward translation" in a dialogical form, taking "significance" as its goal, and it is clearly ethical, which is important for achieving effective communication and avoiding unnecessary conflict. Analysis of Lady Welby's translation philosophy reveals that the theory of significs also relates to the dynamics of meaning, emphasising the perception of experience. Her philosophy of translation emphasises the "actual effect" of meaning, which is undoubtedly innovative.

Keywords: Lady Welby, significs, translation philosophy, structural similarity, upward translation

DOI: 10.13760/b.cnki.sam.201902006

翻译问题与意义问题是一体的，这在维尔比夫人那里表现得尤为明显，其表意学理论包含了丰富的翻译哲学思想。翻译问题是表意学着力解决的核心问题之一，维尔比夫人在界定表意学之学科性质时即指出，“表意学是解释哲学、翻译哲学”（Welby，1983，p. 89，p. 161）。维尔比夫人的意义理论别具一格，得益于其对翻译问题独特、深刻的理解。因此，对维尔比夫人翻译理论进行系统探讨，不仅是要切实把握表意学理论体系，也是要进一步深化和完善翻译哲学理论。

一、思想翻译：表意学的方法论

维尔比夫人往往自造新术语来表达自己的思想，“significs”一词即是如此。但对于“翻译”这一关键概念，维尔比夫人却沿用了通行的“translation”，同时谨慎地予以说明：“必须记住，虽然我们已经选择了‘translation’这一术语，因为它至少部分的含义在此已被使用，但它未能覆盖全部的范围。许多带有前缀‘trans-’的词语只代表被谈论之过程的一个方面，比如：迁移、转化、嬗变、变形，尤其是价值评估。”（Welby，1983，p. 126）也就是说，维尔比夫人在其表意学理论中虽然保留了“translation”这一术语，但她有意将其内涵扩大，直至包含全部带有“trans-”这一前缀的词语之所涉。她表示，“在我所说的一切中，我们必须记住，我思想的泉源展现的就是活动力，以最精到之辞来说，就是翻译、转化和变形。这前缀蕴含着重要的意义”（Petrilli，2009，p. 721）。的确，对维尔比夫人来说，翻译不是特殊的语言活动，她通过对前缀“trans-”的强调凸显出一种“转化”能力——一种与生俱来的、在大脑中依据相似性或通过创造相似性而自主进行的认知活动。以“trans-”为前缀的词语似乎最能代表人类所具有的这种了不起的特点（Welby，2009b，p. 685），换言之，这种转化（尤指意义转化）能力是人类的优势之所在，但是，“值得注意的是，维尔比夫人并不认为这一意义扩展式的翻译过程是一种复杂的、特殊的情况，与之相反，它完全是自然和普通的事物”（Eschbach，1983，p. xxiv），它是人之为人最自然、最基本的表现，正如维尔比夫人所强调的，“当我们学会去阅读和翻译所有从任何意义上与我们相关切的事物时，我们将成为的并非是超人，而是正常的人类”（Welby，2009d，p. 719）。她表示，“人类最为自然且自发的倾向，是去寻找、探索、掌握未知的倾向”（Welby，1983，p. 210），而这种倾向实质上就是翻译。

在为1902年《哲学和心理学词典》撰写词条“translation”时，维尔比夫人就已指出，翻译“（1）按照字面意义来讲，是将一种语言转变为另一种语言；（2）依据另一学科来表达某门学科；一个特定的论点从一个领域转移到另一领域；使用一组事实描述另一组事实，比如，一篇物理的或生理学的论文可能被实验性地‘译’为美学的或伦理学的论文，生物学的表述被‘译’为经济学的事实陈述”（Baldwin，1911，p. 712）。这种不将翻译局限于字义转化的观点，在维尔比夫人的理论中一以贯之，而且，翻译被渐渐深化、明确为一种思想活动：它涵括不同思想、经验之间据相似性或创造相似性而进行的转化；这种转化在大脑中自主展开，再自然不过地进行着，且不可取消；当然，这种转化过程也是针对翻译对象进行的语言处理，思想翻译与语言翻译难以切分。

表意学中“翻译”一词的内涵远超出常规意义，即并非仅指涉过往狭义的文本间（语内或语际）的词义转化；其转化能力涉及人类思维、行动的方方面面，可以说“生命直接依赖于它”（Welby，1983，p. 194）。人们要将饥饿感转化为寻找食物的动力，要将疼痛感转化为识别危险的意识，此外，用熟悉的事物来类比以理解相对陌生的事物，同样是翻译转化——人类的生存以及智性活动与翻译息息相关。但是，表意学所重点强调的思想翻译不仅仅是在大脑中进行的、不可取消的认知活动，还更为具体地指涉发生于不同思想之间的转化、吸收。维尔比夫人以论辩为例指出：即便在互相攻击对方论点的争论中，争辩双方无论哪一方占据优势，其结果也不过是一种观点被另一种观点取代，每个论者的目标都应当是把对手的立场翻译给自己（p. 151）。可见维尔比夫人对不同思想体系、理论话语之间的“翻译”可以促进不同学科、知识以及人际的交流有着清晰的认知，因此“她将（翻译的方法）理论化为在知识和经验的进步中的决定性因素”（Petrilli，2009，p. 382）。维尔比夫人指出，“翻译是表意学的典型形式”（Welby，1983，p. 51）。事实上这种具有转化性质的思想翻译与意义问题关联密切，与其说它是形式，不如说它是表意学中的方法论。

在表意学中，翻译是探寻意义、获取知识的方法。维尔比夫人明确指出，这种方法“从某种意义上比以往这个词语所应用的范围更广。对这一思想的含义的考察，使得我们从某种意义上把人定义为（对）世界的表达”（Welby，1983，p. 245）。正如苏珊·佩特里利所言，“维尔比把翻译当作解释和理解的方式，并将之与符号和意义理论联系起来”（Petrilli，2009，p. 274）。翻译在维尔比夫人看来是一种探寻的方法，她不断地强调其重要性（Petrilli，2009，p. 297），称这种探寻方法“既检验知识也扩展知识范围”（Welby，1983，p. 129）。佩特里利在对比阐明维尔比夫人同奥格登（C. K. Ogden）学术观点之联系时总结道：“（对他们两人来说）翻译不仅仅被理解为常规意义上的跨语言交流、‘语内’翻译，也不只是作为替代或重复。因为维尔比和奥格登都设想‘翻译’在更广泛的意义上同‘解释’趋同，因而与探索的过程、意义的更新、知识的获取趋同。”（Petrilli，2009，p. 745）的确，这种通过翻译进行的不同观点、思想之间的转化吸收，若能在更为自觉的层面上得到运用，将有利于取得新的知识突破。维尔比夫人就曾做出尝试，以神经科学的最新发展为蓝本来解释宗教神学，通过引导双方进行互释、转化，赋予彼此新的视角和启发，从而更好地阐明各自的观点，促进学科的发展。

维尔比夫人有意识地将这种翻译转化的思维方式上升为处理意义问题的方法论，在不断的使用中予以强化、恢复：既在意义训练中恢复本应与生俱来的思维方式，又依靠对这种思维方式的启用，使意义问题脱离所陷的泥沼。因此，将翻译作为表意学之方法论，是维尔比夫人基于对意义问题的理解而有意为之的，表意学的翻译理论研究，既是揭示翻译之本质的过程，也是探索恢复正常的翻译能力的过程。"意义三分"（meaning triad）将意义（meaning）划分为感知（sense）、意图（meaning）[①]、意味（significance）三个层级，不仅区分了构成意义的三个主要方面，也明确了形成意义的指涉活动的三个阶段。这一关键概念的提出使维尔比夫人为表意学之翻译这种思想活动和意义生产过程提供了可依循的途径，从而彻底确立了翻译作为表意学之方法论的地位。

维尔比夫人在致赫兰德（H. S. Holland）的信中写道："我们在思想领域掌握了翻译的准则，如同我们在言语中所做到的那样，这时我们会发现真理的范围永远在扩展，力量在增长。"（Cust，1929，p. 61）翻译问题与意义的解释以及生成密切关联，这正是维尔比夫人视表意学为翻译哲学之缘由；唯有重启表意学意义上的翻译功能，才能为眼下陷入僵局的意义问题寻找到出路，为知识、经验的更新拓宽道路，为人际、国际间的沟通提供保障。作为表意学之方法论的翻译是思想翻译，而不仅仅是具体的语言文字翻译，这与表意学不囿于语言符号之意义研究，而力图关涉所有表达形式之意义研究的学科预设相契合。

二、可译性新思："结构相似"与感知

维尔比夫人对翻译作为一种思想转化活动是否可行可信的忖度，实质上就是从思想翻译的视角对可译性问题展开的思考。由于她赋予"翻译"这个术语以最为丰富的内涵，她对可译性与不可译性的思考超出了狭义的文本翻译这一范畴，转向思想认知、人际交流等维度。在认知活动中，维尔比夫人无疑认可意义的可译性，而她对"结构相似"（homology）的思考为其观点提供了支撑。在维尔比夫人看来，翻译是"在多样或差异中发现和运用共同元素"（Welby，1983，p. 148），差异之中具有共同元素或相似性，是翻译活动展开的前提；翻译的可译性问题，在这一阶段，与可比性问题等同。她

① "Meaning"一词，作为整体之意义时译为"意义"，作为意义三分中的第二层级时则译作"意图"，以便于区分和表述。

指出，类比是“我们进行大部分心智活动的唯一的方法”（p. 24），“必须被再一次重复强调的是，不管我们愿意与否，我们的思想是从类比开始的。剥去一切，你无法言说，除非假定你的心智和你要与之交谈者的心智是类同的”（p. 156）。在肯定了类比对于认知活动的价值之后，“借鉴生物学对于表面上或外观上的相似（analogy）与结构上的相似（homology）的区分，维尔比确立了一种在表意过程和知识获取中更‘强大’以及更有效的‘analogy’（homology）类型”（Petrilli，2015，p. 93）。维尔比夫人在致克利福德（Clifford）夫人的信函中指出：“真正的类比能力是比较和结合真正可以被比较与结合的；是使‘已知者’来教会我们‘未知者’的能力”（Petrilli，2009，p. 141），“因为类比的价值存在于它假定或宣称的与经验模式相联系的能力显然是发散的，甚至是不统一的，但必然是互不相关和完全不同的，它以这样一种方式将它们联系起来，以提升我们对两种看似不相容或不相关的思想或作用的富有创造性的掌握”（Welby，1983，p. 156）。上文所述的“真正的类比能力”所意指的正是发现结构相似的能力，这是在具有相当差异的事物之间予以识别或创造相似的能力。

对可比之类的扩展，自然是对可译之处的扩展。维尔比夫人指出，我们首先要学会翻译，“发现意想不到的和非想望的对应和等同”（Petrilli，2009，p. 494），这个发现的过程就是寻找或创造结构相似的过程。此时我们联想到保罗·利科（Paul Ricoeur）的观点，他认为，“文化亲缘性”的存在是两种文化经长期交流形成的，是交流使得“译文”与“原文”建立起“不完全相同的等值”（2006，p. 34）。也就是说，“能否在译文和原文间实现‘不完全相同等值’的关键并不在于目的语和出发语之间是否具有文化亲缘性，而在于译者是否愿意采取实际行动促使其实现。这种实际行动，利科称为译‘不可译’”（张晓明，2009，p. 124）。显然，在表意学中寻找“结构相似”的努力就是译“不可译”，而文化亲缘性的形成就是在不同文化或不同事物间寻找或创造结构相似的过程。结构相似是表意学中确保译“不可译”得以成功的核心概念，尤其对不同思想之间的转化而言，它打通思想间的壁垒，在翻译转化中创造、实现双方的对等，使意义可译，并力图从中获得更多新的意义。基于“结构相似”的翻译，能够在更确切、更全面的同时不失创新性地实现意义之间的转化，成为知识与经验取得进步的关键因素。

结构相似使得人类的翻译总是有效的、正当的，这种使得翻译成为可能的共同元素就是“experience”，翻译从各式各样的“experience”中寻找结构相似。“翻译是将行为和事实从一个‘领域’向另一‘领域’的转移，因此

（从这一点看来），experience意味着无限的可转移性，从某种意义上说，（至少在给定的点上）每一经验模式都可在另一模式中进行复制”（Welby，2009c，p. 509）；“人类真正与生俱来的是有效地解释和翻译experience的每一可能形式的能力”（Welby，2009c，p. 510）。我们认为在表意学中“experience”一词既有动词“体验”之义，也涵括名词“经验”之义，或者说，“体验”（动词）最终会累积成“经验”（名词）。人类所体验的对象是世间的万事万物，将这种体验简化理解，就是表意学中常言的“感知”。然而，维尔比夫人敏锐地觉察到，人类对事物之意义的感知已然出现问题，比起从事物自身出发来探析意义，我们更多的是通过感知事物上贴的意义标签来理解它，这就在翻译中造成了海德格尔（Martin Heidegger）哲学理论中提出的“存在之被遗忘”（参见蔡新乐，2016，p. 154）。对翻译对象的体验与翻译对象是一体的（体验本身就是对对象的直接把握、描述，有时以感觉的状态存在）。若体验是一种稍纵即逝的感觉，是一种人类理性参与较少的自主的翻译过程，那对它的忽略也就意味着对翻译对象之存在的部分消解。对这种情况无所觉察的人类若是仅依据理性的知识结构中对翻译对象的描述、印象来进行翻译、转化活动，不仅会出现机械的意义翻译，也会遗忘或无视存在。此外，语言具有过滤作用，假若不注重体会鲜活的现实、经验，而一味依靠语词进行意义转化，最终必将造成翻译准确性的欠缺。维尔比夫人的翻译理论虽以意义问题为核心研究对象，但对“存在之被遗忘”问题有所警惕并预防。她在研究之初就突出了对事物本身的感知，与海德格尔的现象学翻译哲学回到事物本身，“让事物站立起来”（蔡新乐，2016，p. 277）的原则相近。人类是符号动物，具有极好的符号运用能力，却也使得自己的智性活动完全地依附于符号；表意学对翻译中“存在之被遗忘”的重视，警醒了满足于在已有符号体系中生存、思考的人类，促使人类转而探索如何才能恢复对存在的感知。维尔比夫人指出，“一切事物都培育了固执于陈规旧套的倾向；新的发展则包含一种独特的甚至痛苦的努力”（Welby，2009a，p. 213），超出习俗惯例并非易事，需要付出辛劳，而这辛劳最初与感知相关。感知既是表意学意义三分理论的第一层级，是意义活动的第一阶段，也因其基础性而在事实上存在于意图、意味这两个层级或阶段中。对相似经验、相似环境的感知为翻译的进行积累了材料，即“共同意义”（common meaning）[①]；对具体语境（广义）的感知是否到位，将左右翻译的成败，如此，表意学突出了语境

① 维尔比夫人承认语言符号具有基础性的共同意义，这使得她的意义理论免于滑向主观主义。

（广义）在翻译中的重要性。没有感知的翻译是无法觉察现实之动态发展的，这种翻译势必因其僵化自封而丧失准确性与创新性。

感知方面的欠缺将直接影响翻译活动的开展，至此，感知作为表意学之核心概念意义三分的第一层级，在翻译中的重要性得到凸显。意义总是可译的，但翻译并不是依赖于字典、词库进行的字面意义的机械转化，也不是一成不变的：事物处在不断的变动之中，人类的体验/经验随之改变，感知发挥探查与接收作用，翻译的动态性特征最终决定了意义的动态性，意义在持续不断地翻译转化中丰富其自身；因此，对感知的强调，是动态意义观的应有之义。如果不注重释义活动中的感知环节，在意义活动中的每一阶段不对对象、存在进行充分的把握，不对语境保持充分的敏感从而做出正确的反应，就难以进行有效的翻译。

感知作为表意学的理论体系内意义三分的第一层级，是“母性感知”（mother-sense）这一概念的简缩，后者有更深刻的理论内涵。“与自然和事实相联系的发展中的天赋，我们称之为‘心智’（mind），它在忽略虚幻以及觉察实际特征的意义上是一种通过表象看到现实的力量，（这种天赋）好像已在某一阶段丧失了。”（Welby，2009a，p. 212）此处，维尔比夫人所说的“心智”实质上就是“母性感知”，她认为母性感知能够“为我们处理并提供即时察觉、意识和解释的材料。它是动物本能在进化之中的后继物，或者说，它在价值上构成了更进一步的阶段”（Petrilli，2009，p. 704）。具体地讲，母性感知“是一种迅敏、无误且富洞察性的辨别与解释的力量”（p. 677），大致包含预兆、直觉和预判、茅塞顿开、对价值的迅速把握、对现实的深刻认识（p. 704）；母性感知作为“我们对现实刺激做出的所有健康的反应”（p. 691），其对“现实”的注重与把握，在表意学理论中，就是对翻译对象以及具体语境的强调。从表面上来看，母性感知与父性理性（father-reason）貌似是对立的，上文中对体验与由经验沉淀而来的理性之关系的分析是二者对立一面的注解；事实上，父性理性是由母性感知发展而来的，只不过随着父性理性的发展与壮大，即随着抽象思维能力、逻辑推理能力的提升，母性感知被边缘化，甚至被压制，使得我们对现实、存在的关注也相应地降低。在具体的翻译活动中，就表现为随着相对固定的意义系统的不断充实，人们满足于对所谓“显明意义”的使用，满足于以概念谈概念，而真正的翻译对象以及语境反倒常常被忽视。在意义活动中，父性理性对应同一性逻辑，意图巩固自身的主导地位，而母性感知由他者逻辑主导，面向多元开放，因此，对应的翻译一个导向僵化，一个具有动态性。有鉴于此，表意学力图以自己的意义研究恢复母性感知与父性理性之间原本的联系。在父性理性占绝对优势的状况下，这种恢复联系的工作实质上表现为对母性感知的培养与复兴。

表意学呼吁“恢复我们未能发展的和几乎已经失去的原始的翻译能力”（Petrilli，2009，p. 679），而培养母性感知能力是人类的思想翻译恢复其健全性的唯一途径。母性感知虽是与生俱来，但它仍需要我们通过后天的培养来强化。表意学恢复与强化母性感知的努力，不是返祖、退化，而是恢复人类原本健全的翻译能力，锻炼翻译性思维的第一步。对母性感知的恢复与培养不仅是维护意义动态性的前提，也是使“翻译”能力健全的保障：唯有健全的翻译，才能为不同学科、不同知识体系、不同思想的沟通护航，才能实现思想、知识、经验的翻新与创造。维尔比夫人指出：“其实动物也具有理解变化之现象的能力，人类如果能在翻译的形式中（如同在其他事例中）重新获得这种能力，将能‘解决’许多眼下‘无法解决’的事情”（Petrilli，2009，p. 48），因为发现、创造结构相似的能力能够帮助人们打破业已形成的僵化的思想体系，从而寻求新的可能性。可译性的基础在于体验/经验的共通，与体验/经验相关联的是人类与生俱来的感知能力。这种能力，是一种自主的翻译转化能力，是一种对存在的充分感知与判断，是使翻译直面事物本身的保障。

因此，对思想翻译中结构相似之重要性的强调，呼应了贯穿于表意学的批评质询思想。维尔比夫人通过对“感知”（sense）一词的解释说明翻译是可能的：“感知”一词内含着从感觉/知觉到概念的完美翻译（Welby，1983，p. 151）。我们尝试推测维尔比夫人的考量：“感知”这一术语，就其义项而言，有感觉/感知、意义/意识、观念/理性，等等，概括了从感性上升为理性的过程，其中所内含的转化是通过发现、创造结构相似而展开的。发现结构相似的能力是母性感知天然具有的。母性感知说到底是一种将事物联合起来而非加以切分的思维方式，在不同的符号和价值体系中，它以创建新的关联带来新的启发。批判并非是为了质疑他者、否认他者，而是为了在翻译转化的过程中尽可能多地发现、创造存在于彼此之间的结构相似，以实现双方的发展。

三、“向上的翻译”：对话、意味与伦理

维尔比夫人认为，“致使翻译失败之缘由，部分是道德的，部分是智力的”（Petrilli，2009，p. 477），换言之，人类在伦理/道德与知识/智力方面未能做到“向上”，是思想翻译失败的原因。何为“向上的翻译”（upward translation)？维尔比夫人在致席勒（F. C. S. Schiller）的信中提道："通过一种向上的翻译我想表达什么呢？你有没有发现普通的翻译都是横向的，大体上说来，也就是在同类级别由一个位置移到另一位置——从一种语言转化为另一种？但是我想要一种竖向的翻译——一种从'低级的'到'高级的'转化；而这正是达尔文给予我们的。我们是一只蝌蚪甚至一条蠕虫的最高级的翻译。"（Petrilli，2009，p. 625）维尔比夫人受达尔文进化论思想的启发，经过自己的观察与思索，认为与生物体可经历进化发展一般，人类的思想道德、知识经验等在整体上也经历着不断向上的翻译转化，比方说：在思想、科技领域，"炼金术的梦想已经转化成化学上的成就，它的祈祷在一种意想不到的意义上得到了回应；它已经从基本金属转变成黄金；占星术的梦想已经由天文学变成现实"（Welby，1983，pp. 146－147）；在精神、道德方面，翻译在"赌博"中提取出"冒险和敢于争论"的积极成分（pp. 127－128）。简言之，向上的翻译是顺从事物向上发展趋势的翻译转化，既涉及知识的扩容、更新，又涵括道德的提升、进步；"向上"既是对翻译之整体态势的概括（特别是思想、知识等领域），也是翻译所追求的目标（尤指精神、道德领域）。方位名词"上"在此是隐喻用法，知识领域"向上"简单理解起来就是取得发展进步，表示知识体系的进一步完善，这种向上的翻译的形式具有对话性，从而带有伦理色彩；"对话"这一术语虽不曾直接出现在表意学的论述之中，然而表意学思想处处显示出对话性：涵括维多利亚时代各领域近 460 名杰出学者的维尔比交际网的存在，是其学术活动之对话性的明证；她对批评质询思维方式的推崇，对以协商方式解决问题的倡导，反映出其思想中的对话意识；而意义可塑性更是从意义理论上明确了符号之意义对语境的适应，准确说来，意义是符号同语境经由对话而确立的。事实上，以对话作为翻译活动展开的主要形式，该主张背后隐含着维尔比夫人的伦理决断。道德领域的"上"，是超乎私欲的伦理责任感，是具有他者意识的、着眼全局的价值判断，需以正确的伦理价值观为导向。明确内含于向上的翻译中对伦理价值的追求，是我们真正把握表意学之翻译思想的最佳途径。

保罗·利科曾说忠实与背叛是译者难以摆脱的两难选择（Ricoeur，2006，p. 4）。维尔比夫人则试图以自己的意义理论研究指出翻译的第三条道路：对话。同忠实/背叛本身就具有很强的伦理意味一样，对话显然也是一种伦理上的选择，其有效进行要求翻译者具有明确的他者意识，善于倾听，反对独白，尊重存在于事物之间的多样性、差异性，以平等友善的姿态进行翻译，以协商的方式妥善处理可能出现的差异。对话意味着平等、友好、开放的互动状态，这是保证人际沟通以至文化、政治沟通顺利进行的前提，是在最大程度上揭示意义的方法，它同作为利科翻译伦理思想之核心的“语言好客性”(linguistic hospitality)具有极大相似性。

翻译即“翻异”，要在存有差异的事物间实现转化。就从事翻译活动的个体而言，差异存在于自我与他者（有时是自我与自身、文化与文化）之间，如何处理存在的差异，如何处理自我与他者的关系，说到底是伦理问题。尊重差异（年龄、种族、性别、社会地位、生活经验、观念等）是一种价值信念，这在表意学中有着清楚的体现。维尔比夫人清楚地认识到，翻译作为认知方法使不同的思想、声音进行对话交流，唯有保持多样性，在诸多“异”中寻求到结构相似，才能增进认知，使得表意学之翻译具有向多元化开放的可能，以恰当地处理、解决问题。她反对创建或择定某种统一语言以实现交流的顺畅，而是呼吁通过平等对话交流来澄清模糊性（ambiguity），求同存异，最终化解矛盾，消除隔阂，实现共存。相应的，她必然也反对思想上的霸权。差异的存在不是使彼此分割以至对立的理由，事实上，正因彼此之间存有不同，所以才有互动的呼吁、诉求。从维尔比夫人对待差异的态度中可看出她具有明确的他者意识。维尔比夫人坚定地认为，自我与他者并非对立的关系，而是紧密相连的。没有他者的存在，我们无法认识自己，我们需要在与他者的关系中确立自身。在表意学中，他者不再是意义活动中被动的、消极的存在，而是重要的、积极的参与者。他者意识贯穿表意学以意义三分为根本的意义活动全过程：意义的第一层级所强调的感知，要感知的是对象，即他者；意义的第二层级要探寻的是他者的意图；意义的第三层级出于引导他者的目的，注重对相应价值的擢升。对话的效果取决于朝向他者开放的或高或低的程度，只有关注他者，才能确保平等有效交流的展开，才能用翻译调节参与翻译活动双方的关系。他者意识的存在使得表意学之意义理论注重感知，注重倾听，吁求以对话取代独白。

我们需要强调的是，在对话式翻译之中暗含着维尔比夫人反对将事物截然对立的观念，翻译的进行在实质上是发现和创造新的联系的过程。但她对这一问题的思考并未止步于此，她还以翻译转化为手段，寻求意义在价值上的增值。施密茨（Walter H. Schmitz）认为，维尔比夫人所说的“向上的翻译”试图进行“人类的一种新的道德建构”（Schmitz，1985，p. xc），在这一建构过程中，“我们试图彻底消灭儿童或野蛮人的邪恶倾向是完全错误的；我们必须针对的是始终把这些（邪恶）转化（translation）成相应的善”（Welby，1983，p. 144）。若将道德上的选择简化为善与恶，维尔比夫人显然认为善恶之间存在转化的空间，而引导恶转向善，也是思想翻译的要务之所在。要言之，为求使人类在道德领域保有向上之势，与其寄希望于从源头消除人性之不足，维尔比夫人更倾向于将不足之处逐步转化（translation）至更高的形式。当然，意义在价值上的增值并非仅仅关涉道德层面的善恶转化，我们还应关注在日常生活实践中，如何通过向上的翻译实现价值的擢升——这是作为“意味哲学”的表意学之要务。

基于对话式翻译活动对伦理道德维度的强调，在表意学核心概念意义三分中已有清楚的体现：由感知到意图，再到意味的意义层级所呈现的，就是意义向上的进化过程。意味作为意义三分的第三层级，即意指活动的最后阶段，更是直接指向了价值维度，特别是伦理价值，它“包含着感知与意义，但在范围上超越了它们，并涵括了某些事件或经验的影响深远之结果、暗示、最终结果或效果”（Hardwick，1977，p. 169），“意味总是多重的，它通过呈现其吃紧处、其吸引我们之处、我们感受到的那一瞬间，通过表达其情感力量、想象价值、道德性状，展示其普遍的或至少社会的范围，不仅强化了意义，也强化了感知”（Welby，1983，pp. 5—6）。因此，意义三分本身就是引导人们在翻译活动中注重伦理/价值向上的路径，这一概念是表意学得以成为伦理色彩浓厚的“意味哲学”的保障。向上的翻译，最关键的一步在意味层级，意味作为意指活动的最后一个阶段，负有升华意义之重任。意味与价值理论的关联最为紧密，然而，价值往往不是直观可见的，它需要人们通过推理，以预见性眼光进行把握，换言之，要通过翻译活动才能将隐于事物或者说是隐于符号之中的潜在的意义凸显出来。而这预见、推导的过程，正是人类责任感、正义感、价值观运作于其间的过程，这使得意味层级还涉及对价值的选择、对善恶的扬弃。佩特里利指出，“作为对‘意味’的研究，表意学请求我们对语言和生命采取一种负责任的/回应的和对话的态度，向他者开放并摒除独断论”（Petrilli，2015，p. 165）。可以说，以意义三分为核心的表意学释义途径，十分关注在意义活动中人类的责任行为能力，重视强化人类选择善的意识，以促进伦理/价值的彰显。

维尔比夫人之所以提出要寻求向上的翻译，与她对思想与语言之间密切关系的预判相关：人类作为能够通过符号对自身进行认知、反思的主体，应当做到可以预见自己的言语、行为的影响及后果，从而有意识地趋利避害。人类通过符号进行思考，具有“以言行事”的能力，符号之间的伦理，最终成为人类的伦理；思考符号所用的思维方式，最终就是人类思考事物的思维方式；因语言与思维的不可分割性，对语言之伦理维度的关注，应着眼于更高的层级，即如何使语言这一工具更好地为人所用。每一种翻译的选择都意味着一种道德上的决断，人类翻译的过程，其实就是在道德上进行选择的过程，言能行事，会对他者造成影响，翻译便应承担起道德上的责任，引导人类道德伦理发展在总体上呈现向上之势。因此，人类作为符号动物，在经由符号进行思想翻译活动时，应对此抱有责任意识；事物处于上升状态，语言应同它一样向上，而语言的向上就是思想的向上。因为语言为人类所独有，既受现实影响又反作用于现实，所以向上的翻译不仅仅是时代、科技发展之必需，也是对人类伦理/价值维度的引导、擢升。在表意学理论中，最具道德意味的术语应当是“语言良知”，这是一种使用语言的审慎态度，亦即谨慎地进行语言意义的翻译转化。这种审慎的态度作用于人类社会，必然会减少存在于人际以至国际的误会、摩擦，并降低学术交流、思想交流中的误解，从而确保它们正常、有效地互动。向上的翻译能塑成语言良知，而语言良知保障向上的翻译的进行。事实上，表意学的动态意义观赋予意义以极大的自由度，这便需要在伦理/价值维度予以最严格的约束，并以实效检验交流成果。就翻译、交流而言，最基本的义务就是倾听，而非主观臆断；最基本的道德是尊重差异与分歧，而非强行统一；最基本的责任是价值擢升，而非使之滑坡。表意学对向上的翻译的追求，充分彰显了其对于伦理问题的重视，这影响到现代伦理符号学的建构。

结　语

总的说来，维尔比夫人理论中的翻译是一种在大脑中自主进行的转化，是自动进行且无法取消的认知活动，是思想翻译。在表意学理论体系中，翻译作为方法论而存在，意义混乱问题出现的根源之一就在于这种自主翻译功能的停滞或退化，对翻译功能的恢复是解决意义混乱问题的本要。可译性的基础在于人类经验的共通，而母性感知作为人类潜在具有的共同而本能的感知力，是获取此种经验的前提，也是对自主翻译功能最早、最基本的运用。强调对事物本身进行感知，扭转了翻译中“存在之被遗忘”的窘境，打破了僵化的翻译模式，凸显了意义的动态性。在这一前提下，翻译总是有效的。表意学追求向上的翻译，以对话性的翻译为形式，以获取意味为目标，突出了对意义活动中人类的责任行为能力的重视与培养，具有明确的伦理意味，这对实现有效沟通、化解无谓矛盾、消弭战争意义重大。通过对维尔比夫人的翻译哲学思想的阐释，可以看出其思索虽称不上系统，却直击问题要害且不失新颖，值得我们继续探索和深化。在逻辑理性思想盛行的 19 世纪末 20

世纪初，表意学注重意义之动态性，强调对体验/经验之感知，关切意义之实效的翻译思想无疑是具有革新性的。

引用文献：

蔡新乐（2016）. 翻译哲学导论. 南京：南京大学出版社.

张晓明（2009）. "语言好客性"与"译'不可译'"——保罗·利科翻译思想述评. 外语学刊，5，121—125.

Baldwin, J. M. (Ed.)(1911). *Dictionary of Philosophy and Psychology*. Vol. 2. New York, NY: The Macmillan Company.

Cust, H. (Ed.)(1929). *Echoes of Larger Life: A Selection from the Early Correspondence of Victoria Lady Welby*. London, UK: Jonathan Cape.

Eschbach, A. (1983). Significs as a Fundamental Science. In Victoria Lady Welby. *What is Meaning? Studies in the Development of Significance*, ix—xiii. Amsterdam and Philadelphia: John Benjamins Publishing Company.

Hardwick, C. S. (Ed.)(1977). *Semiotic and Significs. The Correspondence between Charles S. Peirce and Victoria Welby*. Bloomington, IN and London, UK: Indiana University.

Petrilli, S. (2009). *Signifying and Understanding: Reading the Works of Victoria Welby and Signific Movement*. Berlin, DE: De Gruyter Mouton.

Petrilli, S. (2015). *Victoria Welby and the Science of Signs*. New Brunswick, CA and London, UK: Transaction Publishers.

Ricoeur, P. (2006). *On Translation*. London, UK and New York, NY: Routledge.

Schmitz, H. W. (1985). Victoria Lady Welby's Significs: The Origin of the Signific Movement. In Victoria Lady Welby. *Significs and Language: The Articulate Form of Our Expressive and Interpretative Resources*, ix—ccxxxv. Amsterdam, NL: John Benjamins.

Welby, V. (2009a). An Apparent Paradox in Mental Evolution. In Susan Petrilli (Ed.), *Signifying and Understanding: Reading the Works of Victoria Welby and Signific Movement*, 210—224. Berlin, DE: De Gruyter Mouton.

Welby, V. (2009b). Primal Sense and Eugenics. In Susan Petrilli (Ed.), *Signifying and Understanding: Reading the Works of Victoria Welby and Signific Movement*, 683—685. Berlin, DE: De Gruyter Mouton.

Welby, V. (2009c). The Human Ascent. In Susan Petrilli (Ed.), *Signifying and Understanding: Reading the Works of Victoria Welby and Signific Movement*, 509—511. Berlin, DE: De Gruyter Mouton.

Welby, V. (2009d). The Recovery of Primal Sense. In Susan Petrilli (Ed.), *Signifying and Understanding: Reading the Works of Victoria Welby and Signific Movement*,

718—719. Berlin, DE: De Gruyter Mouton.

Welby, V. (1983). *What is Meaning? Studies in the Development of Significance*. Reprinted of original edition, London, 1903. Amsterdam, NL and Philadelphia, PA: John Benjamins Publishing Company.

作者简介：

孙凤，山东大学文艺美学研究中心博士研究生，主要研究领域为符号学。

屠友祥，中山大学中国语言文学系（珠海）教授，博士生导师，主要研究领域为符号学、语言哲学。

Author:

Sun Feng, Ph. D. candidate in the Research Center for Literary Theory and Aesthetics at Shandong University. Her research field is semiotics.

E-mail: sunfeng0613@163.com

Tu Youxiang, professor in the Department of Chinese at Sun Yat-Sen University. His main research fields are semiology and philosophy of language.

E-mail: tuyouxiang@126.com

“感知”与“母性感知”：符号学之母维尔比表意学的核心概念*

薛　晨

摘　要： 维多利亚·维尔比，应当与皮尔斯、索绪尔一道被视为符号学的奠基人，但与后两者不同，学界至今对“符号学之母”维尔比及其表意学理论了解甚少，因此她的学术思想亟待梳理与挖掘。维尔比提出的意义三重维度“感知”“意义”与“意味”，是其表意学思想体系的基础。本文从维尔比提出的意义的第一个层次“感知”出发，梳理“感知”在意义产生过程的作用，并进一步进入意义产生之源头——“母性感知”，从而发现，从“母性感知”到“感知”是贯穿维尔比表意学意义理论的一个重要主线，它们共同解答了意义是如何产生的这一基础问题。而从“感知”层次出发，维尔比表意学倡导意义的开放性、意义衍化的无限性以及意义解释的创造性，并与皮尔斯一道，开启并推动了符号学由符码符号学向解释符号学发展。

关键词： 维多利亚·维尔比，表意学，意义，感知，母性感知

Sense and Mother Sense: Core Concepts in Victoria Lady Welby's Significs

Xue Chen

Abstract: Victoria Lady Welby, together with Ferdinand de Saussure and Charles Sanders Peirce, is regarded as the co-founder of semiotics. However,

* 本文为国家社科基金青年项目“维尔比夫人意义理论文献整理与研究”（19CWW002）阶段性成果。

unlike Saussure and Peirce, Welby and her theory of significs have received less academic recognition than her counterparts and their theories. Research on Welby was particularly lacking in the 20th century. Urgent efforts are thus required to explore this field. Welby developed an approach that deepened the formation of semiotic theory and proposed the concepts of "sense", "meaning" and "significance", which are central and foundational to her theory of significs. She also put forward the principles of "sense" and "mother-sense" as the thread of her meaning theory, indicating the first level of meaning generation and the primary stage of human beings' signifying process. Along with Peircean semiotics, Welby's significs initiated and promoted the development of the study of semiotics from code semiotics to interpretive semiotics.

Keywords: Victoria Lady Welby, significs, meaning, sense, mother-sense

DOI: 10. 13760/b. cnki. sam. 201902007

一、重访维尔比及其表意学

维多利亚·维尔比夫人（Victoria Lady Welby，1837—1912）是哲学家，意义理论的最早探索者，符号学的先驱。（Petrilli，Ponzio，2015）。她独立建立的意义理论——表意学（significs）是一个力图探索符号、意义与价值之间相互关系的意义科学。表意学的诞生，对现代符号学理论的产生及推进产生了重大的影响（Schmitz，1990），从而使她与皮尔斯（Charles Sanders Peirce）、索绪尔（Ferdinand de Saussure）一道被视为现代符号学的共同奠基人，由此，她也被尊称为现代"符号学之母"。

维尔比出生于英国的贵族世家，英国维多利亚女王是其教母，在出嫁前维尔比一直是她的侍女。维尔比在少女时期家境优裕，曾与母亲游历全球，她在晚年与皮尔斯的通信中曾说道，这是她接受过的唯一"正式"的教育。在1863年和威廉·维尔比-格里高利爵士（Sir William Welby-Gregory）结婚后，因为对宫中生活毫无兴趣，维尔比夫人便退居位于格兰瑟姆的登顿庄园，在丈夫的全力支持下开始研究工作。直至1881年，她出版了第一本书《纽带与线索》（*Links and Clues*），但该书的出版并未获得太大的成功，在当时的社会环境下，一本由女性书写的宗教教育书籍已经足够让教徒们质疑的了。在出版前，她曾将书稿拿给亲朋好友以及她尊敬的几位牧师，但是却被这些她认为本应理解她著作的人误解和曲解了。这件事甚至令她亲戚和朋友们感到羞愧，他们认为一个女性去写一本关于宗教教育的书本身就是一件不合时宜的事情。在本书出版时维尔比已年逾40，在当时以男性为主导的社会与学术圈来说，维尔比能够出版学术专著并勇于进行理论探索已难能可贵，这为其接下来的学术发展奠定了坚实基础。（Hardwick，1977，pp. xvii-xix）

1885年到1912年她全然投入语言及意义问题的研究，除了宗教，也开始对科学与哲学产生兴趣。到19世纪末，她发表了一系列论文，包括《意义和隐喻》（1893）、《感知，意义和解释》（1896），出版了一本著作《感知的微粒》（*Grains of Sense*，1897）。20世纪初她出版了最为重要的专著《何为意义？意味的发展研究》（*What Is Meaning? Studies in the Development of Significance*，1903）及《表意学与语言：表达和解释资源的连贯形式》（*Significs and Language. The Articulate Form of Our Expressive and Interpretative Resources*，1911）。正是在这个阶段，维尔比在60岁左右时，进入了英国的主流学术圈，她的学术声誉也在剑桥学派内传播开来。在当时的社会环境下，这对一位女性来说并非易事。她在学术上的成功还要归功于她所搭建的辐射甚广的所谓“维尔比通信网”（Welby Network）。借此，她与同时代西方四百余位学者建立了学术联系，引发强烈学术共振。维尔比通过通信网与诸如罗素（Bertrand Russell）、詹姆斯（William James）、席勒（Ferdinand C. S. Schiller）、伯格森（Henri Bergson），拉朗德（André Lalande）、滕尼斯（Ferdinand Tönnies）、斯托特（George F. Stout）、鲍德温（James M. Baldwin）、瓦伊拉蒂（Giovanni Vailati）等诸多学者交流，并且直接启发了20世纪上半叶声势浩大的“荷兰表意学运动”（Signific Movement in Netherlands）。可以发现，维尔比表意学对20世纪以英国与欧洲大陆为主角的西方文论产生了非常深远的影响。

维尔比的思想也深刻影响到剑桥大学的学生奥格登（Charles K. Odgen），他直接受维尔比表意学思想的影响，被维尔比视为门徒（Petrilli，2015）。维尔比还将奥格登推荐给皮尔斯，并将皮尔斯与自己的往来信件转给奥格登，使之对皮尔斯符号学与逻辑学产生极大兴趣，甚至奥格登与瑞恰慈的名著《意义的意义》（*The Meaning of Meaning*）也被认为是维尔比表意学的一个延续（Schmitz，1985）。1930年，瑞恰慈（Ivor A. Richards）在清华大学演讲时回顾了《意义的意义》这本书的成因，是维尔比夫人再三向当时的哲学家、心理学家和语言学家强调意义研究这个问题，“因为她坚信需要一门新的科学，一门成为‘意义学’（Significs）或‘符号科学’（Science of Symbolism)”（Richards，1930，p. 11）。20 世纪初期意义理论研究的发展与现代符号学这一学科体系的建立，与维尔比的开拓性努力分不开。

在维尔比逝世后不久，那些曾与维尔比保持通信，且对其学术研究极为熟悉的学者们就发表过一系列文章探讨其表意学思想，并称赞维尔比为“女性史中的非凡之人”（Macdonald，1912，p. 155），“维多利亚时代最杰出女性之一”（Winton，1912，p. 155），以及“一定会出现在英国杰出女性名册上的人”（Spencer，1912）。由此可见，在当时，维尔比对其同时代学者而言，不仅是一个学术成就卓然的女性学者，更是学界的重要路标性的人物。

然而，这一时代结束之后，维尔比及其表意学日渐式微，较少被提及，遑论系统论述。尽管维尔比表意学是早期符号学理论的重要源头之一，而且具有重大学术价值，但由于种种原因，维尔比的意义理论长期并未受到学界重视。学界认识与叙述维尔比，大多都是由于她曾与皮尔斯维持了长达 9 年的价值颇高的学术通信（参见 Walther，1974；Sebeok，1976），及其与奥格登的师徒关系等。但值得庆幸的是，维尔比及其表意学并未被学界遗忘。

直至 20 世纪后期符号学开始从文本的结构分析转向广义且动态的社会文化批评，以维尔比、皮尔斯为代表的三元开放的符号学模式才重新获得了理论界的高度重视，并逐渐成为新世纪全球符号学运动的主流模式，即从文本中心转向解释中心。维尔比的著作得以重新整理，几部重要的作品集相继问世。1953 年欧文·利布（Irwin C. Lieb）编辑整理了《查尔斯·皮尔斯写给维尔比夫人的信》（*Charles S. Peirce's Letters to Lady Welby*），接着 1977 年查尔斯·哈德维克（Charles Hardwick）主编的《符号学与表意学：查尔斯·皮尔斯与维多利亚维尔比夫人的通信》（*Semiotic and Significs. The Correspondence between Charles S. Peirce and Victoria Lady Welby*）出版，这两本书中囊括了大量维尔比与皮尔斯的往来信件，成为二人理论碰撞的重要记载。另外两卷通信集是由维尔比的女儿伊丽莎白·卡斯特（Elizabeth Cust）编辑的《更广阔生活的回声》（*Echoes of Larger Life*，1929）以及《他维度》（*Other Dimensions*，1931），前者包含皮尔斯与维尔比从 1879 年至 1891 年之间的信件，后者包含从 1898 年至 1911 年的信件，其中均囊括大量与其他学者间的通信。1985 年，施密茨（Walter H. Schmitz）编辑的《表意学与语言》（*Significs and Language*）收入了维尔比 1911 年的《何为意义》及其他已出版和未出版的作品；1990 年，他编辑了《表意学论文集》（*Essays on Significs*）以及《表意学，数学和符号学》（*Significs, Mathematics and Semiotics*），以纪念维尔比 150 周年诞辰。借由这些作品的重新问世，维尔比的表意学得以重新获得学界瞩目，新时代符号学研究也开始重新拥抱维尔比的意义理论。

二、维尔比表意学中的意义三分与“感知”

维尔比认为：“人不仅仅是思考、说话、写作或仰望的人，人还会表达意义，很多的意义，并给所有的事物赋义。人不会容忍经验中的任何地方没有意义。”（Welby，1893；Petrilli，2009，p. 429）维尔比将那些引导她开始思考意义与解释的基本理论研究称为“表意学”。（Petrilli，2005）她的表意学理论的成熟主要体现在两部专著中，分别是《何为意义？意味的发展研究》和《表意学与语言：我们的表述源和解释源的形成形式》。

研究维尔比的表意学，首先需要从其最为重要的意义三分模式谈起。维尔比表意学强调符号、意义与价值之间的相互关系。因此，可以发现，表意学主要探索符号表意过程的符用维度。她提出一种意义研究的三分法：感知（sense）、意义（meaning）与意味（significance）。这是她提出的意义生成的三个维度、三个层次。《何为意义？意味的发展研究》（1903）可能是维尔比关于符号和意义问题最为复杂的著作，在这本书中有许多她的关于意义三分理论的描述，以下便是众多描述中十分有用的一段：

> 人类提出问题，问题也在等待被解答……他必须要首先发现、观察、分析和评估他自己通过触觉、听觉、视觉获得的感知，并且认识到它的重要性，即这个感知实际上对他表达了什么意义。其次要认识行动意义（意图）、行为动机以及各种效果的成因。这样，他最终才会明白其中的意味，即极限承载力、中心价值以及至关重要的含义。来源于什么呢？来源于一切经验、一切知识、一切事实和一切思维。（Welby，1983 [1903]，pp. 5—6）

由此可见，维尔比意义三分模式中，感知指向的是有机体对环境刺激而产生的直接且自发的反应；与意义相关的是意向、意图，和“它要传递的具体感知”；与意味相关的是理想价值、基本兴趣和理想用途。（Welby，1985a；Schmitz，pp. xcvi—xcvii）。在任何一个符号活动中，意义的这三个层次均同时存在。在其意义生成的第一个层次，即感知上，有机体开启其获义的初始阶段，通过本能对环境刺激产生的直接的、无意识的反应，是获取经验的必要条件；在第二个层次，即意义上，它讨论的是有机体的符号意图，即持何种意志；在第三个，也是维尔比认为最为重要的层次，即意味层次上，意义被置于道德层面、价值层面。一个词的意味总是多方面的，它通过表达它自身的重要性，它对我们的吸引力，它属于我们的瞬间，它自身的情感力量、理想价值、道德面貌以及它的普遍性或至少是社会性来强化其感知及其意义。（Welby，1983［1903］，pp. 5—6）。维尔比进而根据科学（特别是生物学、天文学与宇宙学），进一步发展了其三元模式，提出了意义三个层次的精神过程——本能、知觉和概念；根据第一层次的模糊感觉经由意识上升为智力的路径，提出了意识、智力和理性三个意识等级，也可以看作三个经验层次；并且她进一步提出了三个知识层次：知识可以归纳演绎从而可以直接获得的“行星层次”、知识获得具有间接性的科学活动的“太阳层次”，以及知识获得具有双重间接性的“宇宙层次”。

维尔比提出的感知、意义、意味的意义三层次为精神发展、经验发展、知识发展甚至人类进化层次的划分奠定了理论基调，因此表意学三分法成为研究维尔比表意学理论的最佳切入口。依据维尔比三分法的内在逻辑，感知这第一层次应是切入维尔比表意学理论的第一层。

那么，何为感知呢？维尔比使用“sense”一词来表示意义的第一层次，实际上就是讨论了意义产生的第一个环节，即有机体在遇到对象的瞬间产生的一种意识，因此，可以被译作“感知”。在感知层次上，人们直接经验着周围世界，调动的是原始的、无差别的生物本能反应，以应对环境的刺激，不论人类，还是动物、植物，均是如此。

感知层次是意义与意味层次的基础，也是表意活动创造意义的先决条件。皮尔斯对现象范畴的认识是从对符号品质的感知，到对符号所指之实在的经验理解，再到对符号意义的抽象理解，即第一性、第二性和第三性，是一个理解渐次深化的过程。他在1885年的论述中曾按照三性的普遍范畴观对人们的意识进行过三元划分：

> 意识的真正范畴似乎是这样的：第一，感觉，可以包含在时间的瞬间（instant of time）之中的那种意识，有关品质的被动意识，不认知或不分析；第二，干扰意识领域的那种意识，抵抗感，有关外部事实的感觉，有关另一种东西的感觉；第三，综合意识，时间的连接，学习感，思想。（CP 1. 377）

皮尔斯认为，感觉（feeling）处于人类意识的第一性范畴，是纯粹消极的，既没有行为，也不能进行判断。它具有各种各样的品质，但它自身很却不能认识这些品质，因为它不能分析，也不会比较。换言之，当某种现象直接呈现在我们面前时，我们当下对这种现象的瞬间的感知，即为感觉。皮尔斯认为，我们对某种现象之基础品质的感知是先于我们的认知和理解的，是“一种从心灵内部激起来的二次感觉（secondary feeling），这正如外在于感知的品质是被某些外在于我们的、心灵的东西激起来的一样”（CP 1.420）。

维尔比提出的意义的第一个层次——感知（sense），与皮尔斯提出的意识的第一个范畴——感觉（feeling），是相似的，二者都是意义认知三阶段中的初始阶段，且均是对某种现象品质的直接感知，是一种短暂的、即刻的、当下的感知。赵毅衡从哲学符号学路径提出意识的“形式直观”，即获得意义的初始过程，这一概念解决的正是意识遇到事物的初始阶段，意义与符号是如何出现的这一问题。（赵毅衡，2017，pp. 62－63）

在维尔比的意义三层次中，感知层次不断为意义与意味的出现提供给足够多的资源，而在此期间，意味被置于表意潜能的最高层，也成了感知与意义的最高形式。这样，我们可以想象，一种昏暗的感知从第一层次被提升到智力层次的过程，就伴随着最广泛意义上的感知不断被提升到意义（如意图意义），并最终抵达它的意味的过程。从这个意义上讲，智力是存在于感知的，尽管需要通过潜在的保证和效力。（Welby，1983［1903］，pp. 48－49）那么，智力是如何存在于感知的呢？如果感知是有机体认知世界的第一步，那么是什么在决定感知的产生与产生何种感知呢？这就涉及维尔比表意学的另一个重要概念——“母性感知”，在维尔比的框架下，也可以理解为“关于感知的感知”。

三、维尔比表意学中的“感知”与“母性感知”

20 世纪初，维尔比在一系列未发表的手稿中详细阐述了“母性感知”（mother-sense）的最初概念。她区分了“感知”（sense）与“母性感知”（mother-sense），并且认为，母性感知这一概念在人类的表意过程和解释过程，以及在人类世界观的模塑中发挥着巨大的作用。

维尔比在 1907 年的文章《原始感知与表意学》（Primal Sense and Significs）中这样描述其表意学的任务：

> （表意学）不仅要批评，而且要从原始感知的论据、警示、洞察力和预见能力、启示、价值的敏锐解读、对现实的穿透性深刻认识方面进行推理和建构。正是从这里，在这一刻，我们可以确立表意学的位置和工作。它是在母性感知持续的“给予”和智力（在所有意义上）的持续“建构”之间的必要连接，而不仅是解释的传播媒

介。（Welby，1907，载于 Petrilli，2009，p. 704）

由上可见，维尔比的表意学尤其重视母性感知。可以这样说，有机体认知世界根本上是从其母性感知开端的，它甚至先于感知层次。那么何为母性感知？

母性感知，或像维尔比一样将它称为“种族感知”（racial sense），是指感知（sense）的产生源，也可以理解为“关于感知的感知”，或者用“元感知”称呼它比较恰当。维尔比在《原始感知与表意学》一文中，集中论述了她对母性感知及原始感知的看法。

> “母性感知”与表意学之间的关系可以这样来说：原始感知就是那些即刻意识，是有意识的且解释性的。它是进化的继承者，或者说它构成了动物本能的价值的进步阶段。因此，它在人类发展的所有阶段中既是原始的，又是普遍的，尽管它在这些阶段的人类思想一生活中所起的作用有很大的不同。由于“原始感知”是“母性感知”，所以它偶尔也会出现在女性身上。因此，从我们那个时代的艾迪夫人到索尔的恩多女巫，所有时代赋予“智慧女性”特殊权威，在她们身上，这种原始的、综合的能力重新获得了古老的影响力，并被视为一种特殊的“财产”。这种巨大的感召力是一种信息，是基督教科学家的很多思想对“福音”的再声明和再肯定，是一个综合的能力，是回应和调整的一种同质性的精神物理的能力。尽管它已经很大程度上不再被使用了，但我们有机地“知道”它曾对这个种族是普遍的，并在历史上为生存效力。（Welby，1907，载于 Petrilli，2009，pp. ccxxxviii－ccxxxix）

相比感知，母性感知更加指向了原始的表意材料（signifying material），是先于性别产生的原始的、前性别的表意材料，是可以继承于各自种族间的表意材料，且是一种动物的本能。尽管被冠以“母性”，但母性感知并不只属于女性。两性主体在此概念中得以连接，它是人类共有的一种动物感知的本能。她提出这一概念，是要强调人们应该去思考一种人类所固有的、独有的、种族内继承的母性感知特质，它与父性理性（father-reason）代表的抽象思维和逻辑能力不同，它是父性理性的前提，意义、意味层次的意义能力都是基于母性感知产生的。

因此，母性感知，用皮尔斯的观点来说就是未经掌控的或尚未掌控我们的凭直觉获得的想法。母性感知可与皮尔斯的概念中“圣爱的”（agapic）或

“引起共鸣的理解”（sympathetic comprehension）相对应（CP 6.315）。它作为人类从原始时期就具有的一种获得感觉的感知能力，一种传递意义的能力，一种获取知识的能力，为人类所独有。

“母性感知”这一术语后来经过了许多变化，维尔比采用“原始感知”（primal sense）一词及其变体词“初始感知”（primary sense）替代了“母性感知”。（Welby，第 28 盒 24 号，*Subject File*；载于 Petrilli，2009，pp. 670—715）。关于这一术语的使用，席勒也曾与她相互通信并展开讨论。

席勒于 1907 年 10 月 2 日致信维尔比，建议她用“共同感知”（commonsense）代替“母性感知”，这样可以在解读其立场时避免过于简化，同时表示担心“母性感知”这一表达会被误解为有意将男性排除出去。用席勒自己的话说：

> 但是为什么你不把母性感知和共同感知等同，并主要使用后者呢？共同感知实际上表明你的意思——比圣人聪明的“大众”智慧，它遍布社会发展历程，但在固定的逻辑术语中人们少有规定，更不用说得到充分表述。它未经由某位“父性”创始人提出，的确是“共有的”，且是社会“共同”生活的基础；就其生长的逻辑敏锐性来说，它也是“母性”的。我愿意相信只要女性得到管理事务的自由，她们一般不再表现得像表面看上去那么轻浮与愚蠢，而是保持和这种力量的紧密联系，比如，以“母性本能”的意愿（尽管所有迹象看起来相反）战胜“种族自杀”的诱惑。因此你有充足理由将“共同感知”称为“母性感知”，你使用前者越多，对于区区男性来说就会越容易理解。（Schiller and Welby，1907 年 10 月 2 日，载于 Petrilli，2009，p. 632）

维尔比在回信中承认采用“母性感知”会承担席勒提出的种种风险，并且事实上，维尔比之后确实采用了“原始感知”（primal sense）或“初始感知”（primary sense）替代“母性感知”，却并未采用席勒提议的“共同感知”。她在给席勒的未标明日期的回信中如是说：

> 母性感知从未“心仪”任何“偏爱假说”：如果它曾在原始时期这样做过，那么你我都不会站在这里，人类早已灭绝……是的，所有半一词（尽管有些貌似是完整的单词）都是有缺陷的。从一开始它们就让你不由自主陷入二元对立。对于“大多数女性”，处于主导地位的男性用其专横的智力，在已然数不清多少世纪中践踏女性原

有的天赋……轻浮而愚蠢！……当前模式的“大学”或“技术”训练至多是让女性成为二等或三等男性：她进一步失去原本拥有却所剩无几的种族天赋——她解释、解决问题，建议和改正错误的自然且互补的能力……“共有”母性感知对我来说是老生常谈。当然这很常见。只是“共有”一词在使用中有几层意义。一方面是可恶的且外加“不洁的”。另一方面，洛布（Loeb）的向性理论也是共有的！我所提出的原发的、创造生命的、可再生的、解释性的——我的母性感知，对于整个生命领域来说都是共有的，它超越生命，并透过生命而得以延展。（Welby，1907，载于 Petrilli，2009，p. 634）

维尔比言辞坚定地回复了席勒，解释为何不同意采用“共同感知”（common sense）。事实上，维尔比对“共同感知”的提法持批判态度，她认为符号意义具有可塑性（plastics）与歧义性（ambiguity），而意义自身的简化会导致多重声音与多重逻辑的符号消失。因此，“共同感知”正因为“共同”反而变得意义单一化。之后一年，维尔比在 1908 年 6 月 30 日的文章中进一步具体解释了为何将“母性感知”改为“原始感知”：

（出于深思熟虑）我把“母性感知”改为“原始感知”（它的变体“初始感知”）。感知，是我们忽视表意学而造成困难的例证。在此语境里，人们应该立即明白，母性感知不可能是主要指，也不仅仅是意味着，从实际或有机体意义上，对典型“母亲”一词的精明、务实的看法。

（使用“母性感知”）我自然意味着原始的、开端的、先天的感知意义，它需要被滋养，能提示危险，激发兴趣。“母性”实际上是，或是应该是宽泛、普遍的术语，“父性”则是专有术语。前性别的有机体是母性的，也包含父性成分。我们已经在哲学和科学层面认可“母体”（Matrix）一词的使用。但我们从未使用“父体”（Patrix），这是对的。通过刺激，“母亲”能确保孕育、发育，滋养新生命。（Welby，1908，载于 Petrilli，2009，p. 710）

维尔比认为母性感知是“人类所共有的一项遗产”（an inheritance common to humanity），并不为女性所独有。当然，由于各种社会文化的原因，主要是由女人在守护和传播它。母性感知，指的是人类通过感知来获取知识的宽广的能力，它并不为女性所独有。父性理性，则是指以陈述和辩论为主要形式的知识和抽象思维，是通过观察、数据和科学、逻辑实验得到的概括能力，传统上它由男性来传递，而并非独属于男性。需要说明的是，母性感知作为获取感知认知的源泉，指出人类获取感知的能力是先验的。它与父性理性分别指向意义生成的不同阶段。因此，母性感知包含父性理性（即使是潜在地），而父性理性却不包含母性感知。从性别身份来看，母性感知与父性理性实际上也指向了人类意义生成过程中的两种特征不同的思维方式，也可以用气质来概括，即女性气质和男性气质。女性气质与母性感知、男性气质与父性理性都是人类智力的来源，（至少是潜在地）共存于所有人类个体。

维尔比也确实接受了席勒的建议，将“母性感知”可能潜藏的性别意识剔除，采用“原始感知”更清晰地表达她讨论的这种产生于人类开端，肇始于人类意义活动之始的原始的、先天的感知意义和感知能力。这种感知能力是具有创造性的，是能够不断创造新的解释、新的意义的一个人类本能的表意能力。

而且，维尔比认为母性感知与我（I）与自我（Self）关联。维尔比着重提出的母性感知指出了自我的始发源头，是洞察生活，体验自然、世界和宇宙的人类能力。维尔比不断强调自我感知对意义的创造。她曾在给席勒的信中强调：“我所说的原始的（Originating）、创造性的（Birth-giving）、再生性的（Reproductive）、解释性（Interpretative）的母性感知，对整个生命范围来说都是共有的，它超越生命，并且是生命的深层动力。”（Welby，1985，pp. ccxlix—ccl）可以发现，“母性感知”这一概念的提出，为维尔比表意学实现了其意义理论的开放性，意义的解释、产生、发展、更新都是永不停止的，而母性感知正是意义运动的深层动力。

维尔比提出的母性感知确实是永远面向他者的一种感知本能，是以他者逻辑为导向，关注主体构成、自我和他者的辩证性和对话性关系（宋文，张云，2013），以解释为导向的一种意义探求方式。正如她在《我与自我》（I and Self）这篇文章中写道：

> “我”的“自我”最重要的作用是为前者服务，两者共同产生、了解、熟知、美化和服务于世界的和可能的世界；我们的“自我”的使命是在差别中掌控身份的世界……“我”是一中之众，也是众中之一……每个人对“我/我们/你们/他们”这一系列指称的称呼体现出我们对宇宙秩序的感知，体现出我们精神创造潜力的感知，对价值和现实的感知，以及在此之前又在此之上，对符号及其重要

性——自然的和意图的重要性——的感知，也就是对意义的感知。
（Welby，无日期手稿，载于 Petrilli，2009，pp. 607）

根据维尔比所言，“我”并非孤立于世，经由“我们”“你们”和“他们”这些他者，我（I）与自我（Self）才得以确立，从而具有无限创造潜力，具有无限感知潜力，从而拥有获取无限意义的可能性。通过“感知”，特别是通过“母性感知”这一概念，维尔比表意学打开了符号学探索人类表意的无限可能性，发现了意义解释的开放性、无限性以及不断推进意义衍化的创造性。维尔比与皮尔斯一起，推动了符号学理论从符码符号学向解释符号学的转变。表意自本能开始，意义向解释敞开，向无限迈进。

引用文献：

宋文，张云（2013）．探求他者：维多利亚·维尔比的表意学浅析．载于曹顺庆，赵毅衡（主编），符号与传媒，7．成都：四川大学出版社．

赵毅衡（2017），哲学符号学：意义世界的形成．成都：四川大学出版社．

Cust, E. (Ed.)(1929). *Echoes of Larger Life: A Selection from the Early Correspondence of Victoria Lady Welby*. London, UK: Jonathan Cape.

Hardwick, C. S. (1977). Introduction. In Peirce, C. S. & Welby, V. *Semiotics and Significs: The Correspondence between C. S. Peirce and Victoria Lady Welby* (C. S. Hardwick, Ed.). Bloomington, PA, and Indianapolis, IN: Indiana University Press.

Peirce, C. S. (1931－1958). *Collected Papers of Charles Sanders Peirce* (P. Weiss & A. W. Burks, Eds.). Cambridge, MA: Harvard University Press.

Petrillli, S. & Ponzio, A. (2005). *Semiotics Unbound: Interpretive Route through the Open Network of Signs*. Toronto, CA: University of Toronto Press.

Petrillli, S. (2009). *Sigifying and Understanding: Reading the Works of Victoria Welby and the Signific Movement*. Berlin, DE: De Gruyter Mouton.

Richards, I. A. (1930). The Meaning of "*Meaning of Meaning*". 清华学报(第六卷), 1, 11.

Schmitz, H. W. (1985). Victoria Lady Welby's Significs: The Origin of the Signific Movement. In *Victoria Lady Welby, Significs and Language*, ix－ccxxxv. Amsterdam, NL and Philadelphia, PA: John Benjamins.

Welby, V. (1903－1910). I and Self. In Petrillli, S. (2009). *Sigifying and Understanding: Reading the Works of Victoria Welby and the Signific Movement*, 606－617, 640－670. Berlin, DE: De Gruyter Mouton.

Welby, V. (1985). June 30th. 1908. In Welby V. (1985[1911]). *Significs and Language* (H. W. Schmitz, Ed.), 243－245. Amsterdam, NL and Philadelphia, PA: John Benjamins.

Welby, V. (1983). *What is Meaning? Studies in the Development of Significance*. Reprinted of original edition, London, 1903. Amsterdam, NL and Philadelphia, PA: John Benjamins.

作者简介：

薛晨，博士，电子科技大学外国语学院讲师，四川大学符号学—传媒学研究所成员，主要研究领域为维尔比表意学理论、传播符号学。

Author:

Xue Chen, Ph. D. in literature, lecturer of School of Foreign Languages, University of Electronic Science and Technology of China. Her research interests are significs and semiotics of communication.

E-mail: xuechen_1988@163.com

传播符号学

作为信息性社会支持的心理健康干预式报道的意动叙述

林 正 蒋晓丽

摘 要： 意动叙述以祈使作为主导模态，以“因言成事”作为主导语力，是为了促使生成某种意图与行为而产生的叙述。意动叙述的本质是符号文本传受双方通过意向性交流对未来达成的理解契约。抑郁症是重要的公共精神卫生议题，媒体的心理健康干预式报道作为一种信息性社会支持，试图通过适当的意动叙述对受众产生积极影响。具体而言，它一方面基于特定的语句，强化文本内的说服语力；另一方面基于体裁进行未来叙述，强化参与代入感。

关键词： 心理健康干预式报道，意动叙述，信息性社会支持，祈使，健康传播

Conative Narration of Mental Health Intervention Reportage as Informational Social Support

Lin Zheng Jiang Xiaoli

Abstract: Conative narration, taking the imperative as its dominant mode and “perlocutionary acts” as its main source of linguistic power, generates certain intentions and behaviours. The essence of conative narration is that the communicators and audiences of semiotic texts reach an contractual understanding for the future through intentional communication. Depression is an important public mental health issue. As informational social support, the media's mental health intervention reportage is designed to exert a positive influence on its audience through appropriate conative narration. This influence arises both from specific sentences strengthening the persuasiveness of the text and from the use of genre, narrating the future. This strengthens participation and immersiveness.

Keywords: mental health intervention reportage, conative narration, informational social support, imperative, health communication

DOI: 10.13760/b.cnki.sam.201902008

心理健康是人的情绪和行为调节水平的重要指标，它反映的是个人享受生活的能力，以及在身心之间建立弹性平衡的能力。抑郁症作为一种精神障碍，是影响心理健康状况的典型症候，也是一个引发全球关注的公共精神卫生问题。据医学杂志《柳叶刀》的统计，2015 年，约有 2.16 亿人患有抑郁症，占世界总人口的 3%。（Vos，2016）并且，抑郁症与自杀关联度高，约有 2% 到 8% 的抑郁症患者死于自杀，约有 50% 的自杀者患有抑郁症。（Richards & O'Hara，2014，p. 254）

在应用心理学中，干预（intervention）意味着有目的地改变人们的行为、情绪状态或感觉。干预可以用来促进恢复良好的心理健康状况，以预防精神疾病。信息性社会支持（informational support）是指个人可以感知或接受到的由一定社会网络提供的信息与建议层面的关心或协助。对重症监护的研究表明，信息性社会支持策略显示出有益的作用，例如一些书面形式的宣导手册与积极主动的交流策略相结合，有助于降低病患家属临床上显著的焦虑与抑郁症状以及创伤性记忆风险。（Lautrette，2007）媒体的心理健康干预式报道虽然不是为精神疾病量身定制的治疗手段，但它同样作为一种信息性社会支持，致力于通过新闻文本引导健康的情绪、态度和习惯，以提高人们的生活质量。

意动叙述（conative narration），即为促使某种目的之实行而叙述，它以祈使作为其主导语态，试图形成言后行为，起到“以言成事”的作用。意动叙述可以体现在媒体对抑郁症的心理健康干预式报道当中：如果报道善于积极引导，便能利用询唤（interpellation）策略从“讲述‘他者’的故事”优化到“与‘你’沟通”，产生具有建设性意义的干预对话。心理健康干预式报道是媒体职业伦理操守得以秉持的表征，也是从事健康传播的媒体应然的自觉价值追求。

本文以媒体对抑郁症的心理健康干预式报道为研究对象，试图通过话语分析的方法回答以下问题：何为意动叙述？心理健康干预式报道如何借由意动叙述来进行摄受，即让新闻事件本身与看新闻的人形成一种内在关联，以达到提供信息性社会支持的目的？

一、意动叙述的本质属性：意向性交流与对未来的理解契约

意动叙述的本质属性在于它是符号文本的发送者与接收者达成的对未来的理解契约，这种契约引导着文本的接收者采取受到文本发送者期待的行动。一方面，意动性所体现的是一种意向性交流，即中介于传受主体间的能动性对话，让表达与沟通过渡到身体的意向行为；另一方面，意动是允诺发生，因此意动文本接近于虚构，但对“做什么”的提出是为了尝试改变某种现实，由此可以说意动是一种“预付现实”，是拟纪实性的未来契约。

（一）意向性交流

“意动”（conation）的概念源于拉丁语中的“conationem”，从哲学意义上讲，它指的是一种“自发效用”（voluntary agency），即通过某种努力让自身行动起来。[①] 在心理学上，“意动”是指“心理过程中趋向于活动或变化的元素，表现为欲望、意志和努力”。[②] 俄罗斯语言学家和文学理论家罗曼·雅克布森在他提出的符指过程六因素分析当中认为，当符号的表意侧重于受话者时，符号文本会出现比较强的意动性质，换句话说，便是促使接收的一方做出某种反应；最为极端的例子是命令、呼唤，以及祈使句的运用。雅克布森对意动性的概括与法国结构语言学家与符号学家埃米尔·本维尼斯特在《一般语言学诸问题》的模态性分析中提出的祈使语态论相近，后者认为祈使语态品格逾越了文本，可以被看作言说的一方与受话者之间的某种意向性交

① Online Etymology Dictionary（2010）. Word Origin and History for Conation（*n.*）. Retrieved 11 April，2019，from https://www.etymonline.com/word/conation#etymonline_v_28510.

② 义项原文是“the element in psychological processes that tends towards activity or change and appears as desire，volition，and striving”，见 Collins English Dictionary（2012）. Conation Definition and Meaning. Retrieved 11 April，2019，from https://www.collinsdictionary.com/dictionary/english/conation.

流。有异曲同工之妙的是，英国语言哲学的主要倡导者约翰·朗肖·奥斯汀提出的言语行为理论当中也提到了所谓“言后行为”（perlocutionary act），这是他指出的语力分类中的第三种，意思是“通常一些话语的说出，会对听众、演说者或其他人的感觉、想法或行动产生一定的影响；这可能是出于设计、意图或目的”（Austin，1975）。

意动性是许多符号表意过程都会携带的普遍品质。一句话即便并没有嵌套在祈使句的形式当中，它的意动性也是可以结合语境而被体会出来的，例如东亚文化当中包含着大量“点到为止”式的表达策略，即便不明示，亦能起到祈使的效果。基于意动性的广泛存在，美国语言学家杰罗德·萨多克认为在某些情况下，以话语的形式存在着一些传统的暗示，这可能被视为间接的言后效果，这也是很多言语传播行为的附属产品。（Sadock，1974）

意动性往往意味着文本的交互主体性的存在，即意识如何凭借交往关系来对他人发挥作用，因此意动叙述是一种意向性交流，这一点，现象学的创始人胡塞尔的著作也有所提及。（王庆丰，2018）法国现象学哲学家莫里斯·梅洛-庞蒂把讨论带回人的具体生存情境当中，他将人的生存视作个体的、感性的与动态的存在。意动性便生成于一种“我能”之上，这种能动在于符号文本传受主体之间的中介作用，是言语表达能力与身体意向性的表现。（赵毅衡，胡易容，2004）

从意向性交流的角度来理解，意动叙述是一种叙述的体裁类型，它以祈使作为主要模态，以应许和宣传为典型，以言后行为作为主导语力，可以理解为为了促使某种意图的达成而叙述。由因果关系驱使的广告是意动叙述比较典型的现实应用，广告推销的意动机制体现的是通过一系列叙述来对消费者购买欲施加直接影响。

（二）拟纪实性与未来契约

所谓“意动”，则并非“实动”，情境尚未发生而只是允诺发生，因此意动文本接近于虚构。从言说的本质观之，它是纪实性的，因为发出意动文本的起始语境是“缺少什么”“有什么不满”或“应该有什么改变”，对“做什么”的提出是为了尝试改变某种现实，由此可以说意动是一种“预付现实”。然而，这种符号文本的意义指向并不是模糊的，它需要以“即将到来”作为注解；受话者只有按照祈使或指示而有了行为以后才具备检验事实的资格，因此意动又是“拟纪实”的。（赵毅衡，2013，p. 57）

意动叙述的归宿可能在于未来，尚且没有发生，但是被期望发生的，因此虽然事件还未真正发生，可是却不能称意动为“虚构”。意动叙述总体的意向朝向的是未来应然，是对情节将成为现实的预言，只待文本的接收者按命令、承诺或劝说行事，目前的情况便得以改变。意动叙述所具备的极大特征在于承诺某件事情会发生，当然也存在否定性承诺，即警告、威胁与恐吓，其目的都是希望话语的接收者相应地做出某种反应以取效：意动叙述的这种品质是符号文本发送与接收之间对未来的应然指望。就对抑郁症的心理健康干预式报道来说，其中的叙事与健康宣传，是为对潜在的恶化风险与企图自杀人群形成宣导与劝慰，避免悲剧在未来发生。基于意动叙述的契约性，更要意识到，心理健康干预式报道的正向意义并不仅仅依靠媒体单方面灌输，而应该要读者的认知与意识参与构筑，他们亟须用报道文本来形成幻想中的未来，从而将自我效能感的转换付诸实现。

因此，心理健康干预式报道是未来叙述，这里的未来叙述并非时间纵轴上的未来指向，而是从表意的向度来看，对读者未来行为的期许。其信息性社会支持的功能运作便是文本的发送者与接收者形成契约的过程，它是依照并运用客观存在的具体新闻事实这一伴随文本以及文本内部的祈使语态来使意动性得以建构的。并且，这种意动性是循序渐进地累积起来的，最终内化为心理健康干预式报道的体裁属性，形成传受双方达成的一种对未来理解的契约。

二、自杀报道的意动性构建：从纯文本到信息性社会支持

纯文本是怎样一步步试图促使接收者采取行动的？这是一个普遍存在于符号世界的问题，对意动叙述的本质属性的分析告诉我们：意向性交流与对未来的理解契约是意动性生成的关键。具体而言，媒体对抑郁症的心理健康干预式报道是怎样构筑意动性，进而成为信息性社会支持的？大体来看，建构意动性于对抑郁症的心理健康干预式报道之中有两条途径。其一是利用具体的语句来说服，即在新闻文本的内部增益对新闻文本接收者采取行动的说服力，使得意向性交流得到强化；其二是利用未来叙述的体裁属性，借由突出某种参与感与代入感来引导接收者对新闻文本进行解读，继而再从解读迁移至务实的行动支持。

（一）基于具体的语句说服：文本内语力强化

在雅克布森看来，当符号文本的表意向接收者一方倾斜的时候，符号文本中较强的意动性会脱颖而出，敦促接收者产生某种反应并采取某种行为，

其最为典型的例子是命令、呼唤以及祈使。当利用具体的语句说服的时候，有直接与间接两种强化文本内意动语力的方式，一是通过祈使句直接传意，二是借助语境来间接说服。

1. 祈使句直接传意

《韦氏词典》对“祈使”（imperative）的一个解释义项是“表达影响他人行为的意愿的语法性语气，或表达这种意愿的动词形式或动词短语”。[①] 祈使句是一种给出指示、命令、请求或建议的句子，它可能以感叹号或句号结尾，具体取决于它的表达方式。祈使句通常简单而短暂，但也可能长而复杂，这取决于它的上下文。英国文学评论家凯瑟琳·贝尔西的《批判实践》是一部颇具影响力的后结构主义著作，为文学研究指出了新的方向。她在书中曾指出，以现实主义小说为代表的陈述语气叙述的特点在于虚构性，而且有结尾，然而祈使语气的叙述则不可能是虚构，而且经常没有结尾，这是为了给文本的接受者采取行动留出空间。（Belsey，2003）为了印证她的观点，她援引了马克思主义哲学家阿尔都塞对意大利剧作家贝尔托拉齐的戏剧《我们的米兰》（*El Nost Milan*）的评论，即创作者意欲把看客变成演员，来完成尚未落幕的戏。意动叙述的过程不仅在于接连不断地把事件与问题抛出来，还在于对文本的接收者予以启示，接下来应该如何行事才能获得一个好的结局。

美国自杀预防基金会（The American Foundation for Suicide Prevention，AFSP）在其发布的《媒体自杀报道指南》“避免错误信息并提供希望”一节当中明确地提出：“在对抑郁症的报道中加入关于可用的多种治疗方案的陈述、人们克服心理危机的故事，以及可以寻求帮助的资源；包括最新的当地及国家性资源，读者可以在这些资源中找到促进帮助寻求的治疗信息和建议。”（AFSP，2016）

《纽约时报》在 2018 年 12 月 2 日报道了纽约市在过去一年共有三名出租车车主和五名其他职业司机因抑郁症自杀身亡，这引发了一系列改善司机工作条件的立法逐步推进。（Katz，2018）在这篇报道的末尾，《纽约时报》的记者向读者介绍了其中一名罹患抑郁症的司机的儿子筹集了一项资金来帮助像他父亲一样的出租车司机，并引述了资金捐赠者致纽约市出租车司机的一

---

① 解释义项原文为“the grammatical mood that expresses the will to influence the behavior of another or a verb form or verbal phrase expressing it”，见 Merriam-Webster Dictionary（2019）. Definition of Imperative. Retrieved 11 April，2019，from https://www.merriam-webster.com/dictionary/imperative.

封信里的话："请你知道，正是有你在马路上超过30年（或更长时间!）的服务，我的生活因为你而变得更好。"随后，这篇报道中写了这样一段话："如果你有自杀的想法，打电话给国家自杀预防生命热线1－800－273－8255（TALK），或者去Speaking Of Suicide. com/resources获取更多资源。以下是当你爱的人严重抑郁时你可以做的事情。"这里的祈使句用了两次，第一次是"请你知道"，通过情感召唤让出租车司机以及潜在的抑郁症患者意识到自己工作的价值对他人是有意义的，从而获得自我肯定，这在心理学上无疑符合斯金纳所提出的正强化（positive reinforcement）；第二次是呼吁觉察到自己心理不适的人们拨打热线电话等，提供的是具体的行动策略与方法指引。又如美国有线电视新闻网（CNN）在报道设计师凯特·丝蓓因抑郁症自杀身亡时（图1），在电视新闻的画面中不仅提供了预防自杀热线的电话号码，还运用"使用危机短信：发送'家'到741741"这样的祈使句标题，提醒人们可以自主采取积极的干预手段。

图1　凯特·丝蓓因抑郁症自杀身亡的报道

2. 借助语境间接说服

隐性施为（implicit performatives）是指不施用明确的、特定的语句来表达旨意并诉诸行动的语言现象。通常说来，每个隐性施为都需具备特殊的前提，只有在一定的前提下，一个隐性施为才能成功。例如要成功地提出一个问题，必须对一定的未来事件做出判断，即需要评估回答者是否有能力回答这个问题，或者提问者认为回答者能够回答这个问题；要成功地完成一个打招呼的行为，打招呼的双方必须符合刚刚相遇的现实条件或者刚刚被互相介绍。语言哲学专家约翰·罗杰斯·希尔勒认为，如果一个说话者的言语行为产生意义，则需要让三个条件获得满足：首先，说话者要说出某个语句；其次，语句的表达意向要服从于具体的语境；最后，接收者应当对该言语行为理解并接受。（Searle，1976）这里的“语境”成为达成隐性施为的关键元素，即使语力指向的是接收者，但不借助语境，便也难以形成“因言成事”（perlocutionary）的目的。

世界卫生组织负责心理健康的部门在所编撰的《自杀预防：供媒体工作者参考》（2014）中指出：“媒体报道时切忌把自杀行为描写成扑朔迷离、引人入胜的悬案，但也不能过于简单地将其归结于某一件事引发的悲剧。自杀行为通常是许多负性事件堆积的结果，如：精神和心理疾病、物质滥用及物质成瘾、家庭变故、内心矛盾和心理压力太大等。明确自杀的诱发因果有利于保护公众的心理健康。”这里所强调的是媒体工作者在采编心理健康干预式报道的时候不能忽视语境的复杂性，需要对新闻发生的语境做出清晰而具体的阐释，从而唤起人们对特定语境下潜在危机的关注与提防。

例如《费城询问报》2011 年 4 月 6 日的《家长、学生了解网络霸凌及其有时致命的后果》一文在报道蒂娜·迈耶的大女儿梅根因抑郁症而选择上吊自杀时，侧重点并不在于她的行为本身，而是致力于探讨抑郁症与自杀背后广泛存在的网络霸凌现象。文中指出：“根据安纳伯格公共政策中心最近的一项调查，14 %的青少年在短信、电子邮件或在线发帖等舆论环境中成为网络欺凌的受害者。调查显示，那些被网络欺凌的人报告说，去年认真考虑自杀的比例更高。皮尤研究中心‘互联网和美国生活’项目的高级研究专家阿曼达·伦哈特说，网络欺凌和几代人所经历过的校园、体育场和公交车上的欺凌没有什么不同。”（Lu，2011）这里对专业机构调查进行呈现，隐性施为是对抑郁症与自杀悲剧表象下的更为深刻的社会问题的反映。并且文章也在结尾指出当地提供的对这一问题进行改善的途径：“有关网络安全费城项目的更多信息以及未来公共活动的时间表，请访问 www.cybersafephilly.com。”该报道不仅点出了事件发生的宏观背景，也提供了针对此语境的因应举措，强化网络霸凌的严重性，以唤起人们对建设当地健康网络生态的积极意识，实现意向性交流。

（二）基于体裁的未来叙述：参与代入感强化

意动叙述具有特殊的形式特点，包括试图改变某种经验现实的非虚构性、清晰的“‘我’对‘你’说”的人称关系、对未来事件情节的契约等。面向未来的心理健康干预式报道展现出紧迫感，强化符号文本接收者的代入感，敦促他们采取行动。对话意识体现在对“你”叙述的询唤上，参与意识体现在可供填补的情节留白上，二者共同将积极扭转结局的能力交到符号文本的接收者手里，产生信息性社会支持。

1. 询唤：对“你”的叙述与对话意识

社会的符号化沟通已然走进一个以在信息接收者身上产生的效果为主导的阶段。询唤（interpellation）是法国马克思主义政治哲学家阿尔杜塞提出的术语，指的是意识形态将个体作为其客体召唤为主体的过程。（费斯克，2004）对询唤策略的运用研究已经不单单局限在政治学意识形态的领域当中，例如美国电影理论及电影历史学家大卫·博尔德威尔指出，埃米尔·本维尼斯特（2013）在《一般语言学诸问题》的模态性分析中提出的祈使语态论不仅仅停留在主语与谓语动词之间的关系上，它还必须将第二人称“你”卷入其中。他认为，言说的前提在于对符号发送者与接收者角色的假定，并且符号文本发送者具有以某种干预策略去对接收者产生影响的意动性；如果缺乏了祈使的形式特征，则符号文本沦为寻常的历史故事，即对最平常的事实观察的呈现。典型的例子莫过于约翰·肯尼迪就职演说中的那句经典口号：“不要问你的国家能为你做些什么，问问你能为国家做些什么。”[①] 这里，对第二人称“你”与“国家”辩证逻辑关系的积极强调使得这句话有着振聋发聩的宣导力量。

对抑郁症的心理健康干预式报道侧重于文本接收者，不单单是在文本内部将接收者视作重点，更重要的是在文本的发送与接收之间形成某种述说与倾听、述说与操作的阅读契约。例如《中国青年报》在2018年9月8日发布的微博：“你离抑郁有多远？希望大家多关注这个群体……峨眉山跳崖女孩留下遗书，让人痛心。关于抑郁症，你了解多少？抑郁症有哪些表现？如何帮助身边患抑郁症的人？转给你关心的TA!”与其他叙述类型相比较，意动叙述直接诉诸符号文本接收者的行动，发生在符号文本传受之间的沟通关系是体裁意动性的关键保证。在这条微博当中，“你离抑郁症有多远?”“关于抑郁症，你了解多少?”“转给你关心的TA!”都直接强调和文本接收者之间的对话，把潜在受众置于对话的叙述模式当中，并将他们召唤成为主体。这种语势强烈的沟通模式让接收者觉得自己受到重视，跟随文本指导而产生采取积极行动的意识，从而实现意动性的促成。

有时“你”这个字并未突出，但镶嵌在心理健康干预式报道之中的对话

① 见约翰·肯尼迪在1961年1月20日就任第35届美国总统时的演说。该句话原文为“Ask not what your country can do for you; ask what you can do for your country.”

与代入的人称模式依然是显著的，媒体下意识地尽可能运用这种隐耀的人称模式来构筑文本张力。英国广播公司（BBC）的中文网站在2018年8月6日报道香港歌手卢凯彤因抑郁症而跳楼自杀时，在文章末尾有这样一段话："珍惜生命，自杀不能解决问题，生命一定可以找到出路。若需咨商或相关协助——台湾：生命线专线1995或张老师服务专线1980；香港：撒玛利亚防止自杀会2389－2222；中国大陆：防自杀热线400－161－9995。"[①] 这里的文本处理，首先体现出意动叙述对未来理解的契约，即"生命一定可以找到出路"，文本的发送者给接收者予以积极正面的许诺，继而祈使句"若需咨商或相关协助"呼吁读者心理出现问题时应寻求专业的心理咨询机构帮助，并提供了求助的资源，扮演了信息性社会支持的角色。

2. 情节留白：二次叙述与参与意识

借由"'我'对'你'说"的询唤推进来构建对话感，这是基于体裁来生成意动性的一种叙述途径。另一种方式是运用情节留白的手法来使一个似乎未必完备的故事得以呈现，将二次叙述的意动机会留给文本接收者，继而形成参与意识，并把这种意识迁移至最终的健康行为。符号学家赵毅衡指出："仅靠叙述化而缺乏文本接收者的二次叙述化，符号文本就无法完成叙述传达之过程；二次叙述化不单单在于情节的回顾，并且还要追溯出故事的意义所在。"（2013，p. 106）留白是艺术创作中惯用的一种技法，尤其对于东方美学而言，它并不陌生。这种手法故意留下相应空白，令整个作品的画面与章法更加别致，并且提供想象的余地。情节留白，便是给这里所说的"意义追溯"腾出空间，它对于心理健康干预式报道的意动性建构而言是重要的，强化了其拟纪实性的品质。

凤凰网在2014年10月15日的特稿《南京长江大桥自杀者：跳桥像是一种"朝圣"》当中记述了一名挽救数百名自杀者生命的志愿者陈思的故事。在报道的最后一段里，记者写到陈思开办救助工作室"'盛名'之下压力越来越大"，在这一节里引用了记录陈思救人的《大桥日记》，但只引用了寥寥数语，便以省略号代替，让人联想到的是陈思所遭遇的、经历的案例太多，并不是三言两语所能统摄的，这更让人意识到潜在的抑郁症社会风险基数之大。随后，报道的末尾写道："11年的救人生涯，陈思压力越来越大，时常感觉喘不过气来。他抽烟越来越厉害。'原来不怎么喝酒，现在常陪着那些想不开的人喝酒，酒也喝了不少。'他压力大时会赤着脚去爬他家附近的小山，把自己

① 相关报道见BBC官方网站 https://www.bbc.com/zhongwen/simp/chinese-news-45082897.

埋在深深的草丛中，他说这样是为了‘试着让自己变得渺小，这样就不会在意那么多’。”（胥大伟，2014）这里并没有直接为陈思这样的人振臂高呼，而是从侧面描写他作为志愿者所承受的精神压力，试图让人感同身受，放在这样一篇报道当中，潜台词是心理危机干预与救助一方面临的精神卫生问题同样也应该引起重视。

以上的两种途径皆是以体裁为基础来构筑意动性的，它们从实质上来说都是对文本的接收者展开应然的行动施行预先引导。对符号文本的接收者“你”的询唤式叙述的主格身份强化，有利于形成对话意识，让阅读的对象进入文本语境；引导符号文本的接收者主动完成二次叙述，并把媒体呈现的心理健康干预式报道的内容与自己的生活场景对接，在情节余留之处想象自身参与或采取行动之后所能起到的建设性意义。这样的信息性社会支持的作用机制是介乎文本与接收者之间的意动过程。

三、对健康传播的期许：用共情深化“帕帕基诺效应”

对抑郁症的心理健康干预式报道与其他内容主题的新闻报道相比，其差异在于所反映的事件类型具有反常与不协调性，并且它又常常为读者，尤其是潜在的具有心理亚健康倾向的读者提供了某种代理式、象征式参与的渠道，用来形成或是释放压力。然而需要注意的是，本文更侧重于选取那些较为遵循媒体职业伦理应然指向的案例，还有很多新闻报道未必在此议题上操作到位，这个由文本构筑的“事件－情感”系统对一切可能存在的好奇甚至违逆的心理又未必做好了协调与自我防御的有效准备，从认知的视域来看，这类信息加工处理的过程似乎把那些破坏人们日常生活轨迹的事件又演绎了一番。

新闻报道对显著性、矛盾性与异常性趋之若鹜的特点致使不少媒体的采编对抑郁症及其相关的自杀事件尤为偏好。已有充分的研究表明，处理不当的报道会对正处于抑郁风险状态的人产生负面影响，引发取典于歌德《少年维特的烦恼》的“维特效应”（Werther effect），即触发相应的情绪传染与跟风模仿。这一点在移动互联网与社会化媒体传播裂变与信息爆炸的当下显得更为突出。和维特效应相对的是所谓“帕帕基诺效应”（Papageno effect），它指的是大众媒体通过提出心理危机解决的非自杀替代方案而产生的效应。它以18世纪歌剧《魔笛》中失恋的角色帕帕基诺的名字命名：他正因重度抑郁而考虑自杀，直到其他角色向他展示了解决问题的不同方法。对帕帕基诺效应的调查（Sisask，2012）指出，关于不负责任的媒体报道造成的损害的研究比关于积极报道的保护研究作用大，但是当媒体拒绝宣传自杀事件或改变他们提供自杀事件信息的方式，遵循推荐的报道准则时，模仿自杀的风险就会降低。

共情（empathy）是从他人的参照系中理解或感受他人经历的能力，也就是说，将自己置于他人位置的能力。（Bellet，1991）共情的定义涵盖了广泛的情感状态，包括辨别他人的想法或感受，对他人的情感感同身受，以及对他人的关心和帮助他人的愿望。（Pijnenborg，2013）因为共情涉及对他人的情感状态的理解，所以它的特征来自情感本身的特征。例如，如果情绪被认为是身体感受的中心特征，那么抓住他人的身体感受将是移情的中心；如果情绪更集中地表现为信念和欲望的结合，那么掌握这些信念和欲望对移情更为重要。总而言之，把自己想象成另一个人的认知过程绝非易事，但对于提升心理健康干预式报道的信息性社会支持价值非常重要。报道抑郁症比报道任何其他事项都需要更高程度的敏感性和体贴意识，不仅仅是因为报道内容会面对当事人的家人和朋友，而且也因为报道可能会对其他接受文本的人产生影响，这本身是不可低估的。媒体工作者操作意动叙述前，应该停下来想一想每一句要写出的话和每一张选择使用的图片是否恰当，想一想故事的背景，甚至想一想采编这个故事的原因，是否有助于心理健康干预。

抑郁症是一个公共健康问题。一些有关抑郁症的事件可能有新闻价值，恰当的心理健康干预式报道可以通过意动性的建构唤起人们对自身、对周遭，以及对整个社会的留意与理解。应当意识到心理健康是个很复杂的话题，几乎总是有着多方面的原因，既包括个人层面可能没有被察觉或诊治的精神疾病，也包括社会层面的濡染与涵化。然而，心理健康的消极倾向是可以被信息性社会支持积极干预的，但前提是陷入危机的人的主观求助意愿被调动起来。媒体如何通过心理健康干预式报道来正向增强符号文本的意动性这一问题，无疑还需要更多的研究关注。

引用文献：

费斯克，约翰（2004）. 关键概念——传播与文化研究词典. 北京：新华出版社.

胥大伟（2014）. 南京长江大桥自杀者：跳桥像是一种"朝圣". http://news.ifeng.com/a/20141015/42209742_0.shtml.

王庆丰（2018）. 语言与现象学的本质还原. 社会科学辑刊，12（3），12－16.

赵毅衡，胡易容（2004）. 符号学－传媒学辞典. 台北：独立作家－新锐文创.

赵毅衡（2013）. 广义叙述学. 成都：四川大学出版社.

Austin, J. L. (1975). *How to Do Things with Words*. New York, NY: Oxford University Press.

AFSP(2016). *Recommendations for Reporting on Suicide*. Retrieved from https://afsp.org/wp-content/uploads/2016/01/recommendations.pdf.

Bellet, P. S. & Maloney, M. J. (1991). The Importance of Empathy as an Interviewing Skill in Medicine. *JAMA*, 266(13), 1831—1832.

Belsey, C. (2003). *Critical Practice*. New York, NY: Routledge.

Bordwell, D. (2013). *Narration in the Fiction Film*. New York, NY: Routledge.

Katz, M. (2018). *Why Are Taxi Drivers in New York Killing Themselves?* Retrieved from https://www.nytimes.com/2018/12/02/nyregion/taxi-drivers-suicide-nyc.html.

Lautrette, A., Darmon, M., Megarbane, B., Joly, L. M., Chevret, S., Adrie, C., & Curtis, J. R. (2007). A Communication Strategy and Brochure for Relatives of Patients Dying in the ICU. *New England Journal of Medicine*, 356(5), 469—478.

Lu, A. (2011). *Parents, Students Learn about Cyberbullying and Its Sometimes-deadly Results.* Retrieved from http://www.philly.com/philly/living/20110406_Parents__students_learn_about_cyberbullying_and_its_sometimes-deadly_results.html.

Pijnenborg, G. H. M., Spikman, J. M., Jeronimus, B. F., & Aleman, A. (2013). Insight in Schizophrenia: Associations with Empathy. *European Archives of Psychiatry and Clinical Neuroscience*, 263(4), 299—307.

Richards, C. S., & O'Hara, M. W. (Eds.). (2014). *The Oxford Handbook of Depression and Comorbidity*. New York, NY: Oxford University Press.

Sadock, J. M. (1974). *Toward a Linguistic Theory of Speech Acts*. New York: Academic Press.

Searle, J. R. (1976). A Classification of Illocutionary Acts. *Language in Society*, 5(1), 1—23.

Sisask, M., & Värnik, A. (2012). Media Roles in Suicide Prevention: A Systematic Review. *International Journal of Environmental Research and Public Health*, 9(1), 123—138.

Vos, T., Allen, C., Arora, M., Barber, R. M., Bhutta, Z. A., Brown, A. & Coggeshall, M. (2016). Global, Regional, and National Incidence, Prevalence, and Years Lived with Disability for 310 Diseases and Injuries, 1990—2015: A Systematic Analysis for the Global Burden of Disease Study 2015. *The Lancet*, 388(10053), 1545—1602.

World Health Organization. (2014). *Preventing Suicide: A Global Imperative: World Health Organization.* Retrieved from https://www.who.int/mental_health/suicide-prevention/world_report_2014/en/.

作者简介：

林正，四川大学文学与新闻学院博士研究生，主要研究领域为公共传播、健康传播与广播电视文化。

蒋晓丽，四川大学文学与新闻学院教授，主要研究领域为文化与传媒、网络与新媒体。

Author:

Lin Zheng, Ph. D. candidate of College of Literature and Journalism, Sichuan University. His research fields are public communication, health communication and broadcast culture.

E-mail: linzheng_1115@163.com

Jiang Xiaoli, professor of College of Literature and Journalism, Sichuan University. Her research fields are culture and media, Internet and new media.

伴随文本框架下的元新闻话语研究

李红秀

摘 要：本文基于“伴随文本”理论框架，借用元新闻话语理论的研究视角，以一次记者招待会上的“红蓝女记者”事件为案例，广泛搜集围绕该事件的两位女记者的前文本、新闻报道和各种评论的元文本、大量网民跟帖的链文本，进行探索性的研究，意在揭示新闻界同行、网民对于“红蓝女记者”事件的阐释模式及其现实意义。研究发现：这些阐释性话语存在于新闻危机话语的框架之中，社交媒体积极参与新闻娱乐化的话语生产，而主流媒体沉默不语，非专业性的情绪表达多于理性分析。面对网络舆情事件，主流媒体如何高扬新闻专业性旗帜，正确引导舆论走向，已经成为亟待解决的问题。

关键词：伴随文本，元新闻话语，红蓝女记者，新闻专业性

Study of Meta-news Discourse within a Co-text Framework

Li Hongxiu

Abstract: Based on the theoretical framework of "co texts", and from the perspective of meta-news discourse theory, this exploratory research addresses the "Red and Blue Female Reporters" incident. It collects an extensive range of pre-texts, news reports, meta-texts (comprising various comments) and link texts (netizens' follow-up posts) on these two female journalists. The study casts light on the interpretation of the incident by news media and netizens and reveals its practical significance. These interpretative discourses are found to exist within the framework of news crisis discourse. Social media actively participated in the production of entertainment news discourse, but the mainstream media were indifferent, and the incident received more non-professional emotional commentary than rational analysis. In the face of such expressions of public opinion on social networks, how the mainstream media can hold the banner of news professionalism high and correctly guide the direction of public opinion has become an urgent research topic.

Key words: co-text, meta-news discourse, Red and Blue Female Journalists, news professionalism

DOI: 10. 13760/b. cnki. sam. 201902009

政府记者招待会是政府部门“邀请记者参加的具有一定规模的公开特殊会议”，是政府“与媒体和公众交流的最重要的方式”（Eshbaugh-Soha，2003，p. 349）。同时，记者招待会本身也会成为新闻的“关键事件”（critical incidents）或“热点时刻”（hot moments）。这些关键事件或热点时刻发生之后，新闻人和公众在共同体内部所发生的讨论和阐释往往极为丰富，为探讨话语实践提供了机会。

提问是记者招待会中最核心的环节。著名记者邵飘萍曾说：“外交记者之交际活动，其最重要之任务为访问。盖一切材料大抵皆从访问而来，则谓外交记者即以访问为任务，亦非过言。”（2008，p. 31）政府记者招待会的提问不仅是对记者业务水平的检验，而且也是新闻报道的重要内容，甚至记者提问的言语和行为举止都可能成为“关键事件”或“热点时刻”。某次记者招待会上，一名穿红衣服的女记者提问过于冗长，引发旁边一位蓝衣女记者的不满，她几次扭头向红衣女记者翻白眼。记录了这一过程的一段长达 44 秒的视频在社交媒体上传播开来，形成了这次记者招待会的一个“热点时刻”。此后两天时间内，各种社交媒体参与评论，新闻共同体、观众群、读者群亦就此事展开讨论。本文以此为伴随文本，以“元新闻话语”（meta-journalistic discourse）为理论视角，分析不同主体对这一事件的言说与阐释，继而探寻社交媒体时代新闻记者的素质与新闻职业价值的重构。

一、元新闻话语理论

“元新闻”（meta-journalism）这个词，最早是著名现象学符号学家梅洛-庞蒂用的术语，指大众传播文本编码的主导哲学与理论。（Lanigan，

1990，p. 104）在当今的新闻传播中，元新闻有四种表现形式：第一种指记者在新闻中插入自己的评论，讨论自己写出这篇新闻稿的过程、感想，对采访中受阻拦的抗议（Atton，2004，p. 53）；第二种指大众接受的评判新闻“真理价值”或“道义价值”的种种文化政治标准，是针对某段时期或某个媒体的新闻偏向的研究（Carroll，2000，p. 41）；第三种指大众对新闻事件的讨论和评价；第四种是指公民新闻。第三种和第四种类型的元新闻在新媒体写作中非常普遍。对于一个新闻热点事件，大众通过微博、QQ、微信等新媒体平台表达观点，发表意见，形成公民舆论。新媒体时代，人人是记者，公民利用手机把身边发生的新闻事件拍成视频或图片，及时发布到网上或者朋友圈中，这就是非专业的公民新闻。以韩国推行“阅读者即资讯提供者”“每位公民都是记者”的网媒 Ohmy News 为例，其现有编辑记者 60 多人，市民记者 7 万多人。市民必须通过实名认证方可成为该网站记者，并根据发表新闻的价值、排名位置、点击量等获得相应稿费；作品也可突破传统的新闻报道样式，发挥用户自主性和独创性，书信、对话、自白皆可，文体多样。这种用户创造内容的模式在很大程度上活跃了网站的新闻内容和形式，并促成了 Ohmy TV 电视台的诞生，又让“公民主播”成为可能。该网站现拥有新闻（Ohmy News）、电视（Ohmy TV）、娱乐（Ohmy Star）、图片（Ohmy Photo）、教育（Ohmy School）、博客（Ohmy Blog）等多个板块，被英国《卫报》誉为“世界范围内对本国事务影响最大的新闻网站”（臧丽娜，李欣，2013，pp. 37－39）。

“元新闻话语”理论的首创者是美国学者卡尔森。2014 年，他在《过去了，却没有忘记：作为“元新闻话语”的新闻越轨记忆》一文中指出，作为一种“解释新闻业变动意义的理论”，元新闻话语在两个维度上界定了新闻业：其一是“寻求建立对可接受实践与行为边界的控制”，其二是“寻求对新闻权威的控制”。有鉴于此，“‘元新闻话语’应该被视为定义新闻业变动的一种永久的阐释性实践”。（Matt，2014，pp. 33－47）2016 年，卡尔森再度撰文《元新闻话语与新闻业的意义：定义控制、边界工作与合法性》，将元新闻话语视为“一个综合研究行动者如何协商记者作为新闻事件合法记录者的文化权威的分析概念”，继而全面阐释了元新闻话语理论。他首先将新闻业视为一种“依赖语境、通过社会关系进行生产”的文化实践（cultural practice），是“对新闻文本、生产这些文本的实践和接受这些文本的条件所展开的公共表达”，它将“行动者”（actors）、“实践场所 / 受众”（sites/audiences）、“主题”（topic）三个要素连接到“建构定义、设定工作边界和判定新闻业合法性的过程之中”。元新闻话语就是对这个话语场域的描述，它可以被定义为对新闻文本、生产实践及接收条件的公共表达，在这里每个人都可以公开地参与建立定义、设定边界以及判定新闻业合法性的过程。借此，“新闻业内外各种行动者展开竞争，建构、重申甚至挑战新闻实践的边界与极限”。（Matt，2016，pp. 349－368）元新闻话语的核心是公众对新闻业的讨论所蕴含的文化意涵，研究者已经将其拿来分析过新闻越轨（Carlson，2014，pp. 33－47）、报纸的衰落（2012，pp. 267－283）、新闻初创公司的创业宣言（Carlson & Usher，2016，pp. 563－581）、媒介批评（Carlson，2009，pp. 258－277）、媒介把关（2015，pp. 163－179）、超链接等具体的问题。

2017 年以来，国内学者也开始研究元新闻话语。研究者往往运用元新闻话语理论来阐释我国新闻界发生的具体的新闻报道个案，或者是具有影响力的新闻事件。白红义对元新闻话语理论研究得比较精深，他先以《东方早报》和《京华时报》的停刊为例，研究“正在消失的报纸”的元新闻话语（2017，pp. 11－25），接着，又以“今日头条”新闻发布平台为个案，分析算法背后的元新闻话语（白红义，李拓，2019，pp. 30－44）。同时，李娟和刘勇也以“ONE 实验室”解散为例，运用元新闻话语理论，研究变动时代新闻职业的价值（2018，pp. 62－70）。受此启发，本文亦从这个角度来使用元新闻话语理论，关注的核心问题是：“当下中国的社会脉络中，新闻业如何建构关于自身的话语，又是如何被其他社会实体进行建构的，以及这种建构将具有怎样的文化意义。”（白红义，2017，p. 23）

二、作为伴随文本的“红蓝女记者”事件

伴随文本是赵毅衡先生在《符号学》一书中提出的概念，指“伴随着符号文本一道发送给接收者的附加因素”。赵毅衡先生进一步指出：“在相当程度上，伴随文本决定了文本的解释方式。这些成分伴随着符号文本，隐藏于文本之后、文本之外，或文本边缘，且积极参与文本意义的构成，严重地影响意义解释。”（2012，p. 143）

与此同时，赵毅衡先生在他的另一本著作《广义叙述学》中对元新闻的概念进行了解释，“即关于新闻的讨论与反应。例如某条新闻发出后，收到新闻界，包括国际新闻界的二次报道与批评”（2013，p. 295）。也就是说，对某条新闻做二次报道与批评的内容就是元新闻。

实际上，伴随文本与元新闻之间有着比较强的内在联系。如果把某条新闻看作一个符号文本，那么，对新闻的二次报道与批评就生成了伴随文本，

它们是伴随着某条新闻而生成的新文本。笔者以为，伴随文本的概念具有方法论的意义，元新闻的概念具有现实实践价值，在伴随文本的宏观框架中审视新闻界的热点事件，对元新闻研究具有规范和指导作用。如果把新闻界的热点事件看成符号文本，那么，新闻媒体对热点事件的二次报道和社会公众对它的评价，则既可以看作元新闻，也可以看作伴随文本。新闻媒体、新闻同行和社会公众所进行的集体言说，为元新闻话语研究提供了实践性场域。换一个角度来看，这些集体言说实际上也是由热点事件衍生的各种伴随文本。

以前文提到的“红蓝女记者”事件为例，一般而言，记者招待会的重点是记者提的问题和采访对象的回答，记者本人不是焦点，观众往往也记不住记者的名字和工作单位。正常情况下，记者招待会中的记者提问只是一个普通的符号文本，很难产生伴随文本。可是，在“红蓝女记者”事件中，当红衣女记者提问时，蓝衣女记者的“凝视”和“翻白眼”让记者成为主角。

视频中，红衣女记者的提问长达 44 秒，坐在一旁的蓝衣女记者用左手托着下巴连翻了几个白眼，随后头扭向红衣记者，上下打量一番后，用力且充满厌恶地转回头，再次翻了一个大大的白眼。该视频文本很快在社交媒体上引起了网友的热议，引来了大量的伴随文本。根据百度指数的舆情分析，搜索“红蓝记者”关键词，可以看到“红蓝记者”舆情指数迅速攀升，在视频传出当日晚间达到 6191 的最高点，次日舆情指数开始下滑，两天后舆情指数下降到 1859 点，半个月后舆情逐渐消失。PC 端和移动端的舆情走势大致相同，PC 端次日达到最高点 1315，第三日回落到 705；移动端从当日的 1163 迅速上升到次日的 4876，第三日下降为 2222。从搜索热词排行中可以看出，“红蓝记者”在舆情热度中始终不减。此外，由“红蓝”衍生的一系列词语也成为网络搜索热词，如“红蓝 CP”“自古红蓝出 CP”“红蓝大作战”，等等，由这些热搜词生成的伴随文本几乎是难以穷尽的。

三、分析框架和研究方法

本文基于伴随文本概念框架，通过对“红蓝女记者”事件的前文本、元文本和链文本三个方面的分析，研究伴随文本对记者招待会的符号表意和传播的影响。同时，借鉴卡尔森的元新闻话语理论研究方法——当一个热点新闻事件发生后，新闻事件主体、新闻界同行和受众如何积极参与讨论——分析热点新闻事件的文化意义和社会意义。本文以伴随文本为外在框架，以元新闻话语理论为具体研究方法，将前文本、元文本、链文本和新闻主体、新闻同行、受众进行有机结合，从而丰富大众对记者招待会的认识和解读。

赵毅衡先生的伴随文本概念兼具宏观和微观的指导意义。宏观上，伴随文本概念有助于揭示单个符号文本意义的接受和解释与社会文化的动态关系。赵毅衡先生认为："任何一个符号文本，都携带了大量社会约定和联系，这些约定和联系往往不显现于文本之中，而只是被文本'顺便'携带着。"（2012，p. 143）显然，这些被携带出来的文本就是伴随文本，这些伴随文本积极参与符号文本的意义构成，影响符号文本的生成和解释。微观上，赵毅衡先生对伴随文本进行了逐层细分。他把伴随文本分为显性伴随文本、生成性伴随文本、解释性伴随文本、普遍伴随文本和深层伴随文本等几大类，又把显性伴随文本细分为副文本和型文本，生成性伴随文本细分为前文本和同时文本，解释性伴随文本细分为元文本、链文本、先文本和后文本。（2012，pp. 143－159）每一类伴随文本均有稳定的指向，同时将伴随文本类型与伴随文本对符号意义生成和解释两个环节的影响明确对应起来，能为具体的符号文本生产和解释提供可操作的指导。比如，我们可以找到"红蓝女记者"的本人身份信息作为前文本，新闻界同行的评价作为元文本，网民和观众的讨论作为链文本，进而对符号文本与其伴随因素共同发送的意义进行解读。

最近几年，国内外学者都运用元新闻话语理论来分析热点新闻事件。卡尔森主要以新闻界对报纸关闭的讨论为分析对象做元新闻话语分析。国内学者白红义也以《东方早报》和《京华时报》停刊为例，从报纸、员工、同行、读者四个方面做元新闻话语研究。（2017，pp. 11－25）李娟和刘勇以"ONE 实验室"解散为例，从"ONE 实验室"成员、同行、读者三个方面做了详细的元新闻话语研究。（2018，pp. 62－70）

同样道理，"红蓝女记者"事件经社交媒体发酵，就成了新闻界的"热点时刻"，为新闻事件主体、新闻界同行和社会公众提供了一个集体言说的机会，各方据此所进行的讨论与分析，为元新闻话语研究提供了实践性场域。换一个角度来看，这些分析和讨论实际上也是由"红蓝女记者"事件衍生的各种伴随文本。

在赵毅衡先生伴随文本理论框架下对新闻文本中伴随文本做具体分类，结合卡尔森的元新闻话语理论和国内学者对热点新闻事件的研究方法，本文拟出具体分析框架如下：

首先，新闻事件的主体是元新闻话语研究的对象，围绕与主体相关的背景材料是生成性伴随文本中的前文本。赵毅衡先生认为，"在文本生成过程中，各种因素留下的痕迹，称作生成性伴随文本"（2012，p. 147）。生成性伴随文本包括前文本和同时文本。"红蓝女记者"事件中的主体是两位女记者，她们在新闻事件发生前的各种背景资料就是前文本。

其次，同行对新闻事件的评论是元新闻话语研究的重要范畴，同时也是解释性伴随文本中的元文本。按照赵毅衡先生的观点，解释性伴随文本是在文本生成后出现的，对文本起解释作用的伴随文本，包括元文本、链文本和先后文本。“红蓝女记者”事件发生后，新闻界同行必然进行评论，同行的评论就是元文本，对事件的理解和发展起到一定的引领和指向作用。

最后，公众对新闻事件的讨论也是元新闻话语研究的重要部分，同时也可以看成解释性伴随文本中的链文本。在社交媒体时代，公众往往是热点新闻事件的重要参与者和传播者，形成各式各样的链文本，比如，简单的评论、转发、点赞、跟帖等。“红蓝女记者”事件之所以在短时间内形成舆论热点，就与网民利用社交媒体平台进行大量转发、跟帖、点赞、讨论等参与行为密不可分。对“红蓝女记者”事件中链文本的分析，有助于明晰现场直播在记者招待会中的作用。

四、“红蓝女记者”事件的不同阐释

本文将叙事主体分为三种类型：女记者与前文本、同行与元文本、网民与链文本。“红蓝女记者”事件引起新闻界和社会公众的热议，媒体自身、媒体记者以及新闻界同行处在话语场中的核心位置。事件经社交媒体平台大量传播，使得社会公众对事件的反应也被纳入其中。“红蓝女记者”事件是一个符号文本，围绕这个事件产生了大量的伴随文本，这些伴随文本叙事角度不同，因而又表现出不同的文化意义。

（一）女记者与前文本

赵毅衡先生认为，“前文本（pre-text）是一个文化中先前的文本对此文本生成产生的影响”。“狭义的前文本比较明显，包括文本中的各种引文、典故、戏仿、剽窃、暗示等；广义的前文本，包括这个文本产生之前的全部文化史。”（2012，p. 147）具体到“红蓝女记者”事件，两位女记者之前的学习、生活、工作等经历以及她们的言行、发表的新闻作品，都是前文本。

“红蓝女记者”事件发生后，网友通过“人肉搜索”的方式，很快把两位女记者的背景资料以及她们曾经的言论公之于众。比如红衣女记者曾自称“放弃了可以成为王妃的机会，独自走上了成为女神的路”。她在社交媒体上的自我介绍为“知名主持人”“瑜伽导师”“Miss China”等，网友对这些头衔议论纷纷。相较而言蓝衣女记者的背景资料比较缺乏，只有供职单位和毕业院校。不过，网友还是找出了她的一些生活照。两位女记者的各种前文本一时间在网上被大量转发，成为网友热烈讨论的焦点。

（二）同行与元文本

赵毅衡先生这样定义“元文本”（meta-text），它是“关于文本的文本”，“是此文本生成后被接受之前，所出现的评价，包括有关此作品及其作者的新闻、评论、八卦、传闻、指责、道德或政治标签等等”（2012，p. 148）。“红蓝女记者”事件发生后，势必在媒体行业内引发讨论，经由媒体报道和专业评析实现议题的扩散。通过梳理资料发现，媒体行业对于“红蓝女记者”事件的报道与评论主要集中在新闻网站以及微信、微博等社交平台。笔者并未搜集到太多传统媒体对“红蓝女记者”事件的报道，而一些新兴的数字媒体对事件进行了非传统意义上的报道。所谓非传统意义，除了指发布报道的主体不是传统媒体外，还指报道的形式也不再是规范的新闻文本，而是各方面信息组成的聚合报道。（Carlson，2016，pp. 135—152）在对“红蓝女记者”事件的报道和讨论中，事件的舆情发展和记者职业素养成为两个最突出的面向。

“红蓝女记者”事件发生的记者招待会上，谁也没料到蓝衣女记者会对提问的红衣女记者翻白眼，也没料到这几个白眼会迅速在社交媒体平台上成为舆情热点。网民“VICE 死活方式团队”撰写了一篇长文《红蓝狂欢整整 24 个小时了，所以我们到底经历了什么?》，介绍和分析了事件舆情发生 24 小时的过程。12 点：信息接收；13 点：事件发酵；14 点：事件深扒；15 点：狂欢爆发；16 点：理性回归；17 点：逐渐消声；18 点以后：社会议题。（2018）

对记者职业素养的争论可以分为两类：一类是批评蓝衣女记者的白眼缺乏职业道德，另一类是批评红衣女记者提问不专业。网名为“松鼠”的人写了一篇非常专业的文章《如何提问不遭蓝衣记者白眼，看看哥伦比亚大学新闻学院怎么说》。文章引用了美国记者鲍勃·福尔斯曼的话：“笔下的功夫不强照样能当一名出色的记者，但不善于进行采访是绝对当不好记者的。”文章详细介绍了哥伦比亚大学新闻学院采访写作课的四点原则：直接（Direct）；开放式问题开头，封闭式问题收尾（Open-and-Closed-Ended Questions）；犀利；简短。文章最后总结道：“CBS 电视台记者 Kevin Rose 和 Charlie Rose 对 Space X 和特斯拉 CEO 埃隆·马斯克的采访，值得红衣女记者认真研读。说到底，新闻采访的学问是提问的学问。而记者的职责，永远是不断探索接

近真相。”(2018)

(三) 网民与链文本

按照赵毅衡先生的解释：“链文本（link-text）是接收者解释某文本时，主动或被动地与某些文本‘链接’起来一同接收的其他文本，例如延伸文本、参考文本、注解说明、网络链接等。”他进一步举例：“许多人的网上阅读就是从一篇‘链接’到另一篇，网页文本，不管是文字还是图片，在‘界面’（interface）上提供各种被称为‘微文本’（microtext）的关键词链接、友情链接、评论栏、跟帖等，都是链文本元素。”（2012，p. 149）社会化媒体时代，网民成为用户，其参与讨论、发表观点变得简单而直接，与专业新闻人一起形成“行动者网络”（actor-network），通过公共表达来形塑、理解与实践，继而更好地把握新闻业的变动。（Matt，2016，pp. 349－368）“红蓝女记者”事件中的链文本主要是网民在社交媒体平台上发表的简短跟帖，他们以此表达对该事件的观点和看法。

“红蓝女记者”事件发生时，许多网民都积极参与讨论。网民因为教育、品位、兴趣、立场等不同，对该事件的认知也有相当大的差异，甚至有的观点是对立的。网民“雪域橄榄”说：“任何不尊重他人的人，都不值得尊重，浮夸的表情和浪荡的眼色不是用能力就能掩盖的，越是有能力越应该尊重他人。”网民“美琪”也赞同：“不管怎么说，翻别人白眼是很不礼貌的行为!”另一派则批评红衣女记者提问冗长，对蓝衣女记者给予支持。网友“姜悦”说：“红衣女记者就是刷自己的存在感，换我也要送她白眼！这么啰嗦，这么磨叽的人，在那么分秒必争的场合，让人讨厌!”

也有一些网友从现场直播的角度来讨论记者招待会的拍摄问题。网友“晓滢”说：“如果摄影师当时看到蓝衣美女翻白眼，应该立即调整机位，不应该让这个画面呈现在大家面前!”网友“巴蒂斯图”对现场直播的摄像问题分析得更专业：“即便要怪，只能怪导播，或者说怪切换，因为现场一定不止一个机位，他们没有对这个事情做出快速的判断，迅速用其他的镜头代替，是他们反应不够果断迅速，判断不准确。”（转引自松鼠，2018）

与职业新闻人的阐释性实践相比，网民关于“红蓝女记者”事件的言说反而更直接，更鲜明，他们的喜恶表述表面上比较简单，却也表现出内心的真实情感。网民对于新闻记者的职业素养都表现出较高的认同度和心理期待，对于蓝衣女记者翻白眼的原因、红衣女记者提问的冗长等专业话题，都各抒己见，发表了比较独特的意见。这些意见不一定符合规范，但一定程度上代表了网民的观点和看法。

五、伴随文本语境下新闻专业性的再造

本文以赵毅衡先生的伴随文本概念为框架，以元新闻话语理论为基础，讨论“红蓝女记者”事件的传播，接下来将具体分析新闻报道内容聚焦的标新意义、新闻事件主体的附加意义，以及链接因素的嫁接意义对“红蓝女记者”事件舆情生成、解释和传播的影响。

卡尔森指出，“元新闻话语提供了一个视角，将相互竞争的行动者、他们说话的场所和所谈论的受众以及所讨论的话题联系起来”（Matt，2016，pp. 349－368）。本文集中探讨了不同主体对于“红蓝女记者”事件进行的话语阐释。研究发现，这些话语文本依然在新闻业危机话语（crisis discourse）框架中展开，无论是两名女记者的前文本，还是新闻界同行的评论文本以及网民的链文本，都侧重于娱乐化的讨论和传播，而新闻职业素养和新闻专业性在事件发展过程中却被边缘化。

第一，不同主体参与有关新闻业的话语生产，新闻娱乐化取代了公共民生问题。

在大众传媒时代，新闻业的话语生产一直是新闻从业者独享的权力。然而，到了今天的社交媒体时代，人人都是“线人”，人人都是“通讯员”，人人都能生产新闻话语。“红蓝女记者”事件最先在朋友圈刷屏，很快在微博和各大新闻客户端中传播。从热点事件的传播角度来看，虽然一些新闻从业人员加入了讨论，但是大量的新闻话语是由众多网民参与生产和传播的。

尼尔·波兹曼在《娱乐至死》中批评美国的电视节目：“娱乐是电视上所有话语的超意识形态。不管是什么内容，也不管采取什么视角，电视上的一切都是为了给我们提供娱乐。正因为这样，所以即使是报道悲剧和残暴行径的新闻节目，在节目结束之前，播音员也会对观众说‘明天同一时间再见’。”（2015，p. 106）在当今的互联网时代，“娱乐至死”已经越来越普遍，不仅电视节目走娱乐化道路，而且新闻娱乐化也越来越泛滥。“红蓝女记者”事件在社交媒体上的娱乐化传播，某种程度上掩盖了严肃的记者招待会上的公共民生问题。正如潘忠党教授所言：“民主的公共生活并非只关乎政治体制，也不仅仅关乎政府的决策和治理的理性与正当性；它更关乎我们在生活世界中时刻面对的基本问题：我们是谁？我们愿意如何相互关联并展开协调行动？我们希望如何讲述我们自己的故事？我们希望在什么意义体系内相互沟通、理解并共在？”（潘忠党，陆晔，2014，pp. 5－9）显然，网民在社交媒体上

实现娱乐化的情绪表达，而这样的表达却无力解决真正的公共民生问题。

第二，在危机话语的大框架下，社交媒体活跃，主流媒体失语。

泽利泽强调危机的本质是对不确定性的把握，它带来的不仅有挑战，也有机遇。（丁方舟，2015，pp. 6－22）面对新闻危机事件，由于多元主体可以通过社交媒体参与危机的话语阐释，不同叙事倾向的新闻话语短时间内被大量生产和传播。在"红蓝女记者"事件中，网民和社交媒体一直处于亢奋状态，带有调侃和娱乐性的"翻白眼"新闻刷爆网络，而严肃的会议议题却几乎完全被遮蔽。公众的娱乐化表达反映的是一种集体社会情绪，背后是公众的主体意识和参与意识的提升。公众以转发评论或者原创模仿等方式参与传播，这种典型的狂欢行为消费的对象是具体的网络事件和新闻话题。

主流的新闻媒体却对这段"小插曲"视而不见，处于失语状态，这种处理方式不仅会让网民和自媒体继续狂欢，也会降低主流媒体在新时代的新闻舆论引导能力。

第三，非新闻行业从业者的情绪表达多于理性分析，媒体的专业素养需要在场。

在互联网时代，专业的新闻机构在信息传播层面已经不占优势。正如白红义所说："数字技术的发展则便利了新闻行业之外的新型行动者对以往封闭的新闻运作过程的介入，不仅能够影响到新闻媒体和记者对新闻事件的建构，也参与到新闻社群对新闻界内的行业、职业问题的讨论中来，成为元新闻话语中的一个重要生产主体。"（2017，pp. 11－25）就本文讨论的"红蓝女记者"事件而言，其话语的生成者主要来自非传统意义上的新闻机构和众多网民，他们的话语并非从新闻专业的立场出发，而多是情感宣泄和情绪化表达，其实质是娱乐化，背后隐含着对传统新闻职业价值的消解。

面对社交媒体的舆论冲击，传统主流媒体不能沉默不语，相反，主流媒体机构显得更加重要，因为主流新闻机构不仅是为受众传递信息，更重要的是通过良性的新闻传播为整个社会的良性发展服务，特别是在网络舆情发展的关键时期，要旗帜鲜明地从专业性角度正确引导舆论。令人遗憾的是，在"红蓝女记者"事件中，主流新闻媒体并没有从专业性角度发挥舆论导向作用，助长了社交媒体上的个人用户与非专业新闻机构用户的娱乐化情绪表达。这不仅放大了事情的负面作用，而且逐渐消解了新闻职业的传统价值。由此，专业主义离场，新闻娱乐主义统合新闻职业价值，其结果必然是主流媒体的影响式微，新闻职业素养和新闻专业性被娱乐主义取代。

应该看到，元新闻话语为我们研究记者招待会的相关舆论提供了一种新的视角，尤其在社交媒体技术迅速发展，传统媒体业态与传播生态正在发生急剧变化的时代，“元新闻话语不仅是一个意义和实践系统，还是一个开放的、各种话语在场而交织的论坛”（潘忠党，陆晔，2017，pp. 91－124）。本文研究的案例虽然是政府记者招待会的偶发舆情事件，但聚焦的重点是非新闻专业的行动者为何能在短时间内生产大量的元新闻话语。在网络舆情事件中，主流媒体如何高扬新闻专业性旗帜，正确引导舆论走向，再造自身的舆论话语，已经成为刻不容缓的研究课题。

引用文献：

白红义（2017）．“正在消失的报纸”：基于两起停刊事件的元新闻话语研究——以《东方早报》和《京华时报》为例．新闻记者，4，11－25.

白红义，李拓（2019）．算法的“迷思”：基于新闻分发平台“今日头条”的元新闻话语研究．新闻大学，1，30－44.

波兹曼，尼尔（2015）．娱乐至死（章艳，译）．北京：中信出版社.

丁方舟（2015）．“理想”与“新媒体”：中国新闻社群的话语建构与权力关系．新闻与传播研究，3，6－22.

李娟，刘勇（2018）．变动时代新闻职业价值的消解与重构——基于 ONE 实验室解散的元新闻话语研究．新闻记者，5，62－70.

潘忠党，陆晔（2017）．走向公共：新闻专业主义再出发．国际新闻界，10，91－124.

邵飘萍（2008）．邵飘萍新闻学论集（肖东发，邓绍根，编）．北京：北京大学出版社.

松鼠（2018）．如何提问不遭蓝衣记者白眼，看看哥伦比亚大学新闻学院怎么说？检索于 http://wemedia.ifeng.com/52170628/wemedia.shtml.

唐绪军，黄楚新，王丹（2014）．互联网思维下全球新闻编辑部转型与趋势．新闻与写作，11，5-9.

VICE 死活方式团队（2018）．红蓝狂欢整整 24 个小时了，所以我们到底经历了什么?．检索于 http://www.vice.cn/read/24-hours-of-internet-parade?utm_source=tuicool&utm_medium=referral.

臧丽娜，李欣（2013）．新媒体对鲍德里亚符号文化的解构．当代传播，5，37－39.

赵毅衡（2012）．符号学．南京：南京大学出版社.

赵毅衡（2013）．广义叙述学．成都：四川大学出版社.

Atton, C. (2004). *An Alternative Internet: Radical Media, Politics, and Creativity*. Edinburgh, UK: Edinburgh University Press.

Carroll, M. T. (2000). *Popular Modernity in America: Experience, Technology, Mythohistory*. New York, NY: State University of New York Press.

Carlson, M. (2012). Where Once Stood Titans: Second Order Paradigm Repair and the

Vanishing U.S. Newspaper. *Journalism*, 13(3), 267—283.

Carlson, M. & Usher, N. (2016). News Startups as Agents of Innovation: For-profit Digital News Startup Manifestos as Meta Journalistic Discourse. *Digital Journalism*, 4(5), 563—581.

Carlson, M. (2009). Media Criticism as Competitive Discourse: Defining Reportage of the Abu Ghraib Scandal. *Journal of Communication Inquiry*, 33(3), 258—277.

Carlson, M. (2015). Keeping Watch on the Gates: Media Criticism as Advocatory Pressure. In T. Vos & F. Heinderyckx (Eds.). *Gatekeeping in Transition*, 163—179. New York, NY: Routledge.

Carlson, M. (2016). Telling the Crisis Story of Journalism: Narratives of Normative Reassurance in Page One. In J. C. Alexander, E. Breese & M. Luengo (Eds.). *The Crisis of Journalism Reconsidered: From Technology to Culture*, 135—152. New York, NY: Cambridge University Press.

Eshbaugh-Soha, M. (2003). Presidential Press Conferences over Time. *American Journal of Political Science*, 47(2), 348—353.

Lanigan, R. (1990). *Phenomenology of Communication: Merleau-Ponty's Thematics in Communicology and Semiology*. Detroit, MI: Duquesne University Press.

Matt, C. (2014). Gone, But not Forgotten: Memories of Journalistic Deviance as Meta Journalistic Discourse. *Journalism Studies*, 15(1), 33—47.

Matt, C. (2016). Meta Journalistic Discourse and the Meanings of Journalism: Definitional Control, Boundary Work, and Legitimation. *Communication Theory*, 26(4), 349—368.

作者简介：

李红秀，博士，重庆交通大学人文学院教授，巴渝学者特聘教授，美国德瑞克大学访问学者，主要从事新媒体和文化传播研究。

Author:

Li Hongxiu, Ph. D., professor of School of Humanity, Chongqing Jiaotong University, Bayu Scholar, visiting scholar from Drake University in the United States. His research fields are new media and cultural communication.

E-mail: lihongxiucq@163.com

论移动互联时代手机对人之自我的建构及驯化

王小英

摘　要：人们对接入移动互联的手机的普遍使用，让媒介与人的关系进入细镶嵌化的阶段，人成为“赛博人”。一方面，手机作为随身携带的必需物品，具有身份标识作用，是对使用者的自我的提喻；另一方面手机也为自我提供了更多的展示手段和空间，是对自我的延伸和扩展。然而，使用者的自我在手机联网条件下，也成为被深度发掘和设计的对象，手机在对自我进行解蔽的同时又造成新的遮蔽。手机对人的重大改变在于，它上升为人们必需的常规媒介，人们的世界成为经过手机而感知到的世界，手机主导了人对世界的解释，人对自我的认识是经由手机过滤了的，手机由此对人进行驯化和形塑。

关键词：符号学，手机，自我，网络，驯化

On the Construction and Domestication of the Self through Mobile Internet Access

Wang Xiaoying

Abstract: With the ubiquitous use of mobile smartphones, people and telephones alike have moved into the fine-grained "cyborg" era. As an essential item carried around, the mobile phone has an identity function and acts as a synecdoche for the user's "self". It also provides more ways and places to display the self, resulting in an extension and expansion of the self. At the same time, the user's self has become an object that is deeply explored and designed in the context of mobile phone networking. In the process of "unmasking" the self, mobile phone technology has created a new kind of "masking". The main change brought about by the rise of mobile phones, which have become a must-have regular medium for communication, is that the world is now perceived by and through mobile phones, which thus dominate the interpretation of the world. Self-knowledge is filtered through mobile phones, which allows the phones to domesticate and shape themselves.

Keywords: semiotics, mobile phone, self, network, domestication

DOI: 10.13760/b.cnki.sam.201902010

关于自我与电脑、手机及互联网之间的关系研究，主要来自新闻传播学领域，大致可以分成两个方面：其一，从某一理论（如米德、波斯特的理论）出发，分析不同媒介与自我建构的关系，譬如黄佩在《网络时代的“自我”构建——从米德谈起》中认为网络时代流动的空间让“主我”的能动性和丰富性增加，却也带来了不确定和失范的风险，“客我”也随之形成新的社会约束群体并受技术监控的影响。同样是从米德的符号互动论出发，廖建国在《媒介演化中自我生成哲学的连续性证成》中则提出网络时代以更清晰的方式呈现自我，但也内爆了过去、现在和未来的区别，由此形成自我的更多可能。金新在《第二媒介时代网络传播方式对主体自我构成的重构》中从马克·波斯特的理论出发考察了第二媒介时代网络传播方式对自我建构的影响，认为其建构的是想象的或虚构的自我。其二，研究网络具体交流形式中的自我呈现，如QQ聊天、微信、网络论坛、网络游戏、虚拟社群等，其中的一个关注热点是虚拟自我。主要观点是虚拟空间为自我提供了各种身份体验的可能，网络自我和人格映射着现实语境和社会文化状况；因为依赖于网络环境，所以人容易成为受摆布的自我，需要提升才能成为自主的虚拟自我。来自哲学领域的研究认为网络自我比较复杂，是“真实自我、想象自我和分裂自我的综合体，归根到底是现实社会交往主体行为方式在网络世界的体现”（邹智贤，陆俊，2001，p. 84）。这些研究着眼于具体网络社交或游戏中的自我呈现，一般强调自我构成的丰富和超脱，同时提及其受监控和摆布的一面。既有研究虽然都注意到了媒介之于自我建构的影响，但对于这种影响究竟是以何种方式发生的，并未有一个深入的考察和判断。本文即尝试从符号学的角度来对之进行分析和判断。选择从符号学的角度考察接入移动互联网的手机之于自我的影响，原因在于人作为符号的动物，不能离开符号而存在，也在于普通人要接入移动互联网，手机是重要渠道之一，手机将人深度植入网络体系之中。

符号学家赵毅衡认为，人类传媒的发展经历了三次突变——言语和符号的发明、符号的系统记录和文字的发明、电脑与互联网的产生。第一次突变使人成为“符号动物”，第二次使人成为“符号学动物”，第三次正在使人变成“符号元语言动物”（2016，p. 67）。与常见的媒介史划分方式不同，三次突变的划分方式将电脑与互联网作为传播媒介的作用置于印刷之上，视其为一种高速度的陡升。陡升使人面对的符号状况更为复杂，建构了新的符号衍生传播方式，而这种方式将改变人类文明和文化状态。但具体到第三个陡升，由电脑到手机的转变是一个关键点，它是媒介与人的关系进入细镶嵌化阶段的标志，意味着唐娜·哈拉维（Donna Haraway）所言的“赛博人”（Cyborg）的广泛成形。“镶嵌”原指一种工艺，指将一个较小的物体嵌在另一个较大的物体上，使二者浑然一体。这里的“镶嵌”包括两层含义：一是作为物体的手机与人处于形影不离的状态，似乎构成人的一个身体部件；二是作为移动互联网终端的手机，将人拉入互联网络中，使人成为网络中的一个节点。第一层镶嵌，人是主体，手机是嵌体，手机为人所用；第二层镶嵌，人是嵌体，手机及其背后的力量是主体，人为联网的手机所裹挟。正是手机与人的细镶嵌化，使得人成为哈拉维所说的“赛博人”之一种，一种“控制生物体”“机器和人的混合”。（Haraway，1991，p. 149）

一、手机成为“赛博人”自我展示和自我认识的重要工具

麦克卢汉提出的“媒介是人的延伸”的著名观点十分适合论证手机媒介的优越性。汪民安甚至提出“手机意味着人体的进化，我们不是主动地控制或者拥有这个手机，而是相反，手机开始强行闯入到你的身体中来”（2015，p. 109）。虽然汪民安谈及的手机主要是具有接打电话及简单存储功能的手机，尚未提及移动互联手机，但他已经明显意识到手机对人的解放、手机对身体的入侵，以及手机组成社会网络，因而社会网络构成日趋手机化。但因汪民安并未提及联网手机，故而他对手机作为人的器官的延伸的判断未免过于简单。换言之，只能接打电话、储存视听资料的手机，只是人的工具配置的常态化，还谈不上“赛博人”的成形。人寄生于机器中，才成为“赛博人”。

在当下，接入移动互联网的手机主要是智能手机，它既是一件物品，又不仅仅是一件物品，它具有多重功能或者说多重身份。首先，作为物品的手机，需要由屏幕、摄像头、芯片、电池、外壳等组成，它们会在造型、颜色、

大小上表现出一定程度的区别。然而，其便于手持的要求限制了它在形状和大小上的丰富表现。其次是与手机相关的服务，既包括手机本身提供的日趋智能化的技术服务，也包括配套商业性服务，如移动、联通和电信这样的运营商提供的联网服务，将我们的手机与其他手机、人和事物联系起来，纳入一个更大的社会网络。最后，还有第三方提供的应用软件，如淘宝、美团之类，然而，这些软件需要在苹果、安卓、微软的操作系统之一，通过各自的应用市场下载安装。正如亚当·格林菲尔德（Adam Greenfield）所注意到的，手机的真正性质是“将技术、资金、法律和操作安排互锁，从而构成了当下设备制造和服务提供的生态链”(Greenfield，2017，p. 12)。

作为商品的手机，并不仅仅是通信工具或娱乐工具，它与其他商品一样，在当今消费社会承担着身份标识的任务，例如在中国的手机消费市场中，苹果手机一度代表着时尚和高品位、高收入，它是身份的一种象征。而一个人的自我正是由身份集合而成的，身份是自我的具体展现，“确定自我的途径，是通过身份。在具体表意中，自我只能以表意身份或解释身份出现，因此，在符号活动中，身份暂时替代了自我”（赵毅衡，2016，p. 337）。作为消费品的手机，与小轿车一样，其符号意义指向使用者的收入、社会地位、品位等。而一个人选用何款手机也成为建构自我的一种途径。一个人选择“老年机”，表明他已经将自我归于老年人之列，而一个家境贫困、没有收入来源的年轻人选择使用价格较高的苹果手机时，我们自然会意识到他所期望的自我是如何的脱离了其生活语境，他的自我意识将自己如何定位于这个社会群体，为了获取别人对自己定位的认可，他又做出了如何的努力，等等。作为必需消费品的手机，因而成为自我建构的一种必需的符号选择。作为物品的手机成功包含了人们从中可以寻找到和创造出关于自己社会关系和社会区分意义的资源，这使得手机这种产品在市场上的成功普及带有某种必然性。非但如此，手机强大的技术包容能力，也使得它日渐取代其他诸多随身携带物品，比如钱包、公交卡、随身听、书籍、相机、会员卡等，甚至未来还极有可能取代其他更多的物品，如身份证、护照等。手机越来越成为无所不能的大杂烩，乃至让人“手机在手，说走就走”。手机替代得越多，它和自我诸种身份之间的粘连就越紧密，在每一种可以通过手机来代表人的自我的实践中，手机都与人镶嵌在一起，成为人的替身。替身既可以发生在传统意义上的现实领域，如现场支付、地点搜索，也可以发生在虚拟空间之内。

现实中的人际关系也经常通过手机在微信、QQ等空间延续，新的人际关系通过这些社交软件而跨越时空地建立。手机上的每一次符号表意实践，如与朋友的聊天、发朋友圈、发微博、自拍、浏览新闻网站等，都将自我展现为某种表意身份和解释身份，而这些符号表意实践的增多、类型的多样化，则意味着某种身份实践的增多、身份类别的多样化。这些符号表意实践有些是随着手机联网而来的，比如网络手游，这些新的表意实践为“赛博人”带来新的依托于虚拟空间的身份，新身份又为自我的丰富和拓展开辟了新的空间，这便是很多研究者注意到的网络之于自我建构多样性的影响。

然而，正如自我会展现在各种身份，甚至是互相冲突的身份中，自我也有多种面向。自我当然可以完全脱离手机去展现和建构，但在手机与人进入细镶嵌化关系时，当周围越来越多的“赛博人”出现时，完全脱离手机的自我展演和自我确认将会变得格格不入，“赛博人”和“非赛博人”的交往会出现越来越大的隔阂，这种隔阂并不仅仅表现为习惯移动支付的人与完全不用移动支付的人之间的差异，还表现为二者在思维方式和习性上的诸多不同。正是这内在的不同，使得他们成为截然不同的自我。“社交网络中各种层出不穷的表达工具和文化潮流，使得网友们可以灵活动态地建构自己的多重身份。”（李娟，2017，p. 153）这些身份的建构貌似多样，甚至互不关联，但由一个主体展示出来时，我们就可以将之视为关于自我的叙述。以微信朋友圈和微博为例，我们可以看到经常有转发、晒图、点赞和评论，每一个主体行为都隐含着对“我是谁”的展示，或者说是对“我是谁”的一种自我解释。转发是一种“挪用”，也是一种认同。点赞可以是一种发自内心的符号认同，也可以是一种“主动示好”的符号表意，而是否“主动示好”又常与点赞者和被点赞者的具体身份关联在一起。主体行为的变化，即转发、点赞、晒图的变化，是关于自我的叙述演进，其背后有一个作为主体的“我”。这种叙述演进经常是大数据追踪的对象，却较难被普通人通过叙述化构建为具有意义向度的叙述。“社会意识是一种双面的意识，由自我与非自我构成，该种意识通过‘我和你’的关系得到体现。这种关系是自我叙述的基本模式，是了解、爱和叙述的基础。”（李允熙，2016，p. 7）网络互动，是“我”和“你”的互动，网络上呈现的自我，作为一种叙述，在这种互动中确认自身，即便“你”并不是另外一个主体，而就是自己，“自我”也在这种呈现中得到确认。比如手机自拍，可以看作认识和展示自我的一种手段，“自拍行为的自我展示及表演性构建出来了关于用户的个人生活景观”（范红霞，孙金波，2017，p. 24）。自拍既是在对“你”，也是在对“我”自己进行符号化展演，是对自我身体的符号化建构。

借助手机上的各种软件，我们能更方便地获取各种信息，如手机地图对于旅游者的指引作用，团购软件对于饮食、观影的规划。我们甚至通过手机上的软件，如手机视频、音乐播放软件等，获得了重要的娱乐，乃至巨大的行动能力。从这个意义上讲，移动媒介的确是延伸自我、构建自我的有力手段。接入移动联网的手机有力延伸了人的视觉、听觉，甚至认知可及之范围，是中枢神经系统的延展。这种延伸，从媒介与人结合的历史来看，可以视为对人的普遍赛博化进程的推进。

人通过移动媒介黏附于网络，或者说网络通过移动媒介将人粘连起来，这仅仅是表面现象，其实质是人成为“赛博人”之后，进入“后人类”（posthuman）的状态。后人类状态“是一种新的横向主义（transversalism）的诞生，这其中人类本质的‘纯正性’让位于新的创造演变形式的可能性或危险性，而这种创造演变模糊了物种、系统和机器之间的边界”（盖恩，比尔，2015，p. 110）。“新的创造演变形式的可能性”在于借助技术的力量，身份建构可能性得以增强，QQ身份、微博身份、网络社区身份等，进一步丰富了原本具有诸多限制的既有身份，由此增加了自我的可塑性。换言之，互联网为自我展示提供了更多的空间，而移动互联后随身携带的手机，又为随时利用这种网络空间进行自我展示提供了机会。如果没有这种条件，成功地进行自我展示会需要大量技巧，也更需要人情练达，而这并非每个人都具有的。而有了移动互联手机之后，自我展示对个人能力的要求大大降低了。人们通过手机进行的符号展示和符号交往能够更为方便地将积极形象的塑造动力转变为实践。而这种积极形象，我们可以将其理解为角色：人们塑造角色，同时也被角色塑造，此即角色内化。

如果说伴随原先既定身份的自我是一个与权利及义务捆绑的自我，那么“赛博人”则为这种自我增添了更多情感与想象的成分。手机等移动联网媒介的使用，让人遭遇到的，或者可能遭遇到的符号成千上万倍增长，因此，主体的意向性也变得繁复而缤纷。表面上看只有一个社会情景，交流双方同居一个时空，但却可能因为移动互联媒介而变成无数个社会情景。手机强大的包容能力，让自我的符号建构在相当大程度上变成了自我的手机符号建构，在朋友圈、微博、论坛，一系列的网络符号行为使自我从各种身份中建构出来。同时，不能成为手机符号的角色行为逐渐被排除出自我建构。“延伸自我的主要范畴是身体、内在过程、思想，以及经历，还有那些一个人感到息息相关的那些人、地点和东西。”（Tuan，1980，p. 465）在这些范畴之中，自我的内在体验和经历尤为重要，即便是人、地点和东西也需要经过感受和判断后方能延伸自我。

二、互联网凭借手机对“赛博人”自我的深度发掘

海德格尔指出，“技术是一种解蔽方式”，“在现代技术中起支配作用的解蔽乃是一种促逼，此种促逼向自然提出蛮横要求，要求自然提供本身能够被开采和贮藏的能量”。（海德格尔，2005，p. 12－13）移动互联手机作为一种现代技术，它所促逼的自然是包含了人在内的自然，或者说是围绕着人的自然，其核心既包括人在自然环境中的地位，也包括人的各种既有信息的披露。互联网将存在的实物世界变成可以科学和精准把握的信息化的符号世界。实际上，符号是建构与反映的交织，这一复杂的实在世界的网络符号化裹挟着权力、利益的博弈，引发着关于控制与保障、便捷与烦琐的斗争。符号权力的把控，既存在于基于技术的能力差异，也产生于基于地位的等级差异。电脑和互联网的产生，在压缩时空方面成效卓著，实际上也在压缩符号表意距离上贡献颇丰。但压缩也是渐进的，如彭兰所言，“与 PC 时代的互联网传播相比，移动时代场景的意义大大强化，移动传播的本质是基于场景的服务，即对场景（情境）的感知及信息（服务）适配。换句话说，移动互联网时代争夺的是场景”（2015，p. 20）。

PC 时代为符号文本增加了社交的要素，移动互联网时代又在其上累加了场景要素。场景依托的五种要素即“场景五力”分别为大数据、移动设备、社交媒体、传感器和定位系统。（斯考伯，伊斯雷尔，2014，pp. 9－33）手机充当了“场景五力”中作为主力的移动设备，与其他几种技术配合，在挖掘人的时空语境、行为习惯和心理情境方面不断开拓创新。在此种情形之下，“赛博人”的自我以数据信息的形式通过手机被精确地记录、追踪、分析和诱导。“自我是各种习惯的主体。自我与其作为存在和拥有的习惯相关联。”（维拉德-梅欧，2002，p. 110）互联网中的手机充当了发掘自我习惯的重要工具，因为其并非仅仅作为一个单独的物而存在，而是时时伴随人的物。所以对其物性的挖掘，是以对其伴随的人的习惯的挖掘为宗旨的。而这种随时随地的挖掘，到了场景时代更变本加厉到人都难以自知的地步，于是人变成了互联网中之“物”。人的一切，包括人类文化、思想、精神等都被纳入数据库，最终都成了被物化之“物”，人的自我也逐渐变成可以被他者经数据把控的自我。

“赛博人”的形成从 Web 2.0 时代社交成为关键因素开始，社会经由个体构成的社群而形成，社交软件、社交网络建构了新的社会群体组织和群体成员交流的方式，而这种组织和交流方式即如西美尔所说的构成了新的社会。

其中网络对个人的赋权是一个不断反复的曲折的过程，某些方面的开放与某种绝对禁忌缠绕在一起，与私人领域符号自我的多样建构伴随的是在社会共同问题上个体发声的多重限制。在互联网情形之下，我们也可以说“人是媒介的延伸”，因为人在利用媒介的同时，也顺应着媒介而发展自己某方面的能力，同时无意识地折损另外的能力。比如，沉浸在手机世界中，人的意向几乎全部投射向手机里的符号文本，而将身边的环境世界悬置起来；始终在盯着屏幕看的人在接触手机之外的信息时，视觉能力会衰退，甚至外出就餐也依赖手机上他人的评价，不信任自己的味觉、嗅觉。甚至有了手机之后，人们连待在厕所的时间都开始延长，而历史上恐怕再也没有什么东西使人如此普遍地能够忽略厕所的异味了。人的五官感知能力，朝着手机所诱导的方向发展，与手机不符的能力迅速衰退。“赛博人”为了更好地利用机器提供的能力，必须对既有的自身机体功能和精力做出新的分配。

“赛博人”是一个受控的有机体，人寄生于手机上，手机随时使在场的人不在场，又使不在场的人聚拢在一起。人似乎又可以在在场和不在场这两种状态中随意切换。通过手机，人的感知被塑造，人的位置被确定，人的踪迹被记录。这是一个隐私问题，更是互联网通过手机在人身上得以延伸的实在情形。在这延伸过程中，私密性的自我随时面临着被窥视和操控的可能。

基于联网手机的“赛博人”的符号元语言能力来自技术支持。换言之，“赛博人”的符号元语言能力并非直接基于有机体的生理、心理能力，而需经由技术支持的庞大系统的连续转换，而这一转换之所以给人“面对面”的印象，不被普通人察觉，乃是因为转换系统的高速运行和隐藏性。如网络管理协议中最著名的开放系统互连参照模型（Open Systems Interconnection Reference Model）划分了七层网络系统，绝大多数时候，用户只会注意到这一链条最顶端的应用层框架，因为它负责日常事务的处理，比如收发邮件，或者服务器和机器之间的文件传输。但是在这一框架之下还有六层框架——表示层（Persentation）、会话层（Session Layer）、传输层（Transport Layer）、网络层（Network Layer）、数据链层（Data Link Layer）和实体层（Physical Layer）。它们压缩数据，以便于将其通过网络的物理硬件传输，并尽可能少地混杂噪音，确保其在终端得以解码。（盖恩，比尔，2015，p. 18）这意味着通过移动媒介连接的网络符号的发送与接收以图 1 的方式进行。

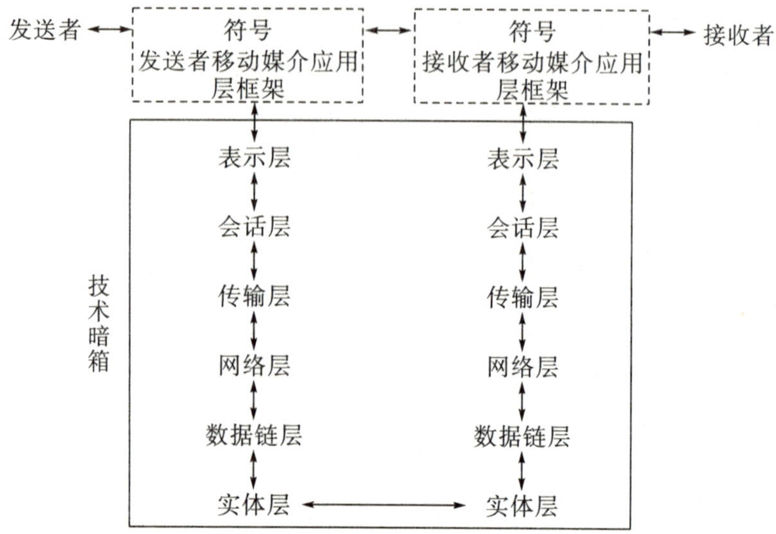

图 1　网络符号的发送与接收

表面上，发送者与接收者的符号交流基于移动媒介实现，即虚线显示的展示在应用框架层的简单交流，实际上交流必须经由下面实线连接的路线进行，最终的真正连接发生在实体层上。这就是说，在可视化的界面应用框架之下有一个巨大的技术暗箱。虽然 Web 2.0 时代将网络的主导权交予个人，但这仅仅意味着接收者也同时有了充当发送者的机会，角色分界线消解，但网络交流的最终实现仍基于实体层。手机助推的人的普遍赛博化，意味着大量的信息符号都以如此的途径进行流通，即“赛博人”大部分的交流处于技术的监视及控制之下。个体的各种手机使用行为理论上都是能被记录和监测的，根据这些数据去推测、判断一个人的身份及偏好也是完全可能的。“现代技术继续技术的解蔽本性，但造成的却还是一种不断强化的解蔽－遮蔽循环。”（杨大春，2003）如 2017 年年底流行的支付宝账单给了每个人一个美好的新年预测，如果没有互联网大数据技术，普通人恐怕很难了解自己一年中都将钱花在了什么地方，所以这种账单其实也通过移动互联手机给予人反思性审视，这是移动互联手机对人的自我进行的解蔽，然而这种解蔽同时再次将自我在不知情的情况下纳入控制之中，使其进入新的遮蔽状态。

移动互联手机在自我技术方面的管控能力也在迅速提高，人们用手机来记录运动的步数，甚至测心律等，人对自我的认识经由特定手机软件而更为精确，然而，这不过是福柯所言的自我技术的变本加厉的发展。“但在自我技术的发展中，其间的知识性和解释性成分不断增加，道德规范的力量不断强化，逐步以正确取代真实，或者说真理被迫在正确的话语中、正确的行为中体现出来，于是出现了知识和道德对于自我关怀的遮蔽。”（杨大春，2003，p. 51）技术的发展会增加控制的力度，这种趋势早在刘易斯·芒福德和海德格尔那里就得到了洞察，虽然彼时尚无电脑和互联网。“赛博人”会让基于技术的控制无处不在、无所不在。这种控制主体是深谙技术原理的人员，而他们背后可能会有权力的驱使和管制，也可能会有资本的诱惑和限制。

物联网、网络计算与云计算、虚拟现实及3D技术与网络的结合，将会使“赛博人”调取使用信息更为便捷，更趋于通过网络去理解所有信息，将所有信息放入网络存储。这就意味着，当作为“赛博人”的“我”所拥有的一切都可以或者必须网络化之后，“我”也跟着发生了变化，包括经验自我中的物质自我部分。如图恩所言，“我们脆弱的感觉需要支撑，而这种支撑来自拥有和占有财产”（Tuan，1980，p. 472）。财产与人的自我感觉关系密切。当“赛博人”通过手机终端去管理自己的财产，联系自己的朋友，构建自己的虚拟身份时，身份的多重组合与自我的重塑便开始了。而这种重塑并不仅仅是抽象层面的，还包括具体物质方面的建构，比如手机号与银行卡捆绑，进而再与其他应用软件捆绑，其实就将人的自我等同于手机号，因此盗取一个人的财产不再需要通过原来的如持刀抢劫那样的方式，而只需要掌控其手机号，即获取对其手机号码的绝对使用权。在这种一步步加深的符号依赖中，作为有机体的人的主体性很容易被操控。因为“手机—人—网络（物）”的连接，人普遍赛博化，同样，因手机身份的识别（手机号被掌控），个人的私有财产被侵占。财产被侵占会直接导致“赛博人”生活水平的降低，造成严重后果。“赛博人”因而置身于网络风险中，即如福柯所言的“全景敞视监狱”之中，人的自我成为手机之“物”促逼的对象。

三、手机对人的自我的驯化

人经由感觉而体验和理解世界。“赛博人”感觉的方式和渠道不同，所以接触到的世界也不相同。换言之，自我构建所需要依赖的他者不同，因而自我也不同。目前，手机改变人的自我并不仅仅因为手机成为一种异己力量来控制人，更在于它经常被用作一种感知获取媒介，进而逐渐成为人的“有色眼镜”，成为人们感知世界的必需品，从而规定“默认常规”，其他不合常规的体验都会被排挤、边缘化，甚至消失。信息技术日益成为人生存于世的必需技术，而“技术是我们认知世界和与世界联系的一种技术路线的结果，技术会通过特殊的方式让世界显露出来”（刘丹鹤，2009，p. 60）。显露出来的世界是经过手机调节的世界，这种调节比之其他技术的调节更加隐蔽化、日常化，即手机在使用中退隐自身，呈现出信息。

手机与人形成一种粘连关系，在这种关系中，人看似是主导，手机是“为人的”。然而，手机改变我们对世界的知觉，我们的注意力大量集中于手机上，我们通过手机认识的世界和不通过手机认识的世界已经有了不同，两种知觉方式提供给我们的是并不相同的“现象界”。这种改变虽然并不突兀，却在一点一滴持续进行，正如“忒修斯船”，当船板被一块块逐渐替换直至所有的船板都被换掉时，“自我”虽然仍旧保持了同一性，但已经和过去的“自我”有了巨大的不同。经手机的中介，人感知到的物理世界不同，接触到的人际社会不同，与社会打交道的方式也不同，既有的知觉和感觉逐渐消退，重获的是互联网和手机赋予的新的知觉。人的自我认识的三个来源——物理世界、社会世界和内部（心理）世界（布朗，2015，pp. 78－88）都发生了改变，我们通过物理世界感知自己的方式在发生改变，同理，我们进行社会比较、理解他人对我们的反馈性评价的方式也在发生改变。在手机联网之前，我们进行社会比较的对象和我们借以形成自我的他者可能主要来自周围的朋友，而在手机联网之后，这种比较的范围则大幅度扩展，远远超出了周围朋友的范围，甚至根本是另一个圈子。由此，人的内省、自我知觉和认知归因也在相当大程度上依赖手机和大数据。

胡塞尔认为，自我的构成可以放在意识的横向和纵向构造中去理解，“横向构造的结果一方面是对象极连同周围世界的形成，另一方面是在反思的目光中作为纯粹自我的自我极的形成”（倪梁康，2009，p. 52），纵向构造则是指由非对象自我到对象自我的形成。在目前移动互联网阶段，手机在使用者的横向意识构成中发挥着极其重要的作用：对象极连同周围世界的构成大多是经过了手机过滤的；在借由反思的目光构成的纯粹自我极一端，手机可以充当反思的工具。从意识的纵向构成来看，虽然目前移动互联手机覆盖的低龄人群较少，但是诸如电话手表之类的穿戴设备使移动互联手机向低龄群体覆盖的势头强劲，其推力来自监护人想更多地掌控孩子的欲望，也来自孩子们想通过这种方式构建自己的朋友圈的努力。这种向低龄群体覆盖的态势将移动互联手机镶嵌进人的生命历程和自我建构历程，人关于自我的记忆也将大部分来自网络和手机。

自我借助移动互联手机获得了更多的机会去与自己喜欢的人建立联系，并在这种联系中确认自我。这种联系是运用符号进行的社会交互，随着手机“赛博人”的成形，“手机自我”成为自我的主要构成。“‘我们’是谁取决于我们身处何方以及我们在和谁接触。”（布朗，2015，p. 155）移动互联手机一方面可以将我们带入网络空间情景，另一方面也可以用于线下场景，前者让自我构成更加多样化，后者则将包括财产在内的自我纳入一个更大的网络中。自我在网络空间的表现将人塑造成具有特定角色的人，扮演这一特定角色的行动又将角色意识内化。自我由各种身份集合而成，而身份通常需要社会确认，这种确认通过符号化行为来完成。移动互联手机为这种符号化行为提供了更多可能，作为“元符号动物”的人类借助手机获得了更多的机会来进行自我多重角色的展演。物理世界和人际关系世界通过手机呈现于人面前，尽管这种呈现也可以通过其他的方式完成，但在诸种技术工具中，手机因为与人的细镶嵌化关系而使呈现更为便捷。因此，手机与世界构成了一种如美国技术哲学家唐·伊德所说的“解释关系”，手机将包括人际关系世界在内的各种世界变成数据流，而不能或不方便以数据呈现的世界将被去掉、省略和缩减。手机以自己的方式重整世界在人面前的呈现。由于人永远不可能去认识“物自体”，所以，假如人们总是不由自主地通过手机认识世界，那么手机对世界的解释就会变成确定的、唯一的。由此，手机完成了对人的“驯化”。

媒介与人的关系，也可以在“驯化”的意义上去理解。在媒介诞生之初，为了便于普通人使用，专门的技术人员对媒介进行驯化，使之更容易掌握，但当其进入日常生活之后，每一个普通人要使用媒介，就必须遵从媒介规定的方式，人的思维会朝向媒介运行设定的模式与方向运行。人当然可以为了不听从媒介的召唤而舍弃它，但当一种媒介已经普遍被人使用时，人就不得不按照它运行的需要去行动和思维，即被驯化。移动互联手机在驯化人上表现卓越，让人们以其设定的方式去重新审视世界、打量自己、重构自己。“手机的功能设计充分考虑到使用者的感知和需求。人们接触手机的整个过程都在专家的设计、测评、反馈之中，个体的实践体验实际上被专家所控制。”（徐琳琳，王前，2017，p. 136）手机上网让手机成为人的器官的综合延伸，人成为“赛博人”，进入“后人类”状态，通过手机实现自我的延伸，同时也趋向于通过或主要通过手机符号建构自我。

由此，主体一方面拥有利用手机重新规划自己、拓展自己，甚至改变社会的可能；另一方面又无时无刻不面对着一个有可能通过技术而窥探和控制自己的暗箱，面临着将自己所拥有的一切网络化后因为手机或手机号码的丢失从而丢失自我的风险。人越来越沿着手机所设计的方向发展自我，这便是手机对人的驯化。这是一个由手机用户、技术人员、手机网络的提供者和管控者，以及手机技术本身的逻辑等多种力量互相作用、共同协商的过程。对青少年人群使用手机上网的调查分析显示，“使用手机上网的群体自我控制能力较低，主观幸福感与一般青少年一致”（梅松丽，柴晶鑫，2013，p. 78），虽然这个结果只针对青少年人群，但却提醒了我们手机在驯化人上拥有着强大能力。

引用文献：

布朗，乔纳森，布朗，玛格丽特（2015）. 自我（王伟平，陈浩莺，译）. 北京：人民邮电出版社.

范红霞，孙金波（2017）. 自拍：美颜盛世下的景观剥夺：基于社交媒体自我表达的社会性别考察. 新闻爱好者，12，24—27.

盖恩，尼古拉斯，比尔，戴维（2015）. 新媒介：关键概念（刘君，周竞男，译）. 上海：复旦大学出版社.

海德格尔，马丁（2005）. 演讲与论文集（孙周兴，译）. 北京：生活·读书·新知三联书店.

刘丹鹤（2009）. 手机媒介的现象学思考. 求实，S2，59—61.

李娟（2017）. 论社交网络中的符号身份. 载于曹顺庆，赵毅衡（主编）. 符号与传媒（第15辑），151—161. 成都：四川大学出版社.

李允熙（2016）. 个人、对话与爱. 载于曹顺庆，赵毅衡（主编）. 符号与传媒（第12辑）. 6—25. 成都：四川大学出版社.

梅松丽，柴晶鑫（2013）. 青少年使用手机上网与主观幸福感、自我控制的关系研究. 中国特殊教育，9，78—83.

倪梁康（2009）. “自我”发生的三个阶段：对胡塞尔1920年前后所撰三篇文字的重新解读. 哲学研究，11，51—59.

彭兰（2015）. 场景：移动时代媒体的新要素. 新闻记者，3，20—27.

斯考伯，罗伯特，伊斯雷尔，谢尔（2014）. 即将到来的场景时代（赵乾坤，周宝曜，译）. 北京：北京联合出版公司.

汪民安（2015）. 论家用电器. 开封：河南大学出版社.

维拉德-梅欧，维克多（2002）. 胡塞尔（杨富斌，译）. 北京：中华书局.

徐琳琳，王前（2017）. 后现象学技术哲学视野中的手机依赖现象探析. 大连理工大学学报（社会科学版），4，134—138.

杨大春（2003）. 反思的现代性与技术理性的解构. 自然辩证法研究，2，48—53.

邹智贤、陆俊（2001）. 论网络“自我”. 求索，1，84—87.

赵毅衡（2016）. 第三次突变：符号学必须拥抱新传媒时代. 天津外国语大学学报，1，67—68.

赵毅衡（2016）. 符号学：原理与推演. 成都：四川大学出版社.

Haraway, D. J. (1991). *Simians, Cyborgs, and Woman*. New York, NY: Routledge.

Greenfield, A. (2017). *Radical Technologies: The Design of Everyday Life*. Brooklyn, NY: Verso.

Tuan, Y. (1980). The Significance of the Artifact. *Geographical Review*, 4, 462−472.

作者简介：

王小英，博士，暨南大学中文系教授，硕士生导师，研究方向为文学符号学、比较文学及网络文化。

Author:

Wang Xiaoying, Ph. D., professor of Chinese and Literature Department, Jinan University. Her research fields are semiotics of literature, comparative literature and Internet cultural study.

E-mail: wangxiaoying19820@163.com

名人符号隐含作者的价值预设与语境顺应

闫文君

摘　要： 隐含作者是极具普适性的社会学概念。作为社会人，我们必须根据社会语境的要求，表现出符合主流意识形态的隐含作者形象。而名人的隐含作者形象越发要经过价值预设，以迎合社会期待。随着时代变迁，名人的隐含作者形象还需审时度势，随时顺应语境变化。在价值预设与语境顺应的基础上，名人隐含作者的某些共性，便可以被看作社会主流意识形态的风向标。

关键词： 名人符号，隐含作者，语境顺应

The Value Criteria and Contextual Adaptability of Celebrity Signs' Implied Authors

Yan Wenjun

Abstract: An "implied author" is a universal sociological concept. As social beings, our images of implied authors must be consistent with mainstream ideology. The implied authors of celebrities' images must be shaped especially carefully according to certain values to cater to social expectation. As times change, the implied authors of celebrities' images should rapidly respond and adapt to the needs of context. Based on value criteria and contextual adaptability, some common characteristics of the implied authors of celebrities' images can be regarded as a weathervane for mainstream social ideologies.

Keywords: celebrity signs, implied author, contextual adaptability

DOI: 10. 13760/b. cnki. sam. 201902011

隐含作者（implied author），又称第二自我，是布斯（Wayne C. Booth）在《小说修辞学》中提出的概念，指作者在创作时，表现的往往并非真实的自我，而是经修饰的自我，这一修饰过的自我隐含在文本之中，指导着作品的书写。据布斯所言，隐含作者其实就是真实作者“理想化的”自我。所以，在大多数情况下，隐含作者总是美化版的作者自我。

以元稹及其作品为例。元稹的悼亡诗写得最好，其怀念亡妻韦丛的《离思五首·其四》中“曾经沧海难为水，除却巫山不是云”之句，可谓真挚深沉又情致曲婉，具有动人心魄的诗意，千百年来传唱不衰，后人多借用以表达自己对爱人的忠诚专一。但据考证，元稹创作的《会真记》中始乱终弃的张生却是以元稹自己为原型的。可见元稹在作诗时，将薄情寡义的负心汉形象的真实自我加以掩饰，而虚构出一副情深义重的痴情形象作为隐含作者。

布斯的这一理论不仅具有文学批评价值，还具备社会文化批评价值。赵毅衡认为，这个概念可以扩大到所有的符号文本，这时候可以将其称作普遍隐含作者。（赵毅衡，2011，p. 369）每个人的人生都可以看作一个符号文本，所谓人生如戏，每个人的人生都是符号行为的集合，其穿着打扮、言行举止，在周围人的眼中无不是有意味的形式。由于每个社会人都不可能无所顾忌地展现出完全真实的自我，所以符号接收者只能从这些公之于众的符号表意活动归纳出一个拟主体，即隐含作者。隐含作者形象总是或多或少经过粉饰的，而较之普通人，名人的隐含作者形象所戴的面纱往往更为厚重，因为从某种角度来说，观众就是名人的衣食父母，所以名人必须使自己的公众形象符合大众需求。

一、隐含作者的社会学意义

隐含作者是一个极具普适性的社会学概念。任何行为主体若欲作为独立的个体生存于世，就必须遵循所处社会法则。孔子曾言，“不学礼，无以立”（《论语·季氏篇第十六》），意即可以在社会上立身的大人与不成熟的孩子的区分标志之一就是是否娴熟掌握了社会礼仪。荀子亦曾有言：“人无礼则不生，事无礼则不成，国无礼则不宁。”（《荀子·修身》）意即人不学礼就无法生存，做事不遵守礼节就不可能成功，国家没有礼仪则会陷入社会失序的混乱状态。这里的所谓“礼”即社会约定俗成的行为规范。一个成人哪怕在心里不认同某些社会规范，但在行为方面也绝不可表现出来，不然只会落得成为社会边缘人的下场。所以，对以个性化、叛逆为标识的亚文化的追求是青年的特权，而成年人则必须循规蹈矩、谨言慎行，因为成年人在世俗社会法则面前没有豁免权。由上可见，隐含作者是社会人为适应环境自觉进化出的一种保护色，它往往比真实的色彩更为光鲜亮丽，更符合社会普遍的审美品位。

古典小说《镜花缘》中曾虚构过一个两面国，就对人性的两面性做了惟妙惟肖的描述。《镜花缘》中对两面国国民形貌描述道：

> 原要看看两面是何形状，谁知他们个个头戴浩然巾，都把脑后遮住，只露一张正面，却把那面藏了，因此并未看见两面。小弟上去问问风俗，彼此一经交谈，他们那种和颜悦色、满面谦恭光景，令人不觉可爱可亲，与别处迥不相同。……小弟暗暗走到此人身后，悄悄把他浩然巾揭起。不意里面藏著一张恶脸，鼠眼鹰鼻，满面横肉。他见了小弟，把扫帚眉一皱，血盆口一张，伸出一条长舌，喷出一股毒气，霎时阴风惨惨，黑雾漫漫……

名虽虚构，实乃写实。以此两面来对应人的第二自我与真实自我的反差非常恰当。莫里哀《伪君子》中的答尔丢夫表面上是虔诚仁爱的教士，内里却是贪财好色的骗子；金庸《笑傲江湖》中的“君子剑”岳不群表面上谦和侠义，但事实上却心狠手辣，为称霸武林不惜牺牲妻女与弟子。这些人物之所以刻画得非常成功，是由于他们身上的现实意义：答尔丢夫是17世纪法国天主教会和没落封建贵族的写照，而岳不群则是中国社会现实中满口仁义道德，实则为达目的不择手段的阴险小人的典型。当然，艺术来源于生活而高于生活，这些形象比现实生活中更显夸张与脸谱化，但另一个可能原因是这些文学形象生活的环境与我们相去太远。如果参照生活中许多女性对丈夫婚前婚后不同表现的控诉，也许对隐含作者这一概念会有更真切深刻的感触。

结合荣格的“人格面具”（persona）理论能更好地理解隐含作者的社会学意义。“人格面具”又称“从众求同原型”（conformity archetype），指一个人为得到社会认同而展示的公众形象。公众形象与真实形象通常大不相同。“人前天使，人后魔鬼”的情形虽然极端，“说着言不由衷的话，戴着伪善的面具”却是每个人的生活中必不可少的表演。造成这一现象的原因多样，其中的主观原因是“作者为了获得社会群体对自己的认可，往往也会主动地以社会规范铸造自己的隐含作者形象”（佘向军，2004，p. 183）。

“人格面具”并非贬义词，按照荣格的理论，它是一种心理防御机制，在保护自己免遭伤害的同时，也有助于社会人更好地进行角色转换，适应周围环境。英国学者罗吉·福勒曾在《现代西方文学批评术语词典》中对人格面具（persona，书中译作“伪作者”）与隐含作者（implied author）的关系进行溯源：

> “伪作者”（第二自我）这一概念也包含着它的本义“假面”的比喻意义，它意味着将戴着面具的演员的外观，以及这个与演员本人有区别的假面人整个地展现在观众面前。这个含义又来源于魔法仪式，因为在此场合中，假面被认为是独立存在的生命，能勾摄那些戴面具的人的魂魄。在比喻意义上来讲，面具意味着艺术家发现了比现实更完美的境界，它还意味着走出自我的封闭世界，并进入了与他人相沟通的客观境界。（1987，p. 200）

由上可知，罗吉·福勒也认为，人格面具是作者融入社会、与他人沟通的道具，而且是比现实自我更易为他人接受的理想自我。演员必须根据角色需要戴上不同的面具，以进入戏剧情境与观众交流；一个想要更好生存的社会人不得不根据社会语境的要求，戴上与社会语境协调的人格面具。唯其如此，我们才能与社会环境保持和谐关系，并求得自身发展。荣格曾说：“他戴上了一个面具，并且知道这个面具与他的意识意图保持一致，同时，该面具也与社会的要求相契合，顺应了社会的舆论，使他的动机一个接一个地获得成功。”（2009，p. 394）

二、名人符号隐含作者的价值预设

“一个简单的伦理事实是：我们都至少在某种程度上将别人（尤其是作者）创造的较好的隐含形象当作自己的生活榜样。”（布斯，2007，p. 32）由于名人粉丝众多，其榜样作用也尤为突出。名人的举动绝不仅仅代表着个人的行为喜好；名人动向通常代表着社会文化动向，他们是为公众示范的时尚、外形、人格的角色模型。基于此，名人的隐含作者形象越发要经过精心打磨。换言之，名人展示在公众面前的隐含作者形象是经过价值预设的：具备社会影响力的公共知识分子、起引导社会风气作用的偶像、大众文化的代表等。事物的价值是一种主导人类行为的观念，制约着我们的选择、行为过程及目标。因为这一观念先于实践，所以我们可称其为“价值预设”。价值预设对我们的目标确立及过程操作起全局性导向作用。名人符号隐含作者的价值预设，就是指名人在社会规范的指导之下，在内心提炼出一个社会通行的价值系统，将其作为自己的公众行为准则，以有的放矢的行动获取更高的社会认可度。

不过，很多名人符号隐含作者并非全是本人。笔者认为，名人符号隐含作者可分为三个部分：名人自身的主体能动性、代理作者、共同作者。而在其价值预设的过程中，名人自身的主体能动性几可忽略不计，名人符号隐含作者的代理作者与共同作者则起着至关重要的作用。

（一）代理作者与价值选择

蒋诗萍曾分析过品牌的隐含作者，认为就编码的传播者而言，“隐含作者”是企业想要传达给受众的品牌价值，可称之为“代理作者”。（2015，p. 130）名人形象和品牌形象的建构过程是有相似之处的，比如演艺名人要受背后的经纪公司制约，体育明星要受所在体育训练组织制约，而且在直接领导组织之外还要受相关职能部门管辖。这些都决定了名人符号隐含作者也不能由名人自己做主设计与表现，就编码环节而言，名人符号隐含作者只是其上级管理机构的代理作者。

名人在成名之初，是通过名字的符用理据性上升完成其象征化进程的。而其象征意义往往是在符用理据性上升之前就已预设好的，因为唯有先预设好造势目标，才可能引导舆论围绕着这一中心进行，使其理据性在越来越多的使用中尽快上升，避免众说纷纭造成人气资源浪费，甚至出现某种不愿看到的论调占据强势地位，导致不可控的局面。像许多明星经纪公司在推出新人时总是有一系列周密的策划：围绕着何种象征意义，用哪条宣传途径，依据哪部戏、哪个广告或哪个绯闻为出发点，将其打造成什么样的形象。简言之，也就是为即将出道的准明星“立人设”。

为大众所熟悉的人设有清纯玉女人设、好男人好媳妇人设、耿直人设、老干部人设、吃货人设等。可以看出，这些预设的名人象征意义或者含义美好，或者符合社会主流价值体系，或者能引发受众的情感共鸣。唯其如此，才能使围绕该象征意义塑造的隐含作者形象符合大众的情感需求，获取大众的认可与支持。也正因如此，名人符号隐含作者形象基本是正面的，这是他们自身生存的基础，也是社会对他们的要求。哪怕基于社会的审丑心理而以标出性成名的网络红人，如芙蓉姐姐和凤姐等，也不是一味地展示其负面隐含作者形象的。一旦他们赖以成名的标出性在社会上营造出的热度开始减退，他们便开始采取措施使人们的视线从其标出性上移开，而转向其行为所折射出的另一特质：为了梦想而努力。这是力图通过去标出性成为平民神话的象征，也是名人符号隐含作者迎合社会期待的表现，与名人真实形象可能并不相符，甚至相去甚远。近来连续发生的某些明星好男人人设、学霸人设、阳光男孩人设崩塌等都充分说明了人设的不可靠性。

（二）共同作者与形象重构

除名人自身的主体能动性与主导名人符号隐含作者形象预设的代理作者之外，名人符号隐含作者形象的建构主要还受到大众传媒与受众的影响。大众传媒会依据自己的立场对经过价值预设的名人符号隐含作者形象进行重构，然后将其推送到受众面前。名人符号隐含作者在预设价值选择之初，就离不开对受众情感的迎合，甚至会直接让受众参与价值预设；在名人符号隐含作者形象被大众传媒推送到台前之后，受众则会依据自己的喜好对其进行价值判断，并施加压力使其加强维护或被迫调整。名人符号隐含作者价值预设的这两种影响因素，笔者称之为“共同作者”。

1. 大众传媒对名人符号隐含作者形象预设的重构

现代社会是信息社会，我们所接收到的名人符号隐含作者形象其实是由大众传媒向我们传递的种种信息建构而成的。众所周知，媒介机构向我们提示的是经选择、加工、重构的信息，所以，大众传媒是名人公众形象的共同作者。大众传媒这一共同作者的立场会受到政治、经济、文化等各方面的影响。譬如，在市场经济的大环境下，大众传媒为了经济利益而协助明星经纪公司编造虚假信息，进行元文本造势，打造出一个个现代神话，但在更大的利益诱惑或文化语境的压力下，大众传媒也时常会翻转立场，亲手揭开自己织就的神话的虚假面纱。

从对某些名人形象的宣传也能看出大众传媒作为共同作者在隐含作者形象重构层面的巨大影响。在信息全球化的今日，有一些名人的象征意义并没有经事先预设，因为他们是因极偶然的事件一夜成名的。比如最美妈妈吴菊萍接住了坠楼的小孩，还有河南教师李芳在交通事故中舍身护学生，她们在做这些事情时自然只是出于善良的本能以及责任感，之前根本没有成名的打算，更谈不上意义的预设。可报道她们的媒体却有着明确的价值倾向，在报道时无不有意将她们塑造成善良、勇敢、博爱的象征。这其中显然有社会意识形态的影响因素。媒体借大力宣传好人好事之机，唤醒社会良知，净化社会空气，这既体现了媒体的社会责任感，也折射出一定的意识形态干涉意图。类似的榜样宣传式名人打造，其实既体现了其背后隐晦的代理作者对对象的现实主义价值预设，也折射出大众传媒作为共同作者对隐含作者预设形象的强化与重构。

2. 受众能动性对名人符号隐含作者价值预设的反弹

随着以单向性为特征的大众传媒发展为以互动体验为特征的交互性媒体，

大众传播的受众早就由被动的单向度的人转变为主观能动的大众传播参与者。在这一过程中，传播者与受传者之间经常进行角色转换，这验证了约翰·费斯克所提出的生产性受众理论的合理性。如微博、弹幕等新媒体形式都使受众与传播者、受众与受众之间的互动分享成为信息交流的常态，而智能手机的普及与以“抖音”为代表的内容生产门槛极低的新型自媒体平台的出现，则极大限度地释放了大众自我表达的天性。受众的主观能动性在受众与名人的关系中作为共同作者，参与名人符号隐含作者的形象建构并指导着名人符号隐含作者的形象调整。

无论何时，名人始终是媒体的焦点，在全景敞现的新媒体时代，名人的私人空间也被迫向全社会敞开，因此，名人对于自身的隐含作者形象必须小心维护。与此同时，作为名人隐含作者形象的接收者，受众所具备的主观能动性也会相当程度地反弹到名人隐含作者形象建构与维护的过程中。比如，绝大多数名人都开了微博，还有一些甚至加入直播平台，其目的不言而喻，都是为了保持与受众的亲密互动关系。而在名人与受众的互动过程中，尽管名人在有些事件中可以作为意见领袖发挥影响力，但从根本上说，受众在二者关系中处于强势地位，因为受众可以对名人的意见置之不理，但名人却不得不时时刻刻关注受众的态度，并将之作为指导自身隐含形象建构与调整的标准。当下中国新兴的“偶像养成”产业模式，更是充分说明，受众与名人的关系已经由形式上的互动交流转变为实质上身份的平等，甚至更进一步，消费者与商品的关系。

三、名人符号隐含作者的语境顺应

语境顺应论是由比利时国际语用学学会秘书长维索尔伦（Jef Verschueren）在其著作中提出的语用学概念。维索尔伦认为，作为一种交际工具，语言需要随语境不断变化，这是由于语言具有三大基本属性：变异性（variability）、协商性（negotiability）和顺应性（adaptability）。变异性泛指传达信息时可供选择的不同的表达方式；协商性指语言选择的灵活性和策略性；顺应性指发言人应根据不同的语境，策略性地选择不同的语言表达方式，以实现交际意图。

语境原本也是语言学概念，由波兰人类学家马林诺斯基（Bronislaw Malinowski）提出，笼统地说指使用语言时的环境。马里诺斯基将之分为“情景语境”和“文化语境”，或称“语言性语境”与“社会性语境”。语言性语境指上下文、前言后语及段落篇章搭配组合等语言自身的环境，而社会性语境则指语言发生的具体场合、文化背景、交流方式及目的等非言语因素。后来，语境问题的研究者越来越多，语境论也从人类学领域扩展到其他学科领域。在符号学中，“语境”成为一个极重要的概念，因为它在符号的意义解码中起着关键作用。将符号学语境与语言学语境对照来看，语言性语境可归属为符号文本自带的内部语境，而社会性语境则相当于符号文本的外部语境。符号文本自带的内部语境，即伴随文本。符号文本的外部语境一直无法划定出能得到学界公认的边界及分类范围，因其涵盖面实在太广。语言是符号的一种，符号学语境也是在语言学语境的基础上扩展而来的，符号与语言的关系实在是密不可分。我们如果将语境顺应论用于符号学研究，会发现这一理论在符号学领域也是适用的。

语境顺应理论中的语境，很明显，指的是社会性语境，维索尔伦称其为交际语境，他认为交际语境包括语言使用者的心理语境、社交语境及物理语境三个维度。心理语境指交际者的认知、心态及情感因素，物理语境指时间、地点等交际的物理条件，社交语境则涉及交流双方的社会关系及规范人们言语行为的社会制度和文化背景等。在三种交际语境之中，心理语境与物理语境带有很明显的随机性与灵活性，而社交语境则带有相对的稳定性与约定俗成性。所以，无论就对交际活动产生影响的广度还是深度，社交语境顺应在语境顺应论中的位置都较另外两种显得更为重要。铸造隐含作者形象与顺应社交语境的目的相同，都是为迎合社会规范，我们如果用语境顺应论来打量名人的隐含作者，便能更好地理解社会文化因素对名人隐含作者的影响。笔者认为，名人对语境的顺应主要表现为时代话语顺应，或称历史语境顺应。

所谓顺应，意即顺从某种趋势而调整自身以适应外部环境的变化，这个“变”是主客体双方的：由于客观条件发生变化，主体不得不采取相应改变。对万事万物来说，变化是常态，没有一成不变的事物，包括有着深厚积淀的社会文化，只不过文化的演变呈渐进的趋势，在一定时期内从其外观上看呈大致稳定的状态。语境顺应论认为，语言在稳定性与规约性之外还具有变异性，其产生和意义解码都会随时代变迁而发生变化。其实这是一切符号的共性。不同时代的同类符号之间会出现明显差异，同一符号在不同时代也会被解读出不同的意义，这些都是符号使用者对时代语境变迁所做出的动态顺应。隐含作者形象作为符号的一种也不例外。正如荣格所说的，作为适应环境的工具的人格面具强有力地受到环境的影响（2009，p. 396）。名人符号隐含作者对语境的顺应主要表现在两个方面。

（一）对文化语境的顺应

名人符号隐含作者对语境的顺应表现之一是对隐含作者形象的慎重选择与小心维护，这是对一定时期与一定地域内文化语境的顺应，也是对受众情感的顺应。

隐含作者的出现本身就是一种文化现象。人生存于世，只有对周围的人有一定意义和价值，才会得到社会认同。卡西尔认为，所有文化形式都是符号形式，因此我们应以符号动物代替理性动物作为人的定义，只有这样，才能指明人的独特之处，才能理解对人开放的新路——通向文化之路。（2004，p. 34）人是符号动物，也是文化动物，不管是否通文墨，每个人都离不开文化的浸润。一个国家或民族的历史、地理、风土人情、行为规范、思维方式、价值观念等文化信息不容抗拒地渗透每个人的成长过程。德国哲学人类学家蓝德曼（Michael Landmann）在《哲学人类学》中指出："人不像其他生物那样简单地存在着，他要寻根究底地询问并解释自己……相应的人的形象常常是每一文化领域形成的基础……我们必须是文化的存在……放弃文化就是放弃我们自己。"（1988，pp. 260－261）作为社会成员，为获取他人认同而展现出符合社会规范的隐含作者形象，已成为流淌在人类血液中世代相传的本能，是人类自婴幼儿期就养成的习惯。所以每个个体，都是文化语境的顺应者，我们根据自身的条件与生存需要来选择最适合自身的隐含作者形象，与他人相处。如果一意孤行，不顾社会看法而只展现最真实的自我，往往会惹得四邻非议，家宅不宁，而对名人来说后果更为严重，可能会招致全社会的侧目与口诛笔伐。所以文化语境顺应是个人自身携带的文化语境信息对自我的约束，也是个人为寻求社会认同而对周围人众的情感顺应。

名人对隐含作者形象的选择在成名之初就应极为慎重，因为不顺应主流文化语境就不可能获得广泛的社会认同，也就不可能成名。可以说，正确的隐含作者形象选择是成名的前提条件之一。正如胡一伟在分析符号学与表演理论的关系时所说的，假定方为戏，唯有将假定性赋予自身，由此出发方能进行某种社会交流活动。（2017，p. 171）当然，已经被大众接受的隐含作者形象如不能小心维护，便可以预想到从风光无限到身败名裂的巨大落差。其将带来的沉重打击让名人不得不时时刻刻如履薄冰。正因如此，名人必须谨言慎行，展示出符合社会期待的第二自我。几乎每一个名人背后都有专门的包装团队为其精心打造尽可能完美的公众形象。名人在镁光灯前似乎无所遁形，生活中的方方面面都被发掘毕尽，但事实上，我们依然不可能看到他们真实的自我，而只能看到其戴了人格面具的隐含作者形象。可是，我们并不能说名人就是虚伪的。同每个普通人一样，隐含作者形象仅仅是人类生存于世必备的道具，是如同枯叶蝶的双翼、蜥蜴的皮肤一样的使自己免受外界伤害的保护色。

（二）对时代语境的顺应

名人符号隐含作者对语境的顺应，表现之二是随文化动向及时调整自己的隐含作者形象，这是对时代语境的顺应。

人对世界的认识一天比一天深入，科技的发展也一天比一天进步，无论曾经代表着先进生产力的发明创造，还是曾具备无限前瞻性的伟大思想，随着历史的进程都有可能会变得滞后于时代，成为后来者口中“巨人的肩膀”。世界瞬息万变，跟不上时代的脚步，就注定被时代抛弃，这是残酷而无法回避的事实。《荀子·议兵》中曾言，战法应“与时迁移，随物变化”。的确，敏锐地识别时势变幻，并及时调整策略，才不至于在战场上被动挨打、一败涂地。俗话说，商场如战场，不能根据时代的需要锐意创新，及时转型，由业界领头羊到破产倒闭也不过短短几年的工夫，曾经的全球手机巨头诺基亚的惨痛经历明白无误地告诉了我们这一切。时代的洪流不可抗拒，我们所能做的只能是顺应时势，而且反应要及时，因为时不我待，如果反应迟钝，则可能再也追赶不上时代的脚步。根据文化动向，隐含作者形象是首当其冲要调整的，显露在外的隐含作者形象表明的是我们与时俱进的态度。

社会的转型与文化的变迁会带来新的价值诉求，也会使已有的社会道德规范悄然发生转变，作为大众榜样的名人，大都会关注这些社会文化动向并及时调整自己的隐含作者形象，以为新的社会规范早日普及起到表率作用。当然，以历时的角度来看，这样的选择不一定都是正确的。郭沫若就是一个很典型的及时顺应时代语境的例子。在热血澎湃寻求救国自救之路的 20 世纪初，文风热情大胆的《女神》使郭沫若声名大噪，被目为时代文学精神的象征。随后的历次运动中无不有他充满激情的声音，不管前后的立场差异看起来有多大。郭沫若对时代语境变幻的反应实在太过灵敏，以致后来人对他的人格产生怀疑与诟病，或许过犹不及，但在时人看来，他总是明哲保身的聪明人的代表。众声喧哗之下没几个人能保持清醒，而且即便像屈原那样“众人皆醉我独醒”，到底也挡不住大势所趋。普通人对时势嘀咕几句通常无人搭理，名人却极可能在群情激愤之下因不同见解而成为众矢之的，所以，顺势而为成了大多数名人的选择。比如，在当下的大众文化语境下，名人不约而同地调整自己的隐含作者形象，以示对大众的尊重。

在等级观念鲜明的前大众文化时代，“高雅”的名人一定要与“粗鄙”的大众划清界限。优越的家庭出身、优雅的谈吐、华贵的衣着都能为其“名人范儿”加分，而出身市井或农村通常成为一生隐隐作痛的红字，甚至步步血泪的奋斗史也被视为成功路上不甚光彩的烙印。1995 年央视春晚，郭达、蔡明联袂出演小品《父亲》，出身农村、原名蔡桂花的歌星海伦小姐，在记者采访时谎称父亲是演员、母亲是作家，但来看她的农民“大老粗”父亲却无意间拆穿了她的谎言，这时其经纪人的话发人深省：“你说她是个农村丫头，这七八年不就白忙活了吗?”尽管小品的本意是教人不忘本，但却暗含了当时的一种社会价值观：出身底层是可耻的。而在大众文化时代则完全不同了，如果有人炫耀自己的“上层社会”出身，往往会惹来恶意的围观；相反，许多普通人出身的明星会有意提及自己曾是农民、农民工，或服务员、个体户等。出身大众俨然已成为一件可以坦然面对且带有隐隐荣光的事情。

当下的中国，媒体尽力迎合大众，政府不敢忽视大众，民众十有八九认为自己属于大众。因为意识到大众的力量已不可阻挡，绝大多数名人不约而同地选择顺势而为，给自己戴上大众的面具。名人使自己表现出大众化的特征，尽管事实上做出大众姿态的名人未必真的愿意如此说话行事，但今时今日，这是他们的保护色，大众化的隐含作者指导下的名人形象显然比真实的名人形象更受欢迎。因而，虽然做出大众姿态的名人是真实作者，但是，其背后的隐含作者更重要，决定着名人在公开场合的表现，名人这样做既保护了自己，也为参与建构一种新的更合乎时代精神的意识形态贡献了一分力量。

结　语

通常认为，名人有责任和义务为社会做出行为示范，因此，名人展示在公众面前的隐含作者形象是经过价值预设的：其象征意义、言行方式、代言形象等都是事先精心设计的，而设计的标准便是当时的社会主流意识形态。而且，名人符号隐含作者形象还要审时度势，顺应语境变化。在上述价值预设与语境顺应的基础上，名人符号隐含作者的某些共性，便可被看作社会主流意识形态的风向标，名人隐含作者形象变迁能很好地阐明名人第二自我与社会主流意识形态的关系。赵星植说皮尔斯的探究社群理论表明“符号表意的根本目的在于表达社群真相”（2017，p. 62），从这一角度而言，名人正是这类符号的典型代表。

引用文献：

布斯，韦恩，C.（2007）. 隐含作者的复活（申丹，译）. 江西社会科学，5，30—40.

卡西尔，恩斯特（2004）. 人论（甘阳，译）. 上海：上海译文出版社.

福勒，罗吉（1987）. 现代西方文学批评术语词典（袁德成，译）. 成都：四川人民出版社.

胡一伟（2017）. 符号学与表演理论. 载于曹顺庆，赵毅衡（主编）. 符号与传媒（14），170—182. 成都：四川大学出版社.

蒋诗萍（2015）. 隐含作者与品牌形象——基于文本理论与认知视角的分析. 西北大学学报（哲学社会科学版），4，129—132.

蓝德曼（1988）. 哲学人类学（彭富春，译）. 北京：工人出版社.

荣格（2009）. 心理类型（吴康，译）. 上海：上海三联书店.

佘向军（2004）. "隐含作者"与艺术人格. 西南民族大学学报（人文社科版），3，180—183.

赵星植（2017）. 论话语分析与符号学研究. 载于曹顺庆，赵毅衡（主编）. 符号与传媒（15），56—70. 成都：四川大学出版社.

赵毅衡（2011）. 符号学：原理与推演. 南京：南京大学出版社.

作者简介：

闫文君，新闻学博士，洛阳师范学院新闻与传播学院副教授，四川大学符号学-传媒学研究所成员，研究方向为符号学与传播学。

Author:

Yan Wenjun, associate professor of the Journal & Communication Department, Luoyang Normal University. Her research interests are semiotics and communication.

E-mail: yanwj2916@163.com

视觉文化时代图像叙述中的意识形态研究

王立慧

摘　要：其实人类早在原始部落时期就已经开始有图腾崇拜，长期以来，图像符号就以其高清晰度的特点向人类提供关于客观世界的各种信息。图像叙述是人类叙述行为的产物，更是视觉文化时代的产物。图像是一种叙述，任何叙述都总是无法回避地包含着某种意识形态。詹姆逊将叙述看成对社会现实矛盾的想象性投射，这种投射赋予了叙述的意识形态属性。图像叙述与意识形态在本质上是有着密切联系的，图像被建构出来的意义，背后存在着明显的意识形态内容。

关键词：视觉文化，图像叙述，意识形态

An Ideological Study of Image Narration in the Era of Visual Culture

Wang LiHui

Abstract: Looking back on human history, we find that totem worship occurred as early as the primitive tribal period. For a long time, image symbols with their high-definition characteristics have provided human beings with various kinds of information about the objective world. Image narration is the product not only of human narrative behaviour, but also of the visual culture era. Image is a kind of narrative, and every narrative contains some ideology. Jameson regarded narration as an imaginative projection of contradictions in social reality, which endows the narrative with ideological attributes. Image narration and ideology are closely related in essence. The significance of image construction lies in its obvious ideological content beyond the image.

Keywords: visual culture, image narration, ideology

DOI: 10. 13760/b. cnki. sam. 201902012

一、视觉文化与图像叙述

回顾人类历史我们发现，人类早在原始部落时期就已经开始有图腾崇拜，长期以来，图像符号就以其高清晰度的特点向人类提供关于客观世界的各种信息。德国思想家本雅明在《机械复制时代的艺术作品》一文中表达过这样的忧思："复制技术把所复制的东西从传统领域中解脱出来……作为人性的现代危机和个性的对立面的传统的大动荡，它们都与现代社会的群众运动密切联系，其最强大的代理人就是电影。"（1993，p. 7）显然，在本雅明看来，电影作为一种新的视觉文化样式，其问世改变了已有的文化格局，成为视觉文化的滥觞。其实本雅明并非第一位发现文化视觉转变的人，法国作家雨果应当是最早预见到电影将取代小说等传统文学形式的人。（周宪，2008，p. 3）

确切来说，电影与视觉文化并不直接相等，电影只是视觉文化的一种。美国图像理论家米歇尔（Michell，W. J. T）于 20 世纪 90 年代就已经提出了图像转向的概念，这个概念转变了人文社科领域的研究范式，成为继语言学转向的又一重大转向。21 世纪以来，社会已然进入了所谓的视觉文化时代，铺天盖地的视觉冲击挑战着我们的眼球，视觉文化的兴盛成为全球范围的一道景观。

如今我们生活在一个视觉被高度开发的时代，我们也正处在一个图像资源过剩的时代，我们的眼球中总是充斥着大量的静态或动态的图像。麦克卢汉认为技术是人体的延伸，他将人类文化划分为三个阶段，即口语文化时期、印刷文化时期和电子文化时期，其中在电子文化时期技术延伸的是人的视觉感官，以视觉文化为表征。而且麦克卢汉自己也承认，与 17 世纪的抽象书籍文化相比较，今天的文化是一种高度感性的、画像似的视觉文化。视觉文化，就是图像逐渐成为文化主因（the dominant）的文化形态。（周宪，2008，p. 4）

当代社会由于人们的视觉经验活动频次的增加，图像符号成为表达、理解和解释事物的主因，视觉文化被标示为区别于其他文化的视觉感官体验。视觉符号有一种天然的传播优势，通过对抽象符号的再表达，图像符号逼真再现客观事物，降低客观事物的理解难度。视觉文化时代，图像符号大行其道，传统的抽象符号都在寻求自身的视觉化转向，人们在视觉文化时代，通过图像符号沟通交流，表达喜怒哀乐。

叙述是人类传播的永恒行为，完成一种叙述即表达一种目的。传统时代的叙述主要依靠语言和文字来实现，精英主义者总是把文字视为理性与真理，他们驾驭文字，从而获得权威感，在文字是知识唯一承载物的时代启蒙大众。随着电子技术的发展、传播手段的进步，图像符号的传播日趋大众化。我们可以这样认为：图像符号传播的普及离不开“平民式的狂欢”与全球化交流的发展。一方面，图像叙述打破了长久以来文字叙述一统天下的绝对优势，降低了对读者的受教育程度与经验累积的要求，不同文化背景与文化程度的人都能够从图像阅读中获得相应信息。加之图像符号的易复制性，图像叙述越来越被当代社会重视。另一方面，在全球化交流成为普遍现象的今天，国家、地区和民族之间基于语言文字的交流障碍成为全球化发展的束缚。相较于语言文字交流的困难，图像符号似乎更能满足在不同文化间传递信息、交流情感的需求，虽然对图像符号的解读也因人而异，但至少这种交流方式在目前全球化进程中受到比较多的认可。

二、图像叙述中的能指与所指

索绪尔认为，语言符号是由能指和所指组成的，这对术语是索绪尔讨论符号的出发点。索绪尔将符号视为能指与所指的结合，坚持认为能指就是“声音－形象”，而所指则是“概念”。符号学教授赵毅衡先生表明自己很难同意所有的符号所指都是概念这种观点。赵毅衡先生为所指做出如下定义：“所指就是能指所指出的东西，就是能指所指向的东西。”（2012，p. 92）“能指和所指的联系是任意的……我们可以更简单地说，语言符号是任意的。”（索绪尔，2003，p. 102）索绪尔高度强调任意性原则的重要性，同时也注意到该原则的普遍性，认为“事实上，一个社会所接收的任何表达手段，原则上都是以集体习惯，或者同样可以说，以约定俗成为基础的”（2003，p. 103）。

索绪尔把任意性的对立面称为“理据性”，并且坚持认为符号与意义之间的联系没有理据。其实自公元 4 世纪以来，众多学者和学派都主张理据性，只不过这种主张与争论多数在哲学领域展开，比如苏格拉底、柏拉图、伊壁鸠鲁和斯多噶学派的学者都坚持认为名称同事物之间都有着内在的或者自然的联系。我国对理据性的理解最早可以追溯到春秋战国时期。

现代社会，生活已经被全方位符号化，由科技进步导致的媒介形态的发展都会丰富能指的内涵。能指与所指的联系在最初是任意性的，经过人类长期的集体训练、学习传授而约定俗成为理据性。符号的社会化过程其实就是由任意性过渡为理据性的过程，在这一过程中，符号本身不可避免地被贴上各种标签。能指与所指关系的演变是稳定性与不断变化相互交替的，所以能指与所指的位置的相互替换势必会带来符号意义的变化，变动之前的意义被变动之后的意义覆盖。

在图像叙述中，能指可以理解为一张图片的外观、形式，包括光线、构图、成像技术等物质形式，这些是人通过视觉把握的符号元素；所指是影像表现出来的内容，是符号使用者对符号指涉对象形成的心理概念。（邵娣，2008，pp. 77—78）因此能指与所指的对应关系受到社会因素、文化因素、历史因素、民族因素、地域因素等的制约，也即符号的内涵是在历史发展中随着社会和文化的变化而不断变化的。

在原始的岩画、绘画、雕塑等视觉艺术中，原始居民生活中的狩猎与祭祀通常是主要内容。人类学学者陈兆复指出，“几乎所有的史前岩画都集中在基本的三个主题上：性、食物与土地；虽然时间在流逝，年代在推移，人类主要考虑的问题，几万年来似乎并没有改变”（2003，p. 31）。塔西里·那杰岩画就印证了这一说法（见图 1）。塔西里·那杰岩画是出土于阿尔及利亚的一幅刻在撒哈拉沙漠岩石上的石器时代的绘画。一些学者认为这幅绘画作品描绘了妇女采集谷物（画面上的黑点可能代表谷物）的场景。（斯塔夫里阿诺斯，2006，p. 9）

图 1　塔西里·那杰岩画

之后人类进入图腾崇拜时期，在图腾崇拜下产生的文化表达了人们的寄托，有关神的画像或者雕塑都能够成为信徒膜拜的对象。在中国大多佛教信徒心中，每逢阴历初一、十五都应祭拜菩萨，祈求保佑。应当说图像不仅仅是一种展示，其背后都隐藏着被确立和被传承的意识形态。

符号能指因时代的改变而变化，随着时代语境的不同，符号的能指也逐渐丰富。

隋岩曾经指出："能指部分是具有物质性质和物质形式的用以承载符号内容的'中介物'，是承载符号内容的表达层面，是符号中我们能看到的或听到的部分，也即符号的形象或声音，是所指的中介物。"（2009，pp. 21－23）符号能指的社会性演变是一种人为的社会化的行为，裹挟着意识形态。随着社会语境的不断变化、发展，符号能指也在不断被赋予新的内容。

以"禁欲"和"性冷淡"为例。"禁欲"原意是一种生活形态，一种以剥夺某些基本需求和欲望来达成某些特定目的的手段，特别指和宗教相关的此类行为。而时下"禁欲系"一词表达的是另一重意思，一般用来形容颜值高，外貌清淡高雅，性格沉默内敛的男性。

同样的，"性冷淡"本是一个医学用词，指性欲减退，后来被用于命名一种美学风格。这种风格在色调的要求上相当苛刻，造型也必须极简，既不能有繁复的花纹，也不能有不必要的颜色。说到底，就是崇尚极致的简单，在色彩上，明暗、色调对比弱，整体给人感觉低调而不失格调。"性冷淡"风格的精髓是极简与克制，这个词的能指早已超越原来医学上的含义。

三、视觉文化时代图像叙述中的意识形态表达

"视觉文化"研究取向为人类提供了一种新的批判视野，直指当代日常生活，它不仅是广义上的文化研究的一部分，同时也是文化研究的新领域。从某种层面上讲，视觉文化的出现是大众传媒技术进步的直接表现，也是大众文化直接促生的结果。

大众文化是后工业社会的主流文化形态，内容上以通俗性著称；传播方式上大众文化的可复制性与易得性已经渗透到了社会政治、经济、文化等各个领域。以批判大众文化而著名的法兰克福学派的学者则认为，"大众文化是标准文化、程式文化、重复文化和肤浅文化的同义词，是为一种虚假的感官快乐而牺牲了许多历久弥新的价值观念"（陆扬，王毅，2000，pp. 19－21）。

从符号学角度来说，符号文本是"一定数量的符号被组织进一个组合中，让接受者能够把这个组合理解成为有合一的时间和意义向度"（赵毅衡，2012，p. 43）。上文已经提到过，图像是一种叙述，并且任何叙述总是无法

回避地包含着某种意识形态。意识形态是社会化的精神生产和生活，它能动地反映客观存在。社会生活中，每一个主体总是披挂着意识形态的符号活动在人生舞台上。（胡潇，2010，pp. 12－13）既然意识形态是人类精神生活的产物，那么叙述不可避免地也在生产过程中裹挟着不同的意识形态。詹姆逊将叙述看成对社会现实矛盾的想象性投射，这种投射赋予了叙述意识形态属性。

（一）图像叙述中的交往——以网络表情包交流为例

表情包的运用其实最早可以追溯到1998年台湾一位网络作家痞子蔡，他的网络小说《第一次亲密接触》里面的男主人公“痞子蔡”在网络聊天室与女主人公“轻舞飞扬”聊天的时候，为了博取女主芳心，就用一些自创的表情符号来取悦对方，比如:）表示微笑、: P表示吐舌、: D表示大笑，等等，这些符号可以说是网络上的第一代表情包。之后随着QQ的不断壮大，第一代字符表情包淡出网络。2002年后，因特网在国内普及开来，这个时候QQ基本成为中国大陆网民聊天交流的唯一工具。2003年起QQ出现了自带的圆脸表情，、、、等表情符号至今仍然在网络交流中占据重要位置。

随着时代的发展，网络越来越成为现代人社会生活中的必需品，QQ自带表情包也开始不能满足人们复杂的交流需要，这个时候网络上出现了自制表情包。这类表情包的创作者基本上都是漫画家和平面设计人员，他们创造了一系列风靡整个网络的卡通表情包，如小阿狸、悠嘻猴、兔基斯、流氓兔，等等，用户可以根据自己的喜好来下载使用这些表情包。这种新生代表情包日渐成为网络交流的主要工具，当屏幕前的聊天者不想说话或者不知道说什么的时候就开始不断地发表情包，这可以说就是最初的“尬图”。

2008年，在北美流行了一年的“暴走漫画”被网友引入中国，在中国网民中引起强烈的反响。在同一时期，一些真人表情包配合“暴走漫画”成为网络表情包新亮点，赢得广大网友青睐，篮球明星姚明、日本声优花泽香菜和韩国演员崔成国被誉为“表情三巨头”。随着微信在中国大陆的普及，另一种表情包在广大中老年人群中特别流行起来，这些表情包配的文字具有鲜艳的色彩和金光闪闪的“质感”。与此同时，表情包的内容越来越丰富，大量的表情包制作软件出现，为网友创作表情包提供了便利。

表情包意义的产生离不开社会环境与客观现实。爱德华·霍尔（Edward T. Hall）在《超越文化》（*Beyond Culture*）中提到过这样一个概念：内化语境机制（internal contexing）。霍尔认为，内化语境机制使人能完成一个极其重要的功能，那就是自动校正扭曲或缺失的信息。（2010，p. 103）霍尔在《超越文化》一书中多次提到“语境”（高语境与低语境）、“情景”等概念，并认为这些概念都是文化研究重要的组成部分。笔者认为，霍尔所提到的内化语境机制与前文中提到的伴随文本在意义上不谋而合，都是要通过既有的符号文本解码新的符号文本。

（二）图像叙述的诗性主导与解读

图像文本属于符号文本的一种，图像叙述如何才能获得传播意义，实际上取决于图像文本接收者的意义构筑方式。图像文本接收者在解释（解码）所接收到的意义组合时必须考虑到图像文本发送者的意图（编码）。

雅柯布森在其1960年出版的著作《语言学与诗学》（*Closing Statement: Linguistics and Poetics*）中曾经提出了“符号六因素”理论，即一个符号文本同时包含发送者、文本、对象、媒介、符码与接收者这六个因素。雅柯布森指出，符号文本不是中性的、平衡的，当文本让其中一个因素成为主导时，就会导向某种相应的特殊意义解释。（赵毅衡，2012，p. 179）雅柯布森对于诗性的解释是六因素理论产生重大影响的关键。雅柯布森认为，当符号侧重于信息本身时，就出现了诗性。诗性，即符号把解释者的注意力引向符号文本本身，文本本身的品质成为主导（赵毅衡，2012，p. 180），图像叙述正是图像符号文本的诗性主导。

表达离不开解读。前文中提到过，只有先对图像叙述的能指做出分辨，才会逐渐深入所指层面。也就是说，只有对图像文本所要表达的意义进行深层次解读，才能揭示图像文本背后的意识形态，这种解读类似于莫萨里斯所谓的“图像素养”：“在认识到图像表现和客观世界存在诸多差异的基础上，通过静态和动态图像来把握整个世界的能力。这种能力源自于公众在观察图像时已有的认知水平、语言能力和社会经验。”（Messaris，1994，p. 208）

解读往往要借助伴随文本。伴随着符号文本一道发送给接收者的附加因素被称为伴随文本。不仅仅是图像文本，其实任何的符号文本都浸透了社会文化因素的复杂结构，在解读图像文本的时候不能忽视这些符号文本自身携带的社会约定和联系。赵毅衡把伴随文本分成三个大类——显性伴随文本、生成性伴随文本和解释性伴随文本。三个大类的伴随文本之下又有不同的分类，显性伴随文本包括副文本和型文本，生成性伴随文本包括前文本和同时文本；元文本、链文本和先后文本则属于解释性伴随文本。在解读图像叙述时，解读者的身份、所在的时代、所持有的社会经验都会成为其伴随文本，影响着对图像的解读。

（三）潜移默化的非标出性视角

非标出性和视角分别是符号学和叙述学中最基本的概念。赵毅衡在《符号学》一书中指出，“当对立的两项之间不对称，出现次数较少的一项就是‘标出项’，而对立的使用较多的那一项，就是‘非标出项’”（2012，p. 279）。视角则专门用来指“有限人物叙述角度”（赵毅衡，2013，p. 248）。不仅小说有视角问题，几乎所有的叙述，视觉的或是隐含着视觉的，都有一个“引导接受者从哪里看”的问题。（p. 249）

笔者认为，非标出性视角是一种潜移默化的文化习得，这种文化习得包含着重要的意识形态内容；非标出性视角的习惯应用，使得意识形态的表达变得十分自然。在这种状况下，非标出性视角成为一种接收常态，而非一种强行的灌输。接受者参与图像叙述编码的过程，并且该过程由传授双方通过互动共同建构完成，其中，接受者根据自己的偏好向传者提出视觉诉求，传者依据接收者的视觉诉求来编制视觉符号体系。

早期西方油画中，对女性身体的描绘往往都采取男性视角，男性视角一度成为非标出性视角（例如图 2）。这种非标出性视角几乎主宰西方油画史，绝大多数对女性身体的绘画都通过男性视角来完成。这种从男性视角出发对女性身体的表达是一种父权社会的意识形态的表达。

图 2　鲁本斯《三美神》

随着传播技术的进步，影视作品对于非标出性视角的运用也成为表达意识形态的主要手段。好莱坞电影中不乏对美国价值观的图像表达，例如无孔不入的美国国旗。1990年上映的美国电影《与狼共舞》中有这样一组镜头，主角邓巴来到边界驻地时，驻地已经化为一片废墟，但是就在这已满目荒凉的土地上飘扬着一面美国国旗；《十二怒汉》中最终审判结束后，法庭外高高飘扬的美国国旗暗示着美国法律的公正；《独立日》中连脱衣舞的舞台背景都挂着美国国旗。非标出性视角是受者在接受了既有的文化基础和社会共识后持有的一种视角，这种视角是建构图像叙述中意识形态表达的一个方面。

（四）符号操纵下的欲望制造

图像叙述中的欲望展现是视觉文化的具体表现，也是当下视觉文化时代人们迷恋图像文本的原因之一。图像叙述通过符号操纵来制造欲望，完成意识形态表达。当代社会依然是消费社会，消费社会的自我表达就是对欲望的欲望。鲍德里亚指出："消费社会是对消费品赋予过分价值的社会……整个社会、经济和文化制度被一种消费物质商品的动力所支配和渗透。"（2003，pp. 60—61）

赵毅衡认为当代社会符号危机的特征之一就是对欲望的欲望，这是一种"伟哥文化体制"（2012，p. 367）。笔者认为，基于符号操纵的欲望制造实质上是消费社会的必然结果。

回顾人类社会发展历史我们会发现，原始社会时期没有剩余粮食，这个时期没有所谓的经济发展，食不果腹是常有的事情，人类在原始社会唯一的目标就是生存。而到了古典文明时期（公元前1000年—公元500年）整个欧亚大陆趋于整体化，技术的进步是其基础。这个时期农业生产率的急剧增长，意味着人类此时可以取得足够的剩余粮食来发展经济和建立国家。（斯塔夫里阿诺斯，2006，p. 84）之后，人类进入工业社会，直至今天所谓的消费社会，在这个过程中，产品的表意性随着文明的进程而不断丰富，意识形态内容赋予了商品除了使用价值之外更多的含义，这个含义是社会关系的象征，也就是说，人类开始在使用物品的基础之上寻找可以象征社会地位与社会阶层那一类属性。由此催生的炫耀性消费放大了商品使用价值之外的那一部分，这一部分内容由于被各种符号操纵而成为欲望制造的滥觞。

所以，奢侈品消费成为图像叙述的重点。一时间，昂贵的珠宝、手表、包、汽车、红酒、服装等纷纷成为社会身份的象征。身份与消费的紧密结合成为视觉文化时代图像叙述的一种重要的意识形态输出。

香奈儿最著名的5号香水广告因为玛丽莲·梦露的一句广告词而风靡全

球："我只穿香奈儿五号睡觉。"这些充满了欲望的包装，都在符号操纵下完成了"欲望激活"。商标对于商品的消费来说十分重要，那些充满了诱惑的商标成为某个阶层显示自己财富和地位的标志，人们也开始习惯依据这些标志来划分社会阶层。视觉文化为社会营造了一个图像消费的乌托邦（刘琛，2006，p. 41），被符号操纵的欲望刺激了消费心理，当代社会的人们为了满足这种消费心理，越来越迷失在光怪陆离的符号中。

结　语

视觉文化时代人们的图像意识觉醒，它潜移默化地影响着现代人的思维方式和生活习惯。人们已不单单满足于用文字来再现客观世界，"有图有真相"成为人们表达意识形态的另一种方式。按照麦克卢汉的理论，图像叙述的发展是技术进步带给人们的质的飞跃。

我们今天研究视觉文化时代图像叙述中的意识形态，其实面对的是一种新的文化研究领域。卡西尔说"人是符号的动物"，归根结底，人类的意识过程其实就是将人类世界进行符号化的过程。图像叙述本身并不是孤立地存在于客观现实，它隐藏着的某种观念和意识形态成为图像叙述能够表意的直接原因。一种意识形态的形成是一种社会实践长期积累的结果，在符号体系的协助下，图像叙述的意识形态研究本身也在缔造一种文化。图像作为一种符号，原本就是视觉表达中比较直接和准确的传播媒介，它在沟通文化和传递信息方面起到的作用不可忽视。

引用文献：

鲍德里亚（2003）. 消费社会（刘成富、全志钢，译）. 南京：南京大学出版社.

本雅明（1993）. 机械复制时代的艺术作品（王才勇，译）. 杭州：浙江摄影出版社.

陈兆复（2003）. 岩画——人类早期的视觉表达（邓启耀，主编）. 昆明：云南人民出版社.

胡潇（2010）. 马克思恩格斯关于意识形态的多视角解释. 中国社会科学，6，12－13.

霍尔，爱德华（2010）. 超越文化（何道宽，译）. 北京：北京大学出版社.

刘琛（2006）. 图像叙事：当代文化的图像转向. 博士学位论文. 北京：北京语言大学.

陆扬，王毅（2000）. 大众文化与传媒. 上海：上海三联书店.

邵娣（2008）. 浅析摄影图像中的符号性. 新闻世界，7，77－78.

斯塔夫里阿诺斯（2006）. 全球通史（上）（吴象婴等，译）. 北京：北京大学出版社.

隋岩（2009）. 从能指与所指的演变解析符号的社会化. 现代传播，6，21－23.

索绪尔（2003）. 普通语言学教程（高名凯，译）. 北京：商务印书馆.

赵毅衡（2012）. 符号学. 南京：南京大学出版社.
赵毅衡（2013）. 广义叙述学. 成都：四川大学出版社.
周宪（2008）. 视觉文化的转向. 北京：北京大学出版社.
Messaris, P. (1994). *Visual Literacy: Image, Mind, Reality*. Boulder, CO: West-view Press.

作者简介：

王立慧，四川大学文学与新闻学院博士研究生，四川大学符号学传媒学研究所成员，四川艺术职业学院戏剧系讲师，主要研究领域为传播学、符号学。

Author:

Wang, Lihui, Ph. D. candidate of School of Literature and Journalism, Sichuan University, member of the ISMS Research Team, lecturer of Department of Drama, Sichuan Vocational College of Art. Her research interests include semiotics and communication.

E-mail: 872286070@qq.com

理论与应用

叙述还是所述？
——作为“风格”的电影蒙太奇

文一茗

摘　要：长期以来，蒙太奇被限定为电影叙述的一种构建方式，并因此游离于镜头内部叙述与文本故事之间。本文尝试从符号叙述学角度，将蒙太奇理解为一种风格，进而探究其叙述功能。风格不只是一种叙述方式，也是所述本身，是特定主题的特定表现。根据电影蒙太奇叙述对观影者认知力的作用效果，蒙太奇本身是一种富于诗意的叙述干预，它形成陌生化的效果，带来对电影文本隐含意义的理解。

关键词：风格，电影蒙太奇，叙述

To Narrate or to Be Narrated: Montage as a Style

Wen Yiming

Abstract: For decades, montage has been accepted as a particular type of film narrative, shifting between the technical details of shots and the grand narrative of the plot. This paper approaches montage from a semiotic viewpoint, interpreting it as a particular "style" in the construction of movie text, redefining it as a poetically narrative intrusion that results in defamiliarisation and thereby leads to the implied meaning of the text.

Keywords: style, montage, narrative

DOI:10.13760/b.cnki.sam.201902013

作为最富艺术气息的电影手法，蒙太奇在电影研究中获得的关注由来已久。相关的讨论大致分为两个方向。一是关于蒙太奇的构成：普多夫金将蒙太奇界定为一种刻意为之的“组接”，即镜头组合构成新的镜头含义。其中最具有影响力的，是苏联电影理论家爱森斯坦在《电影中的第四维》中集中阐述的“冲突蒙太奇”，即两个单镜头之间形成视觉、情感或语义上的冲撞而组成蒙太奇语段。另一个关于蒙太奇的讨论，关注其作为电影叙述手法的合理性。其中冲击力最强的，是安德烈·巴赞通过对“长镜头”美学的阐发（强调镜头内部的表现力），对蒙太奇发出的质疑。当然，也有不少学者对此种质疑之声复次质疑，比如，以让·米特里等为代表的电影理论家。此外，也多有电影实践者，在积极地探索长镜头与蒙太奇互相支撑的合理与可能。

一直以来，在制片过程中，蒙太奇都被限定为一种电影文本的“构建方式”，并因此游离地存在于镜头内部叙述（如叙述视角）与整体电影故事（如情节、时间等）之间的隐形地带。但同时，我们不得不承认，蒙太奇似乎又浸润着上述所有叙述元素。如果作类比，我们会遇到一个令人尴尬的问题：蒙太奇到底应该落实到传统叙述学研究中的哪一个环节？进而我们可以发问：蒙太奇是否只是一种（属于叙述元层面的）构建方式或纯粹的“形式结构”，还是通过镜头“之间”决定镜头“之内”的被述元素，即内容本身？

笔者并不想卷入这场争论，而是尝试着从符号叙述学角度，将蒙太奇理解为一种风格，进而探究其叙述功能。首先，我们需要对蒙太奇的传统界定做一番新的解读，找出其中的不确定之处与可能由此形成的突破点。笔者所提出的“风格”一说，能否使上述顽题得到新解？接下来，我们首先需要阐明的，是风格的定义。

一、何为风格

风格，似乎应当是任何上乘之作共有的特质。根据皮尔斯对符号的定义，上乘之作应当具备的共同特质，是一种可以使文本接受者面对世界时感到陌生化效果的意义能力。强大的符号不止于再现所指对象，而是令人尽可能越过对象，深入永无止境的意义空间。所谓风格，正是这种文本示意的能力，一种特别的情感效力，赋予某种有别于认知常态的接收方式，使人游离于所接受的影像信息（即符号所指对象），从而与符号文本产生最大程度的交汇与碰撞。只有对符号对象的接收被“情绪化”地处理，符号接收者的自我才可能与之对应地在更高的符号层面分化，形成元层次的信息处理，才有足够的认知高度去解释文本。所以，同样的，风格的第一特质，是必须拉长文本的接收过程。

风格不只是一种叙述方式，也是所述本身。格雷厄姆·霍夫曾提出一个发人深省的问题："每一种不同的言说方式实质上不就是对一个不同事物的言说吗?"对此，纳尔逊·古德曼十分赞赏并补充道：风格，依赖于存在着言说同一个事物的可选择的方式，而风格的不同，完全在于"所言说的东西的不同"。（2008，p. 27）古德曼欲强调的是，所言说的东西有时候就是其言说方式的一个面。并且，他建议我们言说不同的事物，可以"当作谈论包含两者在内的某种更加全面的事物的不同方式"。比如，一个诗人的风格也可能是由他所言说的东西构成的。说到此处，古德曼特别举了惠特曼的例子，他认为这位诗人对细节的挑选，既是他描写人的一种方式，也是他独有的歌颂生命力的方式。（2008，p. 27）由此可见，传统用形式/内容或外在/内在等二分法来界定风格的做法，十分狭隘。正如一枚钱币之两面，风格本身是述与所述的同时展开；从观者的认知角度而言，是方式与对象的总和。

风格，是符号文本的特质与构成，是特定主题的特定表现。如果风格囿于文本特质（正如一道菜的滋味），就剥离了文学文本的基本使命——令人思考。比如，以我们对"一片云"的再现为例，字典为我们提供的是："在空中悬浮的由水滴、冰晶聚集形成的物体"——急切地将"云"确定为"是什么"。曾有一首歌词中的云，给笔者留下极深的印象，因为它仿佛是极力逃离那种"是什么"的描述，而是将自我带入另一种可能：

如果这个时候　窗外有风
我就有了飞的理由
心中累积的悲伤和快乐
你懂了　所以我自由
你不懂　所以我堕落
如果这个时候　窗外有云
我就有了思念借口
爱引动我飞行中的双翅
你回应　我靠近天堂
你沉默　我成了经过
翅膀的命运是迎风
我的爱　当你把爱转向的时候

我只身飞向孤寂的宇宙
眷恋的命运是寂寞
我的爱　当你人间游倦的时候
我会在天涯与你相逢

（姚谦《飞的理由》，《人间四月天》主题曲）

这是一首歌词，我们很难说这样的叙述风格，只是一种“风味”而已。应该承认：歌词有关“云”的叙述，道出了新的存在维度，其中，“我”与“云”是有关联的，而“云”之于“我”是有意义的。

也就是说，风格不仅是方式问题，而是通过方式进入内容本身，从而拉长文本接收的符号化过程。那么，我们假若认可风格的这一基本特征，又如何理解蒙太奇之作为这一风格说的精彩演绎呢？无疑，我们将蒙太奇视为一种风格，也正是它增强了电影文本的文学性，并且，也更能体现出电影叙述的野心：并不止于去如实再现什么，而是探索另一种再现世界的可能。

二、作为风格的蒙太奇

电影文本要展现的，也包含“展现”本身，其中，蒙太奇是最具意义延展能力的方式与内容，因为它是通过停顿、选择，即一种刻意的片面化而延续整体性的修辞与命题。

首先，蒙太奇本身是一种陌生化效果，它的存在本身所肩负的最大使命是呼吁观影者去“看”。尽管蒙太奇的诞生，最初是由于胶片技术的局限（早期的胶片尺幅太小），但后来经理论与实践的不断拓展，蒙太奇得到淋漓尽致的运用，成为电影文本构建的基本叙述模式。正如话剧可以由多幕戏组成，一部电影平均由600多个镜头组接而成，以保证叙述的连贯与统一。对于观者而言，这已是电影文本存在的一种常态。然而，上述理解将蒙太奇抽离出来，作为电影文本元层面的事后操作，即单镜头内容总和之上的叙述干预。除了隐蔽的剪切与拼接之术，我们也可以尝试着将蒙太奇视为赫然在场的修辞风格——其本身，就是极为重要的被述元素。

比如，我们发现，蒙太奇更是一种具有诗意的叙述干预。瓦伊斯·菲尔德曾言：没有艺术家干预的艺术是不存在的，因为干预是创作者的理解；蒙太奇运用得是否成功，关键看为观者的理解留出了多少空间（糟糕的蒙太奇，会导致如巴赞所抨击的，导演意图对观众理解的强迫）[①]。有学者指出，好的蒙太奇，能够反映出在纷乱的世相中寻求内心平衡与安宁的共同经验。（颜纯钧，2013，p. 65）让·米特里在其《蒙太奇形式概论》中曾举影片《母亲》为例，在表现半醉的丈夫回到家中准备取走钟锤换钱买酒时，普多夫金对这场戏进行的分切让我们看到蒙太奇强大的陌生化效果：

> 从严格的纪实观点来看，这样分解动作纯属多余，它并没有讲述更多内容。为了叙述这样短暂的动作，一个镜头就足够了，至多用两三个镜头来区分主体和客体、原因和结果，再多也无用。因此，我们看到，这里的意图并非分解事件，而是介绍事件的详情，赋予事件一个“思想”的表达方式，把事件分解为最富有含义的各个方面之后，重新组合，加以展现。这根本不是力求删掉对内容表达可有可无的字句，或风格简洁的小说家的语言。恰恰相反，这里好像对每一句话都要多加留意，以便欣赏或吟咏，以至于尽管镜头交换频繁，而节奏却相当缓慢。人们围绕事物琢磨来琢磨去，直至筋疲力尽，却未前进一步。动作在原地踏步。这是一种把较小的事件渲染为一个“主题”的艺术。（米特里，1983，pp. 47—48）

文本的目的，正是指向某个他物，这可视为文艺佳作的衡量标准。我们说“这不只是叙述方式，而是所述内容本身”时，就如同在说：“这不是情节构建，而是A与B之间的冲突之所在。”我们的关注重心已经从符号本身的编码转向符号所指对象，及其可能的意义延伸。那么，我们应该探究的问题似乎应该是：蒙太奇的分类，如何作为风格而显示其叙述的力量？

三、风格视域下的蒙太奇分类

既然确立了风格是文本符号的特质与构成之结合这一基础，接下来，我们不妨尝试着持风格之镜，重审蒙太奇分类。

---

① 巴赞主张电影的纪实美学功能，认为镜头所造成的真实性胜于可能的修辞叙述。他提出长镜头之说，奋起反抗蒙太奇。因为，蒙太奇“不遵守空间的统一性”，会影响观众对真实的感受。在其《什么是电影》中，巴赞特别举了一个案例：《鹫鹰不飞之时》中，当一对夫妇带着一个孩子生活在密林中，不知险情的孩子把一只幼师带走。当母狮追赶孩子来到宿营地时，父母惊恐万状。此处，令巴赞十分赞赏的是，导演没有采用蒙太奇的镜头分切，而是用一个全景镜头将父母、孩子和狮子处理在同一个空间中，让观众真正看到人与狮子之间的距离是如此之近，处于同一个具有连续性的空间，从而有力地弥补了之前采用的分镜头的缺憾。

（一）叙述蒙太奇

叙述蒙太奇是为了保证情节展开的连续与逻辑连贯而设置的镜头链接。也就是说，保证影像元素的可述性，并由此进入意义解释，是这一类蒙太奇最主要的叙述功能。解读叙述蒙太奇的关键词是“选择”，选择是传达叙述意图的重要策略。有学者专论“叙述之本质”时曾言：

> 叙述是对于一段生命的反思性的择取和组织。在此意义上，叙事决不能把握某个个体的生活，因为前反思被经历着的生命并不能全部被安置入一个叙事中，叙事最适合于指向目标的行为。从相反的角度来看，叙事通过它们的选择性而把比生活本身所显现出的更多的统一性强加于其上……我们不应当把对一段人生反思的、叙事的把握同对前反思的体验的说明混淆起来，前反思的体验在被组织入叙事的体验之前就组建了生活。（扎哈维，2008，p. 119）

以费穆的《小城之春》为例。影片开头，跟随女主角玉纹的自述，我们和她一起从城墙边回到戴家老院子。该语意段的蒙太奇叙述，使文本呈现的不仅是“玉纹回家”这个事件，而更是“玉纹只有回这个家，并且，只能通过此路”。这一幕，将演员表现与背景设置压缩为一幅极简的水墨画，其中，蒙太奇的运用，使得这一段叙述含义深远且韵味无穷。蒙太奇本身（与单镜头相比）意味着多项选择的可能，并不是指蒙太奇可以通过任意的中断与选择，从而比长镜头企及更大的视觉感知范围，而是说它可以指向范围更大的意义空间。此处，叙述蒙太奇所呈现的“回家”，与单用一个长镜头跟随玉纹相比，似乎更能突出其身体、社会及精神上的孤独与困顿。在此，我们见证了蒙太奇如何绝妙地结合影像元素与影像含义，实现笔者所说的风格。

（二）修辞蒙太奇

修辞蒙太奇服务于情绪、氛围的渲染，以便更强烈有效地传递影像信息，常见实例有隐喻蒙太奇和抒情蒙太奇。此处的隐喻不仅是一种文本修辞，更是一种主题。简言之，修辞蒙太奇关注的是影像元素的再现方式及其如何将观影者引入意义空间。解读这类蒙太奇的关键词是修辞关联的“依据”。

我们可以设想以下两个案例。一例是“探寻拜访久居深山的隐士”。我们不妨在前行探访之人的镜头之后，设置一个场景特写镜头，其中，一股山泉幽幽泻下。不难看出，此例中蒙太奇运用的依据在于所截取的比拟事物之间那种互为镜像的关联。二例是要展示"一位孤独的老人"。我们可以尝试在空无一人的宅子之后，紧跟独自出门买菜、回家独自做饭、饭桌上摆出的单人碗筷等系列单镜头，以强调其独居的境况。此处并置的镜头运用，依据在于如何将"孤独"这一抽象主题落实于银幕人物的年龄与生活状态的错位，即如此老迈之人，独自完成生活中的这些片段，是令人不安的。

世界之大，人对事物的认知，似乎唯有在片段（文本化，即通过蒙太奇所刻意排列组合的视觉冲击中）的隐喻中，才能得到最好的展开。蒙太奇的运用，不仅是片段化的结构，更是天然地成为延展丰富认知的过程本身。因为，一个文本所言说或表达的东西是文本拥有的性质，而不是其他的东西。另一方面，这个文本所拥有的性质，也不同于文本自身，并且也不是禁闭于文本之内的。正是这些性质，使得这个文本与共享这些性质的其他文本发生了关联。（古德曼，2008，p. 33）古德曼在其著作中专论风格的一章反复强调风格是述说与所述的结合。其中，对隐喻风格，他以忧郁这一常见的艺术特质为例，分享道：

> 首先，我认为，一首诗或一幅图画自身拥有其所表达出的忧郁，虽然这种忧郁是隐喻地而并非字面地表达出来的；也就是说，这首诗或这幅画对忧郁的表达是（隐喻地）令人忧郁的。其次，我认为，一个作品所谓的内在风格特征绝不仅仅只是其所拥有的属性，而是它拥有的那些被证明、被展示和被例证的性质，就像裁缝以布样为样品所例证的是颜色、质感和编排，而不是形状或大小那类性质那样。（古德曼，2008，p. 33）

（三）理性蒙太奇

理性蒙太奇又被称为思想蒙太奇（出自爱森斯坦的分类，原指理性反响与思维后良知的主导感染力的结合），有时会被批为最易被导演蒙骗的观念。如贝拉·巴拉兹所言：蒙太奇不仅能造成诗意，它还能比人类其他表现手法更为彻底地杜撰和歪曲事物。（张骏祥，1986，p. 121）应当承认，运用得糟糕的蒙太奇（或者广义上的任何糟糕的镜头运用），都会恶意地扭曲价值的真实感，使人的认知步入危险。但，这个危险或错误本身，并非蒙太奇的叙述本质所致。

这再次引发了那个古老的争论——文学是否应该服务于真实再现对象？从符号学的角度而言，叙述的使命是无限地逼近真实，并且，在意义真实

（truth value）与经验真实（facts）之间，文学叙述更多应对的是前者。导演阿巴斯在谈及电影本质时有一段话，或许可以为此纠缠打开一个思路：

> 电影未必要表现表明的真实。其实，真实是可以被强调的。它可以通过介入和干涉而变得更明显而精炼，一切都是谎言，没有什么是真的，然而都暗示着真实。我的作品则以那样一种方式说谎，以使人们相信。我向观众提供谎言，但我很有说服力地这样做。每个电影人都有自己对于现实的诠释，这让每个电影人都成了骗子。但这些谎言是用来表达一种深刻的人性真实的。对生活的精确模仿，就算这样的事是可能的，也不可能是艺术。某种程度的控制是必需的，不然导演便无异于房间角落里的监控摄像头，或固定在横冲直撞的牛角上的盲拍摄影机，必须进行选择。通过这样做，本质的真实会显露。
>
> 坏电影把你钉在椅子上。它们绑架你。一切都在银幕上，但一切又囿于诠释，导演强行规定了你应该如何感受。一部好电影让你无法动弹。它挑衅，唤醒内在的东西，在电影结束后很久仍在拷问你。一部好电影需要由你完成，在你脑海中，有时很久之后才真正完成。
>
> 当我谈论诗意电影时，我是在思考那种拥有诗歌特质的电影，它包含了诗性语言的广阔潜力。它有棱角的功能，它拥有复杂性。它有一种持久的诗性。它像未完成的拼图，邀请我们来解码信息并以任何一种我们希望的方式把这些碎片拼起来。
>
> 真相一直在变，无法完全在电影中呈现。它一直藏在事物的本质中。导演的工作是以自己特殊的方式暴露被隐藏的东西。（基阿努斯达米，2017，p. 17）

正如风格是方式与内容的结合，蒙太奇为观影者所揭示的，也同样取决于我们“如何寻求”与“寻求什么”。作为风格，理性蒙太奇无疑正是思维展开并构造对象的符号化过程。一个复杂微妙的风格拒绝被简约为某种文学公式。所以，古德曼建议，对风格的识别，就是对艺术作品及其所表现的世界的理解的一个有机组成部分。（2008，p. 42）能形成异己风格的蒙太奇叙述，更有利于形成认知差，从而促使自我认知丰富，因为出色的蒙太奇，总是会迫使我们做出更多的自我调整，这个过程，也见证了自我认知的潜能。有学者以电影《城南旧事》中结尾“离别”一幕为例，分析蒙太奇是如何服务于风格的。该片用九个镜头（形成“整体—局部—整体”的结构）来表达“生离死别的惆怅”。[①]

我们说蒙太奇是一种风格，是指它们所强调的、再现的、指示的，不是符号对象本身，如例子中的“别离”（因为，显然长镜头也能表达同样的信息）。蒙太奇刻意的片段化认知、聚焦式手法，对现实进行变形处理，将思维引向别处。蒙太奇通过突破经验世界中的时空限制，实现可能的意义关联。正如爱森斯坦所理解的那样，不仅是感性形象可以直接展现在银幕上，抽象概念、按照逻辑表达的论题和理性现象也可以化为银幕形象。爱森斯坦将蒙太奇定义为“镜头之积”时，曾言：任意两个片段并列在一起必然结合为一个新的概念，作为一种新的质从这一并列中产生出来。这是因为并列的结果在质上永远有别于每一个单独的成分。这导致两个镜头之外产生某种“第三种东西”，并且相互关联。此处的“第三种东西”，很符合皮尔斯符号三分中的第三项——解释项。蒙太奇的本质，正在于通过可视的影像，激发观者内心观念的力量。蒙太奇服务于某种风格的叙述，这一观点早在爱森斯坦对其的界定中就体现出来了：我们的电影所负担的任务，不仅仅是逻辑连贯的叙述，而恰恰是最大限度富于感情的、充满感情的叙述，而蒙太奇是完成这一任务的强有力的手段。

（四）镜头内蒙太奇

长镜头与蒙太奇的结合，对存在矛盾性和认知可能性有着更为深刻甚至真实的反映，并由此能更好地服务于悖论主题本身：镜头内蒙太奇将运动与停滞、局部与整体诗意地整合于一体——这本身，就是自认知的真实写照。

以电影《诺丁山》中的一幕为例。有学者撰文分析其中一段“威廉走过四季”的长镜头：

> 休·格兰特饰演的男主角威廉爱情失意，郁闷地在街上行走，这是一个跟拍的长镜头，不间断地呈现人物在空间中的运动状态，然而这个镜头同时呈现了人物在时间流转中的状态，就在威廉的行

① 这九个镜头堪为经典，原文作者整理如下：（1）满山红叶，瑟瑟秋风中英子一家默默地站在父亲墓前默哀；（2）义地门外，宋妈和英子无限伤感地默默地望着，英子走向马车，不时回顾宋妈；（3）宋妈向秋风中的义地投去最后的一瞥；（4）父亲的墓地红叶如织，几个学生前来扫墓；（5）女学生将一束红叶放在墓前，她们默默地致哀；（6）宋妈坐的小毛驴渐渐远去，她不时回头望着；（7）英子趴在马车后座上含泪望着；（8）宋妈的小毛驴远去了；（9）英子还在望着宋妈，马车渐渐远去了，远去了。（邓烛非，1989）。

> 走中，背景出现了四季的变化，暗示自二人分离后，一年的光阴已经悄然逝去。四个季节的街景随着人物的行走依次出现，此处暗含着蒙太奇，并且实现了对时间的压缩。在这里，长镜头与蒙太奇的结合，形成了独特的符号组合和表意结构。（马睿，吴迎君，2016，p. 142）

长镜头的长度只能相对而言，其真正的生命并不在于其“长”，而在于镜头内的连续运动。蒙太奇和长镜头实际上是相互补充的两种电影表现手法，两者都反映了人们一定的视觉特征。前者反映了人们视觉注意中心的不断转换，后者反映了视觉注意连续运动的状态。（夏志厚，徐海鹰，1981）

有学者指出，长期的观影实践使观众逐渐适应了电影特定的镜头语言。尽管两个镜头的连接没有影像画面或外部动作的连续性，观众仍然会根据经验竭力去探寻镜头之间存在的连续性，甚至不惜把镜头本身所不具备的含义强加于镜头之中，以产生假定性的联系。正因为这样，普多夫金才一再把蒙太奇视作一种揭示联系的方法。（颜纯钧，2013，p. 68）

镜头之间不只是连接，而是要通过连接来实现整部影片的构成。所以，电影“必定”是蒙太奇，是同时性与连续性的统一。爱森斯坦曾表明，蒙太奇不仅是一组镜头的连续组接，而且这组镜头还存在着一种整体的结构关系，它们作为整体的部分是具有同时性的，“即各个元素同时既被看作是各个独立的单元，又被看作是一个整体的不可分割的各部分（或一个整体内部的各个组合）”（颜纯钧，2013，p. 69）。所以，爱森斯坦认为：蒙太奇贯穿于电影作品的一切层次，从最基本的电影现象，经过“本义上的蒙太奇”，直到作品的整体结构。（颜纯钧，2013，p. 70）

颜纯钧在《长镜头美学新论》中指出：连续摄影提供的是时间的连续性，景深镜头提供的是空间的连续性（2013，p. 212）。另一处，作者补充道：

> 在巴赞看来，景深镜头的空间连续性，为镜头内部的表现力提供了基础。巴赞之所以主张景深镜头与连续摄影，原因在于看重电影中时间和空间的连续性，以便体现出与现实世界的同构关系。长镜头的连续摄影导致了时间的连续性，景深镜头充分利用纵深空间又导致了空间的连续性。所以，颜认为：当蒙太奇以中断时空的连续性作为艺术的契机，把电影看作主观的表现而发展到某种极致时，巴赞的理论重新把电影拉回到尊重客观现实的轨道上来。（2013，p. 214）

长镜头与景深，尽可能地去文本化，克服文本聚焦对象的片面性。

单镜头段落（即长镜头）是在镜头的连续拍摄中实现的，而蒙太奇是在镜头的中断与连续中实现的。（2013，p. 215）蒙太奇是冲突、是撞击的观点，也就不仅体现在镜头之间，也体现在镜头内部。用巴赞的话来讲，“否定蒙太奇的使用带给电影语言的决定性显然是荒谬的”。应当说，蒙太奇并非只讲究镜头的中断，长镜头也并非只是讲究镜头的连续；毋宁说，这两种电影观念存在着明显的互补性。电影史上的蒙太奇时期强调镜头的中断，却又通过镜头的连接提供连续的幻象；长镜头时期强调镜头的连续，却又通过场面调度和变焦镜头来造成空间的隔断或转换。（2013，p. 215）

从其本质而言，蒙太奇是一种运动中的停滞、连续中的切割，从而是实现文本构成的过程。米特里在总结蒙太奇的构成方式与叙述意义之间的关联时，也指出：事物之间的关系归根结底比事物本身更重要，一个整体必然高于各部分之和，我们看到，为什么同样的一些元素，有多少排列方式，就有多少含义。（米特里，1983，pp. 47—48）正如笔者前文所强调，文学叙述的目的，也正是指向某个他物，这可视为文艺佳作的共性。

引用文献：

邓烛非（1989）. 蒙太奇理论研究中的若干问题. 当代电影，3，38—47.

古德曼，纳尔逊（2008）. 构造世界的多种方式（姬志闯，译）. 上海：上海译文出版社.

基阿努斯达米，阿巴斯（2017）. 樱桃的滋味：阿巴斯谈电影（btr，译）. 北京：中信出版集团.

马睿，吴迎君（2016）. 电影符号学教程. 重庆：重庆大学出版社.

米特里，让（1983）. 蒙太奇形式概论（崔君衍，译）. 世界电影，1，47—48.

夏志厚，徐海鹰（1981）. 也谈电影“蒙太奇”. 电影艺术，10，30，60—63.

颜纯钧（2013）. 蒙太奇美学新论. 现代传播，(35) 7，65—71.

扎哈维，丹（2008）. 主体性和自身性：对第一人称视角的探究（蔡文菁，译）. 上海：上海译文出版社.

张骏祥（1986）. 蒙太奇浅说. 当代电影，(5)，120—130.

作者简介：

文一茗，四川外国语大学英语学院教授、硕士生导师，主要从事符号叙述学研究。

Author:

Wen Yiming, professor of English College, Sichuan International Studies University. Her research field is semiotic narratology.

E-mail: wym1023@163.com

符号学与翻译研究：雅各布森符号翻译观再探*

罗　金

摘　要：受皮尔斯符号学的影响，雅各布森在其符号翻译观中指出翻译对符号意义生成及转换的重要作用。意义传达的动力性与无限衍义理论为可译性问题的争辩带来新的视角。通过对诗歌翻译的考察，雅各布森对皮尔斯三种符号类型进行了补充与完善。翻译三分法的提出引发了对翻译定义、界定及分类的重新认识，为翻译研究与符号学的发展与跨学科研究奠定了基础。雅各布森的符号翻译观架起了翻译符号学与皮尔斯符号理论之间的桥梁。

关键词：雅各布森，符际翻译，可译性，皮尔斯，翻译符号学

Semiotics and Translation Studies: A Reinvestigation of Jakobson's Semiotic View of Translation

Luo Jin

Abstract: Influenced by Peircean semiotics, Jakobson pointed out the pivotal role played by translation in generating and transferring the meaning of a sign. The dynamics of meaning transference and infinite semiosis offer a new perspective on the issue of translatability. Jakobson supplemented and perfected Peirce's triad through the exploration of poetry translation. His division of translation engendered a rethinking of such

* 本文为2018年国家社科基金项目"作为语际书写和文化建构的二十世纪中国文学自译研究"（18BZW127）部分研究成果。

essential issues as the definition, delimitation and categories of translation. It thereby laid a foundation for the development of translation studies and semiotics and paid the way for an interdisciplinary approach lying between semiotics and translation studies. Jakobson's view of translation bridged the gap between Peircean semiotics and translation semiotics.

Keywords: Roman Jakobson, intersemiotic translation, translatability, Charles S. Peirce, translation semiotics

DOI: 10.13760/b.cnki.sam.201902014

20世纪著名结构主义学者罗曼·雅各布森（Roman Jakobson）一生著述颇丰，在语言学、符号学、诗学等学科领域均做出了重大贡献。他在1959年发表的文章《论翻译中的语言学问题》（*On Linguistic Aspects of Translation*）中首次从符号学的角度触及翻译理论，提出了语内、语际与符际三大翻译分类，在翻译研究界产生了深远影响。该文自发表以来一直被奉为翻译研究的经典作品之一。之后，学界对雅氏翻译思想引述不断，其中引用其翻译三分法以引出被视作“正统”的语际翻译的讨论最为普遍，而对其翻译观的符号学理论渊源探索及反思有限。雅各布森对翻译的论述以结构主义语言学为根基，其中皮尔斯符号学思想的影响使他对意义传递及翻译的认识迈出了语言中心模式，其符号翻译观重新阐发了可译性问题与翻译的定义及界定，沿袭并完善了皮尔斯的符号学思想，开启了翻译研究与符号学的跨学科联姻。

一、雅各布森翻译观概述

雅各布森对翻译理论的贡献主要集中在《论翻译中的语言学问题》一文中，其对翻译问题的论述可概括为以下四点：

第一，对语词意义的理解取决于翻译。雅各布森在此文开篇以英文“cheese”（干酪）一词为例，他不赞同罗素所持必须有接触过干酪的经验才能理解此词的观点，而相信人们对词义的理解并不取决于生活经验及对世界的认识，而取决于对语言的翻译（Jakobson，1959/1971，p. 261）。因而对于来自不吃干酪国家的人，只要知道该词在其语言中意味着由压缩凝乳制成的食物，那他就会懂得英语中的“干酪”这个词。正如我们从来没享用过“仙馐”（ambrosia）或“神饮”（nectar），却明白这些词并且知道它们可能在什么语境中被使用。雅各布森的语言观延续了索绪尔结构主义语言系统的思想，但他将翻译作为人们理解词义的关键，却明显受到了皮尔斯符号学的影响。此语境下“翻译”一词作为概念隐喻，突破了跨语言转换的定义，这也为他之后提出符际翻译奠定了基础。

第二，翻译三分法。基于以翻译为中心的语义观，雅各布森将翻译分为三类：（1）语内翻译或重述（rewording）是同一种语言的其他符号对言语符号的一种阐释；（2）语际翻译或真正的翻译（translation proper）是用其他语言对言语符号进行阐释；（3）符际翻译或跨类翻译（transmutation）是指通过非语言符号系统的符号阐释言语符号。在三种翻译分类中，符际翻译的提出无疑最具突破意义，但“言语符号”的绝对位置以及对“真正的翻译”之凸显也为此后很长时间内翻译研究的开展带来了一定的局限。

第三，翻译在“差异中的对等”这一前提下展开。对一个词进行语内翻译指使用另一个某种程度上同义的词，或诉诸迂回的说法。然而同义，作为一种规则，却并非完全对等。譬如“每一位独身主义者都是单身汉，但并非每位单身汉都是独身主义者”（every celibate is a bachelor，but not every bachelor is a celibate）。一个更高层级的符码单位，可能只能通过对等的符码单位组合得到完整解释，换言之，即用一条指涉这一符码的信息。与此类似，在语际翻译层面上，符码单位之间通常也没有完全的对等。将一种语言翻译成另一种语言，并非转换单独的符码单位，而是直接将信息替换为另一种语言中的整块信息。这种翻译是转述行为，即译者从另一来源重新编码并且传递信息。如此一来翻译就涉及两种不同符码的两套对等信息。雅各布森强调“差异中的对等是语言的核心问题，也是语言学的主要考量对象”（Jakobson，1959/1971，p. 262）。所有的认识体验及其分类在任何语言中都能够被传达。译入语中缺乏相应语法手段，并不会阻碍翻译原文中蕴含的完整概念信息的传达。如果一些语法分类在某种语言中缺失，其意义可能会通过词汇手段被翻译出来。

第四，诗歌具有不可译性。对雅各布森而言，在玩笑、梦境、巫术，或人们简要称之为“日常的口头神话”中，语法类别负载着高度重要性，在诗歌中更是如此。在这些情况下，翻译问题变得更复杂且具有争议。诗歌以形式来表达感受，音位上的相似会被感应为语义关系。雅各布森从而做出论断：“诗歌从定义上而言是不可译的。只有创造性的转换才是有可能的。”（Jakobson，1959/1971，p. 266）这一认识与其对翻译概念的延展与分类产生了冲突。

雅各布森的学术生涯始终贯穿着二元对立的结构主义特征。他曾通过考察失语症患者的两种情形指出任何语言符号均涉及两种关系模式（Jakobson，1956/1971，p. 243），其许多重要思想能投射到构成语言两极的隐喻轴与转喻轴上。雅各布森的翻译观的确体现了其一以贯之的结构主义理念，但其对皮尔斯符号学思想的传承及推进为其翻译观注入了新的活力，不仅为可译性议题提供了符号学视角，还推进了人们对翻译的认识，为以后的符号翻译学及翻译符号学研究开辟了道路。

二、关于可译性问题

（一）可译性之争

可译与不可译之争一直是从哲学层面关注翻译问题的研究者持续探讨的话题。在《劳特里奇翻译研究百科全书中》，可译性被理解为“某种意义不经历根本变化从一种语言转换成另一种语言的能力”（Pym & Turk，2001，p. 273）。尽管不同语言符号系统之间具有结构上的差异，但翻译活动已进行了数千年，经典上乘的译文不计其数，持可译论者不在少数。歌德认为“不同的语言在其意思和音韵的传译中有着彼此相通的共性，这就构成了文学作品包括诗作的可译性”（谭载喜，2004，p. 105）。罗希·兰迪相信如果不同语言在思维上不可通约，包括提出文化相对论的沃尔夫在内的人，便无法在用英文描述与自己相去甚远的语言世界时，概述出这种这般操作之不可能（Rossi-Landi，1973，p. 54）。与此同时，不乏有人从翻译经验或语言哲学角度思考不可译性。但丁对《圣经·诗篇》的拉丁语译文进行研究，发现其中许多诗的特征在译文中丢失，从而得出了文学作品不可译论（Dante，1307－1307/1990，C7，B1）。德国语言学家洪堡特曾在1796年给施莱格尔的信中写道：“在我看来，所有翻译都不过是试图完成一项无法完成的任务。任何译者都注定会被两块绊脚石中的任何一块所绊倒：他不是贴原作贴得太紧而牺牲本民族的风格和语言，就是贴本族特点贴得太紧而牺牲原作。介乎两者之间的中间路线不是难于找到而是根本找不到。”（Wilss，1982，p. 35）蒯因通过其行为主义式“原始翻译”（radical translation）提出意义的不确定性乃至翻译的不确定性，这也在某种程度上被解读为不可译性。（Quine，2013，p. 24）

（二）翻译：意义生成与转换之条件

雅各布森在其符号翻译观中表达了对可译性的肯定态度。尽管其论述具有结构主义学者追寻语言共相的痕迹，但他将皮尔斯的符号学思想引入对可译性的系统阐述尚属首次。雅各布森认为人们对语言意义的理解取决于翻译，这一观点与结构主义语言学先驱索绪尔对语词意义的认识有相通之处。索绪尔认为语言意义并非来自其所表达的对象，而在于与语言结构中其他语言符号的差异。但雅各布森并未止步于索绪尔封闭自足的语言系统，他认为，“任何语言符号的意义在于其翻译为进一步的其他符号，尤其是‘在其本身内部生长更为充分的符号’，这正是皮尔斯这位对符号本质追问最为彻底的学者坚持所言”(Jakobson，1959/1971，p. 261)。在皮尔斯符号学意指的三元关系中，再现体使它自身的解释项，在与相同对象的同一三元关系中，去代替某个解释项（皮尔斯，2014，p. 32)。在符指过程中，人们通过对符号的解释生成一系列解释项，同时继续对解释项进行解释，由此不断产生新的意义，不断累积更新对对象的知识。赵毅衡对此进行了概括：“符号的意义本身就是无限衍义的过程，不用衍义就无法讨论意义，意义本身就是衍义。”(2016，p. 102）皮尔斯对解释项无限衍义的深刻论断为人们对可译性的理解带来了新的视角，雅各布森援引皮尔斯符号理论的积极意义正在于此。对符号意义的无限阐释表明绝对对等的符号意义传递并不可能，但正是符号意义无限转换与生成的流动过程为可译性提供了合理支撑。换言之，可译性成为符号意义传递的前提，符指过程又反过来检验可译性。

雅各布森富有创见地借鉴皮尔斯的无限衍义理论，从认识论上阐明了可译性的合理之处，随后又回到翻译学界围绕可译性争论已久的对等问题。他承认在语际翻译的层面上，符码单位之间通常不存在完全的对等，但是一种语言中的信息可以充当另一种符码单位或信息的充分解释。当表达具有缺陷时，一些术语能够通过外来语译借新词或语言转换，以及迂回说法来达成补充。能说一种语言的能力意味着能够谈论这种语言的能力，这种元语言操作允许对词汇进行修正与重新定义。在俄国革命早期，一些激进者倡议对传统语言进行彻底修正，尤其是清除一些诸如“日出”与“日落”之类容易误导人的表达。然而现代俄语在承认哥白尼学说的同时依旧使用这对托勒密式意象，该情形在中文与英文中同样如是。我们习惯性地谈论太阳的升落，这并不妨碍我们将其转换成地球自转的图景，因为任何符号都能被翻译为另一看上去更完善、更精确的符号。雅各布森并未忽视对性、数、格及时态、语态等语法问题的关注，当目的语中有某种语法范畴而源语中没有时，译者更难保持对源语的忠实。但语境越充分，信息遗失越少。就其认知功能而言，语言对其语法模式的依赖程度最小，因为对我们经验的定义与元语言操作呈互补关系——语言的认知层面不仅承认且直接需要重新编码阐释。雅各布森对元语言与对象语言关系的认识再次佐证了意义的传递乃至存在从某种程度上讲直接依赖于翻译，因而意义不可能独立于语言符号而存在。

雅各布森认为“所有的认识体验及其分类在其任何语言中都能够被传达”(Jakobson，1971，p. 263)，这一论述曾被有的学者解读为“对不同语言间同一性神话的执念”(蔡新乐，徐艳利，2009)。但联系雅各布森汲取皮尔斯符号体系后对语言符号意义的理解，便会发现这一论证并非基于不同民族与语言之间认知体验的共相。雅各布森已注意到“差异中的对等是语言的核心问题，也是语言学的主要考量对象”(Jakobson，1971，p. 262)。尽管他并未如此后奈达、卡特福德、皮姆等翻译理论家那样对翻译中的对等展开详细论述，但“差异中的对等”这一概念却为后来者提供了讨论翻译对等的雏形。其实雅各布森早在1930年用捷克语写作的《论诗歌翻译》一文中，就已提出翻译诗歌形式时应追求“功能对等”(corresponds functionally)(Jakobson，1930/1979，p. 134)。由此可见，雅各布森对翻译对等的认识与符号的无限衍义并不相悖。对绝对对等的追求是一种应然的理想状态，而差异中的对等则是翻译这一跨语际符指过程能够达到的相对稳定情形。如同任何语言信息的接受者一样，语言学家也充当相应的阐释者。语言科学阐释任何语言样本，都必须将其符号翻译成同一系统的其他符号或其他系统的符号。任何对两种语言的比较都意味着对它们互相之间可译性的检测，这意味着语言科学必须对普遍存在的跨语言交流，尤其是翻译活动保持关注。

（三）诗歌翻译与第四种符号

诗歌作为例外，被雅各布森排除在了可译的范畴之外。在诗歌中，语言等式成为文本的构建原则之一。句法与词法种类、词根、词缀、音素及其组成成分各异的特征——简言之，任何语言符码的组成部分，根据相似与对立的原则被对峙、并置，卷入持续的关系中，行使其自身自主的表意行为。“诗歌从定义上而言是不可译的。只有创造性的转换才是有可能的：要么是语内转换，从一种诗学形式转换成另一种，要么是语际转换——从一种语言转换成另一种，或最终是符际转换——从一种符号系统转换成另一种，譬如说从口头艺术转换成音乐、舞蹈、电影或者绘画。”(Jakobson，1959/1971，p. 266）此处雅各布森的说法难以自洽，因为他列举的三种创造性转换方式正好与其提出的三种翻译分类相对应。否定诗歌的可译性，其三类翻译的合理性也不复存在。“语言的本质差异在于其必须传递而非其可能传递信息的不同。”（Jakobson，1959/1971，p. 264）雅各布森之所以认为诗歌不可译，主要由于诗歌语言中待传达的意义被裹挟在具有独特个性的符号之上，从而形成一种自我指涉现象，雅各布森将这种自我指涉与一般的认知体验区别开来，并认为这种自我指涉生成的意义正是诗歌语言必须传递的信息。在雅各布森提出的语言六功能中，诗性功能在语言艺术中是主导功能，而指称等其他功能则处于从属地位。他将具有能指优势的诗歌语言符号凌驾于以传达实用信息为主的所指优势符号之上，其本质依旧是一种文学形式与内容之间的对立。

在其1965年发表的文章《对语言本质的追寻》中，雅各布森将皮尔斯对符号的三分置于相似性与毗邻性、事实与成规两组二元对立项中讨论：像似符对应事实的相似性，指示符对应事实的、存在的毗邻性，规约符则对应成规的、习得的毗邻性（Jakobson，1971/1965，p. 347）。两组二元对立项生成的两两结合的符指关系，在皮尔斯的理论中仅体现出了三组，成规的相似性（imputed similarity）并未引起注意。在雅各布森看来，这显然是一种具有音乐性的符指过程。他称这种符号指向本身的过程为“内向符指”（introversive semiosis），其与符号系统的审美功能密不可分，在音乐、诗歌与非写实绘画与雕塑中占主导功能（Jakobson，1971/1968，pp. 704−705）。雅各布森在皮尔斯划分的三种符号分类上，添加了第四种符号。他用“诡计”（artifice）一词来描述第四种符指关系，即作者或言说者用以修饰正常表达方式的手段（Jakobson，1985/1975，p. 215）。这种以自我指涉为特征的成规式相似关系可以理解为，首先此相似性仅对其发起者有效，经发起者本人的规约化，最终为所有听众或读者共享，从而以一种全新的视角来看待对象。雅各布森认为诗歌语法具有语义生成作用，这种诗性功能受到不同语言符号系统的束缚，因而难以通过翻译得到保留。他对诗性（文学性）功能的强调根植于形式主义者对文学“影响的焦虑”，他将这种功能及其生成与携带的意义进行结构主义式的封闭框定，从而抛出诗歌的不可译论。

雅各布森汲取皮尔斯的阐释符号学思想对可译性问题展开了开创性论述。在探索诗歌翻译及可译性的过程中，他提出了第四种符号类型，对皮尔斯符号三分法进行了补充与完善。然而雅各布森的思想依旧受到结构主义语言学的制约，意义取决于翻译的思想停留在了语言符号系统，由语言符号自我指涉产生的审美功能被隔离为另一层次的意义。换言之，雅各布森眼中的诗歌不可译性并非绝对，对此观点更准确的理解应该是：在语际翻译的标准下，诗歌语言中的诗性不可译。在这样的认知框架下，诗歌表意无法完全依附于无限衍义的链条，这表明雅各布森对皮尔斯符号学理论的挪用并不彻底。若能将翻译三分类的视野贯穿于包括诗歌翻译在内的可译性探讨，诗歌的审美功能仍可通过广义符号学意义上的元语言（或曰元符号）功能传递，诗歌翻译在认识论上便具有了必然性，尽管在实际操作中仍旧存在相对的困难。雅各布森对皮尔斯阐释符号学理论的传承与补充，使其对可译性问题的认识与本雅明在《译者的任务》中对“纯语言”神秘主义式的追求（Benjamin，2000，p. 18），德里达解构主义思想中的“延异”（différance）（Derrida，1982，p. 6）均产生了共通之处。无限衍义意味着意义的延宕与不确定性，翻译在此动态过程中发挥核心作用，每一次翻译过程的中止生成意义暂时的稳定状态，不确定性与可译性共存，可译性既是前提，又可被反证。

二、翻译的概念问题

（一）“翻译”定义的延伸

“符际翻译”是雅各布森翻译思想中被引述最多、影响最深远的概念。从语言符号系统跨越至广义的符号系统，雅各布森预见了当今翻译研究界对翻译的重新定位，其理论具有里程碑式意义。传统译论在对翻译下定义时强调语言之间的对等：“所谓翻译，是在译语中用最切近而又最自然的对等语再现源语的信息，首先是意义，其次是文体。”（Nida & Taber，1969，p. 12）；卡特福德将翻译界定为“把一种语言（源语）的文本材料替换为另一种语言（目标语）中对等的文本材料”（Cartford，1965，p. 20）。描述性翻译研究的代表人物图里认为翻译（此处更强调翻译的结果而非过程）是任何目的语系统中能够被视作翻译的语言文本（Toury，1985，p. 20），此说法有循环定义之嫌，但其“描述性”对此后翻译外延的扩展具有启发意义。翻译研究在历经文化转向之际，将翻译视作“操纵”“改写”“表演”，以隐喻或提喻的方式呈现出对翻译更为宽泛且多元的理解。持传统语文学或语言学范式观点者认为对翻译定义的延展正渐渐脱离乃至威胁对翻译本体的关注，而在翻译研究文化转向之后，试图重新定位翻译的学者也反问道：“是否将自己禁锢在语言的囚笼中才算是执着于翻译的本体?”（王宁，2015，p. 11）就翻译的定义，对峙观点的主要冲突在于“对等”与“本体”。

区分规定性与描述性的翻译研究路径有助于廓清我们对翻译中“对等”的认识。首先应该指明，语言之间并不存在绝对的对等，这已为包括坚持对等论在内的多数学者接受。在翻译活动千百年的发展历程中，追求“对等”无可非议，但这是在一定历史文化语境下，符号发送者与接受者，或译者与读者共同遵守的契约，其建构属性明显。与此同时，我们还目睹了不少受意识形态与文化因素影响，不符合既定"对等"规范的翻译现象，但这并未影响其翻译属性，反而进入研究者的视野被予以特别关注。因此，将"对等"作为翻译的必要条件是一种应然观念，与当前翻译活动的实然状态脱节，并不适用于定义翻译。雅各布森受皮尔斯无限衍义理论的影响，并未将"对等"嵌入其翻译定义中。塞杰认为雅各布森对翻译理解的创新之处在于他在皮尔斯的符号体系中审视翻译，不再强调对等的重要性（Sager，1994，p. 121）。

翻译本体是任何翻译研究者都难以回避的话题。较为传统保守的观念坚持翻译本体是语言之间的转换，但在翻译主流对象、方式、工具与手段都在不断变化的全球化时代，不乏对翻译进行重新界定与定义的呼吁。由文字、图像、声音、音乐等组成的多模态文本翻译以及不同模态之间的转换对于翻译概念的更新提出了需求，这与雅各布森60年前提出的"符际翻译"遥相呼应。值得注意的是，雅各布森关注的焦点是翻译的语言学方面，因而将符际翻译限定为"以非语言符号系统的符号阐释语言符号"（Jakobson，1971，p. 261）。此理解有两点局限。一是语言符号系统为源端，翻译过程具有单向性。中央电视台《中国诗词大会》栏目中，嘉宾评委现场作画，要求参赛选手根据画面说出一联古诗，此情形以语言符号阐释非语言符号，理应属于符际翻译，因而符际翻译不应是单向的。二是排除了以一种非语言符号系统阐释另一种非语言符号系统的情形。将视频文件压缩为音频文件，将静态图像剪辑配乐成动态影像，也可视作不同符号系统间的翻译，符际翻译可脱离必须由语言符号参与的局限。将符际翻译扩展为"以一种符号系统中的符号阐释另一种符号系统中的符号"，可以解决当下语境中涉及或不涉及语言符号系统的翻译理论与实践问题。

在雅各布森对翻译的认知框架内，无论是以语言对等为旨归的传统定义，还是基于广义符号系统与隐喻的新认识，均能以相互补充而非互斥替代的模式共存。符际翻译概念为人们重新认识及定位翻译，拓展丰富研究对象提供了理论基础。受语际翻译正统地位的钳制，雅各布森本人对符际翻译概念的描述并不彻底。然而当今对其翻译观引述应用者多已达成共识，补充完善了符际翻译的概念，进而拓宽了翻译研究的对象，对此，雅各布森作为符际翻译的创始人功不可没。

（二）翻译三分式的推进

雅各布森的翻译三分法基于对言语符号（verbal sign）的阐释，其三分式依赖于翻译更为广义或松散的定义。译学界沿用雅各布森翻译分类方式者不在少数，也有学者在其理论基础上进行了补充与完善，丰富学界对翻译类型的思考与认识。图里首先区分符内翻译与符际翻译——符际翻译指从语言翻译为非语言，符内翻译又可分为系统内翻译与系统间翻译；前者对应雅各布森的语内翻译，后者对应语际翻译（Toury，1986，pp. 1112-1113）。图里的分类可视作对雅各布森分类的整合，其本质依旧是以结构主义语言学为中心的。黄忠廉同样认为雅各布森的分类标准混杂，在他看来，"若按符号分，有符内翻译和符际翻译；符号若为语言，则可再分为语内翻译和语际翻译"（黄忠廉，李正林，2015，p. 95）。基于洛特曼提出的"符号域"这一文化符号学中的核心概念，以符号承载空间介质作为参考点，贾洪伟将符号分为有形符号和无形符号，在翻译符号学的视域下区分出三类翻译现象：有形符号转化为有形符号、无形符号转换为有形符号、有形符号转换为无形，将其纳入以文化空间为标准重新建构的域内、域际和超域三类译域范畴。（2016，p. 17）

雅各布森对翻译的认识以及翻译三分法的提出受到皮尔斯符号学的深刻影响，对翻译定义的延展既成为一种追求，也构成翻译三分法的先决条件。艾柯注意到皮尔斯"是以一种比喻义使用翻译一词的：并非隐喻，而是以部分代替整体（从这一方面来说他将'翻译'视作阐释的提喻）"（Eco，2001，p. 69）。然而雅各布森对此追求或前提践行得并不彻底，因而他的分类是基于对言语符号的阐释，其语际翻译属于"真正的翻译"。符际翻译还局限于通过非语言系统符号翻译言语符号，其符号翻译观中仍有索绪尔结构主义语言学体系的痕迹。图里与黄忠廉旨在更进一步完善雅各布森的分类，但受限于翻译的传统定义，并未脱离语言符号系统的中心地位与特殊性。贾洪伟试图颠覆语际翻译的正统性，将民族语言文化空间置于更高层级的分类标准。他以文化符号学视角提出的三重译域观，依旧受不同文化语言差异限制，本质上并未脱离传统的语言学翻译研究范式。然而他对有形符号与无形符号之区分及其相互转换的翻译属性探讨，推进了符际翻译研究的发展。

在雅各布森对翻译的分类方法中，尽管语言符号系统依旧占据中心位置，但他对于语内翻译及符际翻译的关注为传统翻译观带来了冲击。在对翻译的定义与定位仍未达成一致的语境下，对翻译分类的探讨也尚未终止。雅各布森从符号学的视角来认识翻译并对其进行分类，其思想依旧为当今翻译理论的发展提供活力，不少对翻译分类的认识并未超越雅各布森的符号翻译观，其理论意义值得继续挖掘与拓展。

三、对翻译符号学之启示

雅各布森被称作“使用符号学方法研究翻译的始祖”（Gorleée，1994，p. 17），其对于符号学与翻译学的跨学科联姻功不可没。翻译研究者借用符号学理论视角重新审视翻译，将语言符号以外的其他符号系统纳入考察视野，多聚焦于戏剧翻译、视听翻译等多模态翻译范畴。此类研究的理论预设源自雅各布森的符际翻译概念，但并未脱离该概念在雅各布森符号学翻译观语境下的局限，语言符号依旧占据着中心地位，其他符号系统呈环绕蔓延状。对翻译研究这门学科而言，这样的跨学科研究并非研究范式的转换，而与以往的文化转向、社会学转向相似，只是通过借鉴其他成熟学科的理论视角与研究方法来丰富本学科的研究，难以深入持续。翻译符号学的出现为突破这种局限带来了可能。

巴斯内特早在1984年就曾指出：“尽管翻译以语言活动为核心，认为其隶属于符号学则更为适当。”（Bassenett，1984/2010，p. 21）符号学被视作人文学科的公分母，而翻译研究传统上以语言符号的转换为研究对象，语言又是典型的符号系统，因而将翻译符号学视作符号学的分支学科具有合理性。戈蕾是较早将符号学与翻译研究结合进行系统论述的学者，其术语命名经过几次演变，从“符号翻译”（semiotranslation）到“翻译的符号学”（semiotics of translation），再到“翻译符号学”（translation semiotics）。（Gorleée，1994）皮尔斯的符号学理论蕴含了符指过程的类翻译属性；雅各布森将这种相似性推进，融入自己的语言观与翻译观，从其隐喻功能对翻译的定义进行开拓；戈蕾则通过雅各布森追溯至皮尔斯，将翻译从一种属性与隐喻发展为学科框架，为翻译符号学的诞生做出奠基贡献。与旨在扩展研究对象的符号翻译学相比，翻译符号学更能洞穿符号转换中的理论核心。在戈蕾提出的翻译符号学框架内，翻译是一种生成活跃解释项的行为过程，无限衍义确认了翻译过程的流动本质，“忠实”与“对等”这样的关键字眼被“变化”与“生长”取代。王铭玉认为，翻译符号学在其发展初期的学科内涵至少涉及符号过程、符号行为、符号关系、符号层级、符号间性、符号功能和符号守恒等层面（2015，p. 1）。这些亟待探索的领域表明，翻译符号学以翻译的隐喻功能作为学科框架，具有为广义符号学及其他符号学分支学科提供理论输出的潜能。

皮尔斯的符号学理论是当前翻译符号学发展阶段的主要理论来源。科斯库鲁拉依照皮尔斯的符号三分法区分了像似翻译、指示翻译与规约翻译（Cosculluela，2003，pp. 128—129），斯特科尼则将翻译基础（foundation）、翻译事件（events）和翻译概念（concepts）对应于皮尔斯理论中的符号三性（Stecconi，2004，p. 471）。翻译研究长期以来以结构主义的二项对立思想为指导，既包括原文与译文、作者与译者的对立，也有直译与意译、归化与异化、可译与不可译等问题的争辩。皮尔斯对符号的三元论——符指过程三重关系、符号类型三分法、符号三性等思想，为人们认识翻译、探讨翻译问题提供了新的思路，使翻译符号学的构建与发展成为可能。雅各布森的符号翻译观吸纳了皮尔斯的解释项概念，建构了语言观与翻译观，皮尔斯的三元思想又催促雅各布森将翻译分成了三种类型。在皮尔斯的符号学理论与当今翻译符号学的发展之间，雅各布森及其符号翻译理论起到了重要的沟通作用，许多从事翻译研究的学者正是通过雅各布森的论述发现了皮尔斯理论之于翻译符号学研究的可行性。莫雷斯在其新作中试图构建适用于翻译的生物符号学理论，他批评雅各布森的翻译三分法过分强调语际翻译的重要性，从而导致了翻译研究界长久以来故步自封的状态。（Maurais，2018）莫雷斯的批评不无道理，但他对雅各布森理论的大量引述与评论也再次证明雅各布森符号翻译观对翻译符号学的兴起与发展所做出的贡献。雅各布森的翻译理论作为一座桥梁，将皮尔斯的符号理论与翻译符号学连接，构成了又一组三元关系。对雅各布森的符号翻译观进行传承与批评，是翻译符号学研究者不可绕过的一环。

结　语

雅各布森汲取皮尔斯符号学理论，通过引入符指过程中解释项的概念与无限衍义理论，指出翻译之于意义生成的必要性，从符号学的视角为可译性进行了认识论上的辩护，在以翻译实践经验为主导的后顾式理论语境下，其理论视野与前瞻性令人耳目一新。诗歌翻译中由符号自我指涉产生的审美功能向可译性提出挑战，雅各布森据此在皮尔斯划分的三种符号类型外提出了第四种符号，传承并推进了皮尔斯的符号学思想。他将翻译分为语内、语际、符际三类，为此后人们对翻译的定义与分类开辟了新的视野，其中符际翻译的概念极具前瞻性，翻译研究对象的扩展与研究范式的演进都可在其符号翻译观中找到理论渊源。翻译研究与符号学的跨学科联姻方兴未艾，无论是以符号学理论对翻译现象进行阐释的符号翻译学，还是关注符号转换过程与意义生成的翻译符号学，都能从雅各布森的符号翻译观中汲取养分。翻译符号学作为符号学的分支学科，能够关涉符号学与翻译学研究之中的盲点。通过聚焦探讨广义翻译概念下意义生成与转换的理论问题，翻译符号学能够突破符号翻译学中语际翻译中心论的局限，这恰好体现了对雅各布森符号翻译观的扬弃。受结构主义语言学体系及其本人二元对立思想的制约，雅各布森的符号翻译观并未完全融入皮尔斯的符号学思想，这也为他在诗歌的可译性、符号系统的划分以及符际翻译的定义的探讨上带来一定的局限。继续加强对雅各布森翻译思想的挖掘，对其符号翻译观进行传承与反思，将会对符号学与翻译研究各自的推进，以及翻译符号学这一符号学分支学科的建设与发展产生积极意义。

引用文献：

蔡新乐，徐艳利（2009）. 同一的神话与翻译的缺席：论想象力在翻译中的作用——雅各布森的结构主义翻译观的反思. 东方翻译，1（2），25－31.

黄忠廉，李正林（2015）. 翻译批评体系符号学考量. 外语教学，36（4），95－97.

贾洪伟（2016）. 雅可布森三重译域之翻译符号学剖析. 解放军外国语学院学报，39（5），11－18.

皮尔斯（2014）. 皮尔斯：论符号（赵星植，译）. 成都：四川大学出版社.

谭载喜（2004）. 西方翻译简史：增订版. 北京：商务印书馆.

王铭玉（2015）. 翻译符号学刍议. 中国外语，（3），1，22－23.

王宁（2015）. 重新界定翻译：跨学科和视觉文化的视角. 中国翻译，（3），12－13.

赵毅衡（2016）. 符号学：原理与推演. 南京：南京大学出版社.

Bassnett, S. (1984/2010). *Translation Studies*. Shanghai, CHN: SFLEP.

Benjamin, W. (2000). The Task of the Translator. In Lawrence Venuti (Ed). *The Translation Studies Reader*, 16－25. London, UK and New York, NY: Routledge.

Catford, J. C. (1965). *A Linguistic Theory of Translation: An Essay in Applied Linguistics*. New York, NY: Oxford University Press.

Cosculluela, C. (2003). Semiotics and Translation Studies: An Emerging Interdisciplinarity. *Semiotica*, 145(1/4), 105－138.

Dante, A. (1307 – 1307/1990). *The convivio* (Richard Lansing, Trans.). Retrieved from https://digitaldante.columbia.edu/text/library/the-convivio.

Derrida, J. (1982). *Margins of Philosophy* (Alan Bass, Trans.). Chicago, IL: University of Chicago Press.

Eco, U. (2001). *Experiences in Translation*. Toronto, CAN: University of Toronto Press.

Gorleée, D. L. (1994). *Semiotics and the Problems of Translation: with Special Reference to the Semiotics of Charles S. Peirce*. Amsterdam, NL: Rodopi.

Jakobson, R. (1930/1979). On the Translation of Verse. In S. Rudy & M. Taylor (Eds). *On Verse, Its Masters and Explorers* (Vol. 5), 131－134. Berlin, DE: De Gruyter.

Jakobson, R. (1956/1971). Two Aspects of Language and Two Types of Aphasic Disturbance. In *Selected Writings II, Word and Language*, 239－259. The Hague, NL: Mouton.

Jakobson, R. (1959/1971). On Linguistic Aspects of Translation. In *Selected Writings II, Word and Language*, 260－266. The Hague, NL: Mouton.

Jakobson, R. (1965/1971). Quest for the Essence of Language. In *Selected Writings II, Word and Language*, 345－359. The Hague, NL: Mouton.

Jakobson, R. (1965/1971). Language in Relation to Other Communication Systems. In *Selected Writings II, Word and Language*, 697－708. The Hague, NL: Mouton.

Jakobson, R. (1975/1985). A Glance at the Development of Semiotics. In *Selected Writings* (vol. 7), *Contributions to Comparative Mythology,* 1972－1982, 199－218. Berlin, DE, New York, NY and Amsterdam, NL: Mouton.

Marais, K. (2018). *A (Bio) semiotic Theory of Translation: The Emergence of Social-cultural Reality.* London, UK: Routledge.

Nida, E. A., & Taber, C. R. (1969). *The Theory and Practice of Translation*. Leiden, NL: EJ Brill.

Pym, A. & Turk, H. (2001). Translatability. In Mona Baker (Ed). *Routledge Encyclopedia of Translation Studies*, 273－277. London, UK: Routledge.

Quine, W. V. O. (2013). *Word and Object*. Boston, MA: MIT press.

Rossi-Landi, F. (1973). *Ideologies of Linguistic Relativity*. The Hague, NL: Mouton.

Sager, J. C. (1994). *Language Engineering and Translation: Consequences of Automation* (Vol. 1). Amsterdam, NL: John Benjamins Publishing.

Stecconi, U. (2004). Interpretive Semiotics and Translation Theory: The Semiotic Conditions to Translation. *Semiotica*, 150, 471－490.

Toury, G. (1986). Translation: A Cultural-semiotic Perspetive. In A. Sebeok (Ed). *Encyclopedic Dictionary of Semiotics*, 1111－1124. Berlin, DE: De Gruyer.

Wilss, W. (1982). *The Science of Translation: Problems and Methods*. Amsterdam, NL: John Benjamins Publishing.

作者简介：

罗金，四川大学外国语学院助理研究员，主要研究方向为翻译理论、翻译史等。

Author:

Luo Jin, assistant researcher of College of Foreign Languages and Cultures, Sichuan University. His research interests are translation theories and translation history.

E-mail: jinloh. scu@foxmail. com

英雄之旅的叙述动力与元化特质

张洪友

摘　要：英雄之旅是好莱坞电影的常规叙述模式，该模式源于美国著名比较神话学家约瑟夫·坎贝尔所提出的关于英雄探险的元神话。否定与变身是英雄之旅的叙述动力，多重思想传统使其具有了元符号性，而内在旅程揭示出探险英雄所具有的超越性元意识。此外，运用叙述模式的电影组成奇特的文本库，其在整个文化中的功能值得关注。

关键词：英雄之旅，约瑟夫·坎贝尔，元意识

The Narrative Motivation and Meta-characteristics of the Hero's Journey

Zhang Hongyou

Abstract: The "hero's journey" is a conventional narrative model in Hollywood movies, related to the concept of "monomyth" proposed by the famous American comparative mythologist Joseph Campbell. Negation and transformation are the narrative motivations of the hero's journey, which is endowed with meta-semioticity by multiple ideological traditions; the inner journey reveals the transcendental meta-consciousness of the hero in the adventure. In addition, it is worth paying attention to the function of the particular textual library created by movies in the narrative mode within the overall cultural context.

Keywords: hero's journey, Joseph Campbell, meta-consciousness

DOI: 10.13760/b.cnki.sam.201902015

英雄之旅在好莱坞类型电影和动画中运用广泛。时至今日，英雄之旅依然具有惊人的活力。[①] 这种模式也逐渐被国内电影接受，2018 年热映的《西虹市首富》和《一出好戏》都可以看成英雄之旅在中国语境中的变异。在英雄之旅模式形成的过程中，美国比较神话学家约瑟夫·坎贝尔（Joseph Campbell）与编剧理论家克里斯托弗·沃格勒（Christopher Vogler）做出了突出的贡献。坎贝尔在其成名作《千面英雄》中依据世界英雄神话创造性总结出关于英雄探险的元神话。[②] 后来，沃格勒将其在 20 世纪 90 年代写成的《〈千面英雄〉实用指南》扩充为《作家之旅——源自神话的写作要义》。在该书中，沃格勒对元神话进行简化和改造，并命名为“英雄之旅”，该模式后来被好莱坞类型电影广泛运用。自 2000 以来，坎贝尔的《千面英雄》先后在大陆出版了三个不同的译本，沃格勒的《作家之旅——源自神话的写作要义》也于 2011 年被翻译过来。然而，国内相关研究仅仅围绕沃格勒的《作家之旅》探讨好莱坞英雄叙事传统，没有深入和具体分析坎贝尔元神话对该传统的贡献，也没有理清坎贝尔的元神话与沃格勒的英雄之旅之间的关系，这种暧昧不明造成国内对好莱坞英雄叙述模式理解的偏差。[③] 另一方面，国内研究坎贝尔元神话的文章也没有深究其文化影响。[④] 总之，由于不同学科间理论视野的差异，国内没有出现从学理上对英雄之旅进行深入分析，并综合思考其文化影响的研究。因此，有必要先梳理英雄之旅的形成过程，还原其产生影响的时代语境，从而深入理解好莱坞英雄叙述模式。由于英雄之旅是以坎贝尔的元神话为起点和基础的，沃格勒的贡献并不大，所以，本论文将坎贝尔的元神话和沃格勒的英雄之旅模式统称为英雄之旅，并结合具体案例分析其影像变身。

---

① 2018 年获得奥斯卡最佳动画长片的《寻梦环游记》运用的就是这种叙述模式。从近几年的热门电影《爆裂鼓手》《蚁人Ⅰ》《死侍Ⅰ》《游侠索罗：星球大战外传》《毒液》中也都可以看到这种模式。热门美剧《权力的游戏》的核心情节便是琼恩·雪诺、丹妮莉斯等人的英雄之旅。

② “Monomyth”被张承谟翻译为“单一神话”，而刘象愚在翻译罗伯特·西格尔的《神话理论》时将其翻译成“元神话”。从坎贝尔对待神话的态度来说，“元神话”更切合他的意思。他试图用一种神话来意指所有神话，这种神话便成为“关于神话的神话”，也就是“元神话”。

③ 吕远的论文《“英雄的历程”——好莱坞主流故事模型分析》是对沃格勒的著作《作家之旅》内容的梳理和介绍。马华的专著《概念为王：美国高概念动画电影策略研究》分析英雄之旅在美国动画电影中的运用，崔辰的专著《美国超级英雄电影：神话、旅程和文化变迁》对超级英雄电影的发展历程和文化语境的研究非常出色。两本专著都分析英雄之旅的影像运用，但是，两者对影响该模式的坎贝尔神话理论的理解尚待深入。李彬的论文《从〈头号玩家〉谈“英雄之旅”的剧作模式与叙事能量》也存在类似的问题。

④ 于丽娜的《约瑟夫·坎贝尔冒险神话模式浅论》和郭建《坎贝尔的英雄历险神话模式解析》主要阐述坎贝尔的《千面英雄》中的英雄探险模式，不过，这些论文对元神话的文化贡献讨论却不多。

英雄之旅因对多种思想的引用和对世界英雄神话的总结而具有了元符号性；在探险的途中，世界对探险者的否定以及探险者的多重变身成为叙述的动力；元神话对内在旅程的揭示使英雄拥有了突破生存世界的元意识。

一、从元神话到英雄之旅

坎贝尔在《千面英雄》中提出了元神话模式。在他看来，形式各异的世界神话都在讲述一个内容相同的故事，而元神话给人们提供了世界神话所讲述的这一相同故事的结构。（2000，p. 1）元神话以通过仪式的分离、传授奥秘和归来三段为核心单元，描述了人离开、探险、归来的完整历程。探险者从日常生活世界出发，经历各种危险，进入一个超自然的神奇领域；在那神奇的领域中，探险者遇到各种难以置信的超自然力量，与它们战斗，并且最终取得决定性的胜利；于是，成为英雄的探险者完成神秘的冒险，带着能够为他的同类造福的力量归来。（pp. 255－256）在坎贝尔那里，不同英雄神话仅仅是这元神话的一个片段或者某些片段的循环，而他要将这一叙述结构补充完整。为了获得这一故事的叙述结构，坎贝尔不拘泥于某一文化传统内的某个英雄神话叙述结构的分析，而是综合分析不同民族的英雄神话，最终绘制出他所理解的元神话。理论家芭芭拉·史密斯将主张某类故事（比如灰姑娘故事）具有共同性的观点称为“天真的柏拉图模式”（赵毅衡，2013，p. 124），而坎贝尔却将这种所谓的天真发挥到了极致。不过，主张同一故事拥有不同的变体，却不是西方思想的专利。坎贝尔的这种观念源自印度神秘主义。19世纪印度神秘主义大师室力·罗摩克里希那认为，“只有一个罗摩，但他也有一千个名字。真理只有一个；只是被称为不同的名字”（格塔，2008，pp. 125－126）。坎贝尔在自己的著作中多处引用这位神秘主义大师的观点，而他的元神话则是这种东方观念的西方回响。在其四卷本巨著《神的诸种假面》中，坎贝尔甚至认为世界所有神话都是神（GOD）的面具。（Campell，1987，p. 4）虽然坎贝尔的观点未必能够获得学术界认可，但是，从《星球大战》以来美国影视的创作实践来看，所谓的“天真的柏拉图模式”却产生了巨大的影响，这不得不发人深省。从《星球大战》开始，好莱坞掀起一场规模宏大的造神运动，最终，英雄和超级英雄们组成了一个当今好莱坞影像世界的万神殿，元神话成为这座万神殿的脊梁。

在《作家之旅——源自神话的写作要义》中，编剧理论家沃格勒将元神话改造为一套可供编剧借鉴的叙述结构。他将英雄的探险分成了12个不同的阶段：正常世界，冒险召唤，拒绝召唤，见导师（智慧老人），越过第一道边界，考验、伙伴和敌人，接近最深的洞穴，磨难，报酬，返回的路，复活，携万能药回归。（2011，pp. 5—6）英雄在每个阶段都会面临不同的任务。他又将英雄所遭遇不同的形象分为8种原型角色：英雄，导师，边界护卫，信使，变形者，阴影，伙伴，骗徒。（2011，pp. 23—24）8种原型与中国《易经》中的八卦类似。八卦所代表的8种基本元素可以构成世间万物，而8种原型角色通过变形、重组，可以展示形态各异的人物形象。叙述在选择和聚合双轴共谋下完成，而8种原型角色和12个阶段为叙述文本的选择和聚合提供了思路和指引。沃格勒的这些改变和融合都为影视编剧的创作提供了方便。每个角色的各种可能的变体与旅程不同阶段的各种可能排列组合，从而分衍出千变万化的故事。通过上面的梳理和分析可以看出，虽然沃格勒在《作家之旅》中做了特别多的修正和扩充，但是他的重点是根据现代电影工业批量化生产的特色对元神话进行区分和简化，原创性并不高。

随着《星球大战》的成功和坎贝尔神话学在美国的传播，英雄之旅也被好莱坞世界广泛接受。20世纪80年代，青年导演乔治·卢卡斯导演了在美国科幻史上具有里程碑意义的《星球大战》系列电影。卢卡斯将神话学家坎贝尔尊称为自己的导师，因为正是这位神话学家的著作给了他创作的灵感。（柯西诺，2011，p. 213）此外，随着电视采访录《神话的力量》在美国热播，坎贝尔于20世纪80年代末期成为举国知名的神话学家。《星球大战》的成功激发了好莱坞世界对传统神话的热情，推动了他们在影像时代创造现代神话的具体实践。导演和编剧纷纷借阅沃格勒所写的《〈千面英雄〉实用指南》，在电影中运用英雄之旅模式，试图复制《星球大战》的成功。这种热潮促成仅仅7页的《〈千面英雄〉实用指南》扩展为著作《作家之旅》，并被尊称为业界的“圣经”。不过，每一个讲述英雄之旅的电影，都不会满足于单纯套用一种模式，而是通过这种模式的复制传统神话的力量，将永恒的奥秘用当下的意象呈现出来。也就是说，英雄之旅成为北欧神话中连接人类世界和众神世界的彩虹桥，它的贡献是连接起世界神话传统与现代神话建构的具体实践。优秀的导演和编剧会追溯坎贝尔的《千面英雄》甚至阅读坎贝尔的其他神话学著作，最终，坎贝尔的神话学著作成为好莱坞导演和编剧的必读作品。所以，如果要深入理解好莱坞叙述模式，仅仅关注沃格勒的著作是完全不够的，还必须回到坎贝尔的神话学著作，这样才能从其思想源头探究英雄之旅会为电影带来怎样的特质。

二、否定：英雄之旅的叙述动力

英雄之旅由几组不同的对立——神秘世界与日常世界、常人与英雄、内在旅程与外在探险等，交织成一个复杂的模式，这些对立之间的冲突使英雄之旅成为包容不同可能性的叙述星团。日常世界是探险者生活和最终回归的世界，神秘世界是探险者在其中探险并遭遇与日常世界不同事物的世界。在探险的途中，世界对探险者的否定以及探险者在常人、英雄等不同身份间的转换成为叙述的动力。

探险者至少要三次穿越的边界，经历四个阶段。首先，离开日常世界，经仪式情境，进入神秘世界；在神秘世界的探险者必须经历更为艰难的考验，坎贝尔将其称为“试炼之路”，随后，接近“最深的洞穴”，并经历沃格勒所说的“磨难”；探险者踏上返回之路，又穿越神秘世界与日常世界的边界，回归日常世界。在探险的途中，否定是推动叙述的动力，探险便是探险者面对否定力量以及克服这些力量的旅程。如图1所示：

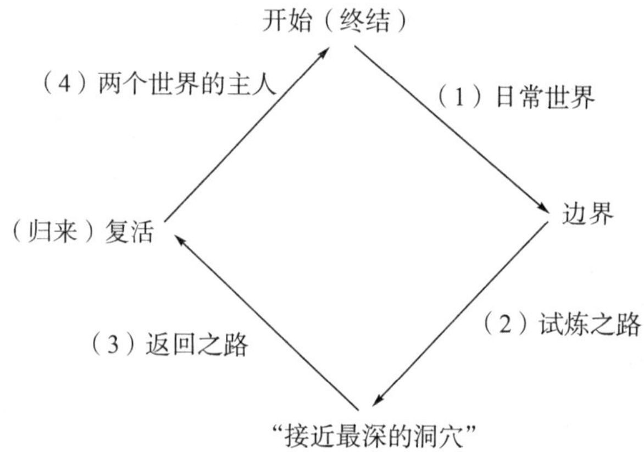

图1　英雄的探险之途

与此同时，探险的过程也是探险者身份更迭的过程，常人是英雄在日常世界中的身份，也是探险者最初或者他拒绝冒险的召唤而最终成为的身份，而英雄则是探险者梦想成为并在其探险归来建立功绩后的身份（如图2所示）。

阶段一，探险者是“非常人”。在日常世界，未来的英雄（探险者）因为与神秘世界的某种关联而与日常世界之关系处于紧张状态，日常世界否定了未来英雄的潜能，“英雄”只是一种潜能而非现实。所以，在探险者那里，失败者与英雄成为在其面前展开的两极，他在两者之间滑动。在众人眼中，探险者是低于常人的另类，即失败者，而探险者却希望成为英雄。

阶段二，神秘世界否定来自日常世界的探险者，探险者在非英雄与非常人之间转变。未来的英雄因为偶然或者超自然的帮助（伙伴、导师）而进入神秘世界，成为在神秘世界中来自日常世界的人。经过坎贝尔所说的“试炼之路”，探险者的日常世界特质被剥离，英雄特质逐渐凸显。由于来自日常生活世界，神秘世界的法则否定探险者，而探险者的英雄潜质促使其与来自神秘世界的否定力量对抗。

阶段三，探险者既非常人亦非英雄。探险者进入“最深的洞穴”，磨难成为他们遭遇的最强大的否定力量，与此同时，他们的自我肯定也逐步获得回报，或者获得超能力，或者获得恩赐。不过，否定与肯定的力量彼此消除而使其呈现独特的虚空状态。

阶段四，探险者既是英雄又是常人。踏上返回之路的探险者否定神秘世界，克服自身所具有的神秘世界的特性与日常世界的法则的冲突，并否定神秘世界与日常世界的对立，获得神秘世界与日常世界融为一体的体悟。因此，归来的探险者，既是英雄又是常人。

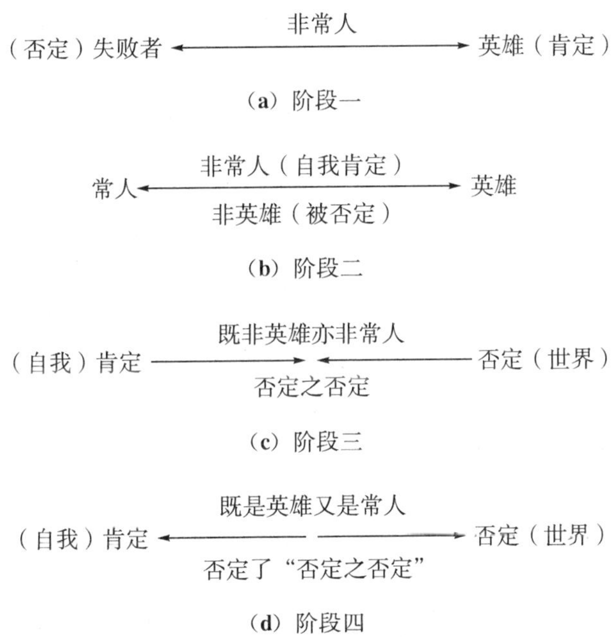

图 2　探险者的身份更迭

总之，在探险的过程中，世界对探险者的否定与探险者的自我肯定之间的矛盾，成为推动英雄之旅的叙述动力。否定使探险成为各种不同的矛盾展开的场域。探险的每个节点都会出现由不同可能性构成的情节簇，这些情节簇形成延展开的故事网络。英雄之旅成为有待激活并凝聚不同可能性的情节框架，在不同元素的对立和否定中扩展故事的边界。

三、元意识：英雄觉醒的缘起

坎贝尔融合东西神话传统解读英雄的内在旅程，使其成为突破和超越生存世界的元意识。元意识是探险者突破群体文化观念、现有世界框架、自我的执念和思维方式的超越性意识。在探险的途中，探险者突破各种执念和幻境，最终获得精神自由。

英雄之旅由外在探险与内在旅程组成。外在探险展示探险者在探险过程中的经历，是世界（日常世界、神秘世界）否定或肯定探险者的过程；内在旅程是探险者超越日常世界，进而否定神秘世界，并最终将双重世界融合为一的过程。探险者的内在旅程呈现了探险者的自主意识，他们可以突破日常世界和神秘世界所构成的叙述框架，获得精神启迪。如图 3 所示：

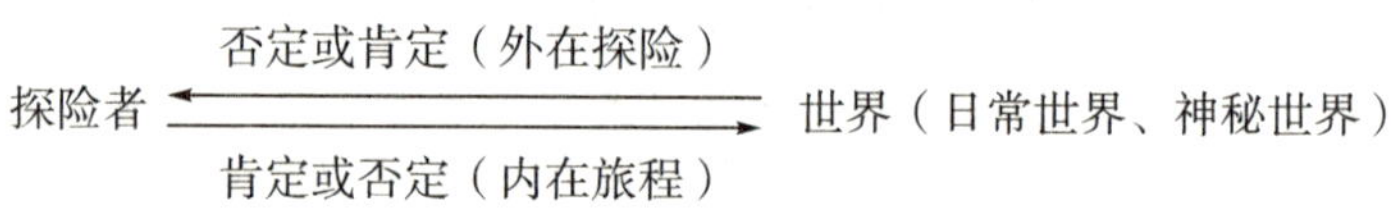

图 3　外在探险与内在旅程

从超越的意义来说，内在旅程便是探险英雄（或主体）的超越旅程。符号学家埃罗·塔拉斯蒂认为，主体通过超越行为（否定和肯定等多种方式）创造自我及符号宇宙。主体生活在此在中，此在即主体的符号宇宙。主体通过否定和肯定等行动创造意义。主体首先否定其所生活的符号宇宙，从其所生活的符号宇宙中找到自身，接着认识到此在的虚无，因而，主体必须朝向虚无飞跃。在虚无的照耀下，主体此前所生活的符号宇宙失去了根基。主体继而进行超越的第二行动，即肯定。最终，主体遇到了普遍性，体验到宇宙充满的意义。（塔拉斯蒂，2012，pp. 18—19）与主体的超越过程类似，否定与肯定也是探险者超越世界的方式。不过，探险者的旅程要比塔拉斯蒂先生的总结复杂得多。探险者首先否定了日常世界，进入神秘世界。坎贝尔随后用“见到女神”“与天父和解 ”“凡人成神”等术语来表达探险者在神秘世界探险需要破除的对立框架：生命世界生死对立，生命世界与永恒世界对立，探险者自身与神对立。在坎贝尔那里，探险者更像神话学家而非神话叙述中的角色，这种神话学家具有跨越神圣叙述与现实世界的立场和视野，他们通过解读神话形象所具有的意义，超越固有观念的束缚。

探险者在探险途中遇到的女神是生命世界的象征。生死是生命世界的两极，因此，他们必须参透宇宙母亲（女神）所体现出的养育与毁灭共存的悖谬性。坎贝尔经常举印度神秘主义大师罗摩克里希那的幻境来表现宇宙母亲的悖谬性。恒河里出现一位美丽的母亲，她正在哺育孩子，然而，这位母亲越变越丑，最终张开大嘴将孩子吞噬，消失在恒河中。“只有具有最高理解才能的人才能够忍受这位女神无比庄严形象的全部显示。”（坎贝尔，2000，p. 112）探险者必须“具有最高理解才能”，因为只有突破生死两极对立的框架，他们才能进入永恒世界。不过，生命世界与永恒世界并不是对立的，它们在本质上是合一的。男神与女神合一的神话意象说明父神的永恒世界与母神的生命世界是一体的，所以，“最终他会发现父亲和母亲互相反映出彼此的形象，父亲和母亲本质上是同一的”（p. 125）。探险者还必须突破自我与神的对立：“这二者——英雄和他最终的神，即寻求者和被找到者——可以理解为是单一的反映自我的奥秘（这种奥秘和世界的奥秘是同一的）的外表和内涵。”（p. 31）这些无法理解的悖论只能在更高层面获得理解。最终，归来的探险者否定了神秘世界与日常世界的区分，成为两个世界的主人。

总之，外在旅程是坎贝尔对古希腊英雄神话和欧洲中世纪圣杯传奇叙述模式的总结，而内在旅程更多则是坎贝尔借鉴东方思想（印度教和禅宗）的结果。坎贝尔在后期的著作中将禅宗尊为通过内在旅程获得精神智慧的突出代表。这些修炼者消解了一切的关联和束缚。在他们那里，幻象即觉悟，限定即解脱，束缚即自由，解脱和自由的状态就是人当下的状态。（Campbell，1972a，pp. 174-183）元意识使探险者以“在之内”的立场突破所在情境，获得“在之外”的视野，从而超越现有层面的冲突，获得更高层面的智慧。

四、元符号性：英雄之旅的意义深度

元符号是指称另一个符号的符号（赵毅衡，2017，p. 271）。它们指向了人类文化发展累积的过程。坎贝尔的元神话由旅程、双重世界等元符号组成，这些元符号体现了英雄之旅的意义深度。

英雄探险以双重空间和旅程为基础。人类空间意识的觉醒与旅程密切相关。“旅程”在史前猎人追捕猎物的过程中出现了。作为人们的日常活动，旅程以远去、探险、归来为基本模式。而猎人重复狩猎的经历便逐渐形成这种模式，而这种模式意味着人类空间意识的觉醒：

> 心理空间的出现——就在同样的阶段出现了到热带稀树大草原去探险以猎取体型更大的猎物的需要，同时也出现了那种对知识的渴望以及超越满足饥饿所需要的征服所带来的激动体验——发明了完整的旅程构成：离开与回归；还有一种渴求不仅是对发现的渴求，

也是对安全的渴求。（肇嘉，2015，p. 271）

人们将同样基于远去、探险、归来的生命历程等比喻为“旅程”，使其成为元符号。神话将日常世界中的空间意识神圣化。人类的元意识通过超越生命世界的方式促成生前与死后世界的对立与贯通，神话由此而出现。从叙述学的视野来看，叙述区隔将叙述世界与现实世界隔开，而犯框则是要突破此类区隔。元意识便以犯框的方式将叙述区隔而成的不同世界的边界打破，以文本内的处境进行文本外的思考。（赵毅衡，2013，p. 301）对人类来说，死亡便是区隔，它将人类世界分为生前与死后两个截然不同的世界。神话起源于人类超越死亡焦虑的诉求（Campbell，1972b，p. 20）。也就是说，神话是人类通过对生命世界的犯框，在生命世界之外建构的一个超越该世界的死后世界；人类通过神圣叙述将两个世界联系起来，从而超越死亡的焦虑。

距今五万年到三万年的尼安德特人已经开始为同类修建坟墓，人类的直系祖先能人继承了尼安德特人的这一传统，这说明从那时开始，人类已经试图通过情节连接不同的生命状态。坟墓作为一种具有边界区隔和指示功能的物将生前世界与死后世界叠加，并进而将两个不同的世界串联起来。神秘世界与日常世界的对立，是神话传统留给人类的框架。两个世界拥有不同的法则，是神话赋予人类的思维方式，其经后世文化的重复而固化。旅程成为铭刻在文化脉络中的原型结构。仪式是远去、探险、归来之旅程的文化展演，而文学作品也在反复呈现旅程模式。人类最早的英雄史诗《吉尔伽美什》讲述了吉尔伽美什寻找长生不老药的旅程；在古希腊神话中，赫拉克勒斯、伊阿宋等英雄历经千辛万苦，寻找金羊毛、金苹果或其他神圣物品；《奥德赛》是奥德修斯抵制诱惑、历经磨难的回家之旅；中世纪的圣杯传奇是圣杯骑士帕西法尔等人寻找圣杯的旅程；《神曲》是但丁在维吉尔和贝阿特丽采的引导下游历地狱、炼狱和天堂的旅程；歌德的《浮士德》则是浮士德在不同可能性的并置和转换中寻找生命意义的旅程……这些作品是英雄之旅在文学世界的演变。如果说穿越是角色从物理世界 A 穿越到物理世界 B，叙述在物理世界 B 展开（云燕，2019，p. 210），那么，英雄之旅在当今流行的穿越小说和穿越电影中依然具有顽强的生命力。

总之，英雄之旅指向人类文化意义积累的过程。正因为拥有久远和深厚的文化根基，英雄之旅才具有长久的生命力。正如曼陀罗是印度教和佛教的原型元符号，太极图是中国和东亚地区的原型元符号，在彰显个人英雄主义的语境中，英雄之旅成为该传统表达价值准则和身份认同的原型元符号。

五、英雄之旅的影像变身

英雄之旅由相对稳定和持续变化的两个层面构成，双重世界、内外旅程和四个阶段（日常世界、试炼之路、返回之路、两个世界的主人）是英雄之旅相对稳定的组成部分，而四个阶段又因凝聚不同的可能性而成为叙述星云。双重世界是英雄之旅的重要组成部分，是英雄探险的基础。影片往往以日常世界为叙述锚点，通过英雄的探险向神秘世界延伸，从而展示宏大的宇宙图景。双重（或多重）世界在电影世界分岔演变，最终呈现出由不同特性的双重世界所构成现代影像宇宙。远去、阈限、归来为英雄之旅的核心单元，它们将英雄探险分为四个阶段，这些阶段与电影经典三幕结构结合，在每个阶段转变的节点都会出现相应的仪式情境，暗示着探险阶段的变更。内在旅程致力于揭示英雄觉醒的历程，英雄之旅的元意识为好莱坞叙述传统赋予了超越性特质。为了论证集中，本文以《疯狂动物城》《肖申克的救赎》为主要案例（见表1），辅以其他电影，探讨英雄之旅在不同电影中的嬗变。

表1 《疯狂动物城》《肖申克的救赎》英雄之旅的关键节点

探险阶段	《疯狂动物城》	《肖申克的救赎》
日常世界	“非常人”兔子朱迪梦想成为警察，然而却得不到周围动物的认可	“非常人”安迪·杜弗伦被审判，有罪与无罪的冲突使他陷入悬而未决的状态
边界（仪式情境）	心怀梦想，朱迪离开兔窝镇，坐着火车去动物城	安迪的入狱仪式
试炼之路	因为是兔子，朱迪在工作中备受歧视。为了证明自己，朱迪争取到找寻失踪动物的机会，并与狐狸尼克一起寻找失踪的动物	安迪反抗“三姐妹”的侵犯
接近	朱迪和尼克设法进入关押失踪动物的医院	安迪转到监狱图书馆工作，为狱警和狱长报账
最深的洞穴：磨难	朱迪找到了被绑架的动物，却激化了食草动物与食肉动物间的矛盾，也不认为自己是英雄	证明安迪清白的证人被狱长杀害，寻找真正凶手的线索断了，安迪却被关了两个月的禁闭
返回之路	归来的朱迪与狐狸尼克寻找真正的元凶	禁闭出来的安迪决心执行自己一直在暗中准备的越狱计划
复活（仪式情境）	狐狸尼克佯装因发疯而撕咬兔子朱迪，诱使羊市长说出真相	安迪爬过充满排泄物的排水管，成功从肖申克监狱逃出

续表

探险阶段	《疯狂动物城》	《肖申克的救赎》
两个世界的主人	英雄朱迪与并不完美的世界和解	安迪获得自由，更换姓名，并成功复仇

（一）三幕结构与仪式情境

展演英雄之旅的电影往往会在英雄探险不同阶段转换时出现仪式情境，英雄离开日常世界进入神秘世界的时刻，要经历一个仪式性的情境，而他们从神秘世界归来的时刻，也同样会经历一个仪式性情境。这些仪式情境暗示着电影幕序、主人公探险阶段和身份的变化。

在《肖申克的救赎》中，安迪·杜弗伦等人被押入监狱的场景就是一场剥离自由权的仪式。这些新犯人被用锁链锁在一起，在狱警的监视和老犯人的欢呼中下了囚车，随后，他们被冲澡，强撒除蚤粉，光着身子抱着囚衣进入牢房。他们已经进入没有自由、人权甚至尊严的肖申克监狱，被打上了犯人的印记。这是犯人都必须经历的一个剥离日常世界的特质（尊严、自由和人权等）甚至最终被吞噬的过程。在《疯狂动物城》中，兔子朱迪坐着火车，远离家乡，去动物城实现她的梦想。在配乐 *Try Everything* 中沿途景物一一展现，成为一组绝妙的人生新的阶段即将开始的暗示。在《少年派的奇幻漂流》中，海难成为探险英雄生命阶段变化的标志性情境。在暴雨中，邮轮翻了，派落入大海。影片用一组派在海中拼命挣扎的镜头宣告派从人类的文化世界被剥离出去，自此他需要独自面对生命吞噬生命的自然世界。

探险归来的英雄也必须面对剥离相关特质的仪式。爬过长长的充满人类排泄物的排水沟是安迪·杜弗伦死而复活的仪式。最终，遭受屈辱被剥夺自由的犯人死去了，新的自由人诞生了。影片《少年派的奇幻漂流》详细展示派回归人类世界的情境：奄奄一息的他拼尽最后一点气力迈向岸边，瘫在沙滩上，随后他获救了，而老虎理查德·帕克却离他而去。这一组镜头暗示着他在自然世界的漂流生活已经结束，他又重新回到了人类世界。

因此，展演英雄之旅的电影模拟铭刻在文化的脉络深处的仪式结构，使影片中的英雄探险带有浓重的仪式色彩，增加了影片的意义深度。这些电影继承了英雄之旅的神话性和文化功能，成为神话仪式的影像书写。正如坎贝尔所说："神话可以透过各种仪式——像成年礼、婚礼、生育仪式、葬礼等——带领人穿越生命历程中各个不可避免的阶段，而人类的生命历程，自远古开始，就跟今日没两样。”（柯西诺，2011，p. 182）运用英雄之旅的电影试图继承和发挥类似的功能，带领人们通过生命中各个不可避免的阶段。

（二）英雄的磨难与觉醒

经过“试炼之路”，神秘世界的探险英雄需要面对并通过更严峻的考验，从而进入神秘之地的核心——“磨难”。磨难使探险英雄剥离一切特质而处于真空状态，这种真空促使探险英雄顿悟不可言说的宇宙奥义和自我本质。

在“磨难”阶段，否定力量与肯定力量之间的博弈达到白热化，两者处于一种相互否定的平衡状态，使探险英雄处于“在之间”的虚无状态。在《肖申克的救赎》中，无罪与有罪成为安迪·杜弗伦生命中悖逆的两极。安迪的自我肯定（坚称自己无罪）与世界对他的否定（律师的诉讼、法官的判决）呈现了他在有罪与无罪之间的悬而未决的状态。监狱是吞噬和剥夺人的自由的邪恶力量，狱长、狱警甚至“三姐妹”都是这种力量的代表。入狱的安迪反抗“三姐妹”，不让他们侵犯自己，是在努力保持自由人的唯一点尊严。

无罪与有罪的冲突在“磨难”阶段达到最激烈的程度。安迪从狱友处得知找到杀害自己妻子的真正凶手的线索。找到真正的凶手，便可以证明自己的清白（我本无罪，自我肯定）。然而，希望的微光换来的却是更严厉的惩罚和恶劣的处境，因为此前他一直为狱长洗钱，狱长怕他出狱后危及自己的前途而将证人杀死。线索断了，安迪无法证明自己的清白。并且，为了逼迫安迪屈服，狱长关了安迪两个月的禁闭，这是肖申克监狱有史以来最严厉的惩罚。从禁闭中出来的安迪甚至怀疑自己确实有罪，因为他认为正是自己的性格导致妻子离去，最终促成了她的死亡（我有罪，自我否定）。没有杀害妻子的安迪却怀有深深的罪恶感，因此，他进入既非有罪亦非无罪的独特状态。

在《疯狂动物城》中，兔子朱迪找到失踪动物，成了众人眼中的英雄。然而，她却没有认为自己是英雄，因为她的发现没有为动物城做出贡献，相反，由于担心食肉动物野蛮化，动物城中的食草动物与食肉动物之间的矛盾激化了。心灰意冷的朱迪选择回家，理想的破灭成为她的磨难。最终，当众人将其尊为英雄的时刻，朱迪却从“我是英雄”的自我肯定转向“我非英雄”的自我否定。肯定与否定博弈，使朱迪进入非常人亦非英雄的独特状态。

磨难会剥离探险英雄几乎所有的特质，使他们象征性地从世界消失。女神伊南娜下降到地府中，这位女神穿过七重不同的门，每过一重门都要被剥夺一种法器，这最终改变了她的形态。（坎贝尔，2000，pp. 102—103）探险英雄，“返回世界的子宫中，世界的肚脐中，地上的乐园中”（p. 84）。磨难是探险英雄最绝望、无助、迷茫和困惑的阶段。迷茫和困惑源于曾有的执念，绝望和无助源于不切实际的奢望，曾有的观念框架导致英雄处于当下的情境中，磨难在于质疑自己曾有的观念，放弃固有的执念。探险英雄只有从这种困境中突围，激活超越性元意识，才能获得更高层次的顿悟。

在《肖申克的救赎》中，无罪与有罪的对立受到质疑。杜弗伦没有犯罪，却被抓进监狱，因为在监狱中帮监狱长洗钱而获得相对的自由。当寻找到证明自己无罪的线索时，他试图通过司法途径获得清白，却导致证人被杀，线索断了。他想通过司法程序证明清白的愿望破灭，最终只能通过非法的越狱重新获得原本属于自己的自由。他只有突破无罪与有罪之间的对立，才能获得最终的自由。在《疯狂动物城》中，归来的兔子朱迪最终窥破理想世界与现实世界之间的隔阂，从而获得精神的自由，因为世界并不完美，所以才需要负责的警察（否定了“否定之否定”）。

总之，在展演英雄之旅的电影中，肯定与否定的矛盾促使探险英雄反思自己对世界的认识，他们最终突破双重世界对立的框架，获得精神的觉悟。探险英雄改变固有观念，突破双重世界对立的过程，增加了影片的形而上色彩。在《少年派的奇幻漂流》中，回归人类社会的派向来访的日本船公司代表先后讲述了两个故事，一个是作为电影叙述主体的派和老虎漂流的故事，另一个则是邮轮上幸存的四个人彼此相残的故事。两个互相指涉又彼此否定的故事组成了一个关于世界本质的终极拷问，人类世界冲破虔敬信仰而与彼此屠杀的动物特性并置，呼唤观众去寻找突破对立的答案。影像符号是正在生成的符号（张骋，2018，p. 30），意义在观众接受的过程中完成，因此，此时的观众就成了需要突破悖谬，获得精神感悟的探险英雄。

结　语

塔拉斯蒂（Eero Tarasti）认为性质相似的事件往往会相互关联，灾难带来更大的灾难，成功带来更多的成功，因为“在此场域中，相似的情境或事件之间具有很强的吸引力”（2011，p. 4）。在这些由英雄故事不同变形而形成的故事谱系中，与探险相关的梦想、创伤、挫折、勇气、友谊、爱情、旅程等元符号成为相互交叉的节点，相似功能的角色相互应和，相似结构的电影彼此支撑，从而形成独特的能量场和文化共振。

神话结构在人类文化中起到非常重要的作用，“根据这一结构，人类的生命形成一种轨迹，跟随在各种角色之后，这些角色起着神话模式的作用”（塔拉斯蒂，2011，p. 331）。英雄之旅正在成为美国的结构。在宣扬个人英雄主义的文化语境中，由仪式基本结构拓展而来的英雄之旅类似水中的墨色，逐渐向流行文化的不同层面浸透，“不同的人物或者事件可能被融合在一起，单一因素可能改变了形式多次重复出现”（坎贝尔，2000，p. 256）。英雄之旅在电子游戏、娱乐综艺甚至是文化品牌领域得到广泛运用，成为表达个人英雄主义观念的元结构，就像这一文化大厦的钢筋将不同部分紧紧地连接为一个整体。拥有共同叙述结构的不同故事以文本间性形成彼此呼应的文本网络，它们通过变与不变的影像展演影响了人们的思维方式和文化认同。

引用文献：

格塔，摩亨佐纳特（2008）. 室利·罗摩克里希那言行录（王志成，梁燕敏，译）. 北京：宗教文化出版社.

坎贝尔，约瑟夫（2000）. 千面英雄（张承谟，译）. 上海：上海文艺出版社.

柯西诺，菲尔（编）（2011）. 英雄的旅程：与神话学大师坎贝尔的对话（梁永安，译）. 北京：金城出版社.

塔拉斯蒂，埃罗（2012）. 存在符号学（魏全凤，颜小芳，译）. 成都：四川教育出版社.

沃格勒，克里斯托弗（2011）. 作家之旅——源自神话的写作要义（王翀，译）. 北京：电子工业出版社.

云燕（2019）. “穿越”流行背后的文化症候：中国穿越类作品的符号自我. 载于曹顺庆，赵毅衡（主编）. 符号与传媒，18，209－218. 成都：四川大学出版社.

张骋（2019）. 从共现到重复：从符号现象学论“电影影像生成性”. 载于曹顺庆，赵毅衡（主编）. 符号与传媒，18，28－38. 成都：四川大学出版社.

赵毅衡（2013）. 广义叙述学. 成都：四川大学出版社.

赵毅衡（2017）. 哲学符号学. 成都：四川大学出版社.

肇嘉，鲁格（2015）. 父性（张敏，等，译）. 北京：世界图书出版公司.

Campbell, J. (1972a). *The Flight of the Wild Gander*. Chicago, IL: Henry Regnery Company.

Campbell, J. (1972b) *Myths to Live By*. New York, NY: Viking Press.

Campbell, J. (1987). *The Masks of God: Primitive Mythology*. London, UK: Penguin Books.

作者简介：

张洪友，博士，湖北民族大学文学与传媒学院讲师，研究方向为符号学与比较神话学

Author:

Zhang Hongyou, Ph. D. lecturer of College of Literature and Communication, Hubei Minzu University, majoring in semiotics and comparative mythology.

E-mail: hillu@126.com

现代化的动力和制动：以丹麦特定现代化为例

肖宏德

摘　要：现代化的动力和制动的元语言支持，存在着两种意义解释方式："动制合一"的整体元语言和"动制分源"的分裂元语言。丹麦资本主义是模仿英国的现代化，动力价值来自国外，本民族的"传统主义"起制动作用。丹麦的现代化始于农村，是农业的衍生物，经由农业合作社运动发展而来，农业合作社是丹麦现代化的意义解释方式。民众中学作为丹麦现代性启蒙运动的载体，是丹麦仅有的独创文化符号，推动了农业合作社运动。农人和青年在民众中学获教化和启发后，这一阐释社群共同认可现代性的元语言。接受的现代性、传统主义演化的观念及格伦特维式思想组成丹麦现代化的动力和制动元语言集合。

关键词：现代化，动力和制动，元语言，传统主义，格伦特维式思想

Driving and Braking Forces in Modernisation: A Case Study of Denmark's Specific Modernisation Trajectory

Xiao Hongde

Abstract: There are two kinds of interpretation of the metalinguistic nature of driving and braking forces in modernisation: metalingual totality, through the syncretism of driving and braking forces; and the disruptive metalanguage of divergent driving and braking forces. Denmark's capitalism is an imitation of modern British capitalism, and its driving force comes from abroad, whereas national traditionalism exerts a braking force. One interpretation of Denmark's modernisation is that it began in rural areas as the result of the development of an agricultural co-operative movement. Folk high schools are the main cultural sign of Denmark's modernity, and promote the agricultural co-operative movement. Young rural people have been cultivated and inspired at folk high schools, and the resulting interpretive community confirms the metalanguage of modernity. Accepted modernity and the ideas that evolved from traditionalism, as well as Grundtvig's way of thinking, are metalinguistic sets of driving and braking forces in Denmark's modernisation.

Keywords: modernisation, driving and braking forces, metalanguage, traditionalism, Grundtvig's way of thinking

DOI: 10. 13760/b. cnki. sam. 201902016

北欧国家丹麦现代化的独特性在于：在世界其他地区，工业化显然先出现在城市，在丹麦却从农村开始。丹麦是经由农业合作社运动，在发展农业和农产品出口基础上逐渐现代化的国家，到 20 世纪 50 年代前后，从一个农业国转型为现代化国家。丹麦现代化有其独具的文化元语言评价体系：在农村广泛设立民众中学，教化和启发民众对现代化进行意义解释，以民众中学为载体的现代性启蒙运动推动农业合作社发展，现代化经由农业合作社运动发展而来。丹麦的现代化是在和英国的经济联系中发展而来的，以国外的现代化为动力，本民族的“传统主义”文化作为制约价值而存在。民众文化活动的评价体系出现的评价旋涡，为丹麦资本主义的发展提供有效的意义解释，成为其现代化进程的符号动力。

一、现代化背后的评价元语言

德国著名宗教社会学家马克斯·韦伯（Max Weber）在 1905 年出版的名著《新教伦理与资本主义精神》一书中指出，新教伦理作为文化价值支持了资本主义的发展，为资本主义的发展提供了文化动力。（韦伯，2010a）从字眼的现代意义上分析，韦伯认为资本主义实际上是新教的产物，或更恰当地说，就是清教主义的产物。（布罗代尔，1997，p. 44）韦伯探寻的是现代性的元语言意义解释方式，也就是意识形态评价标准。一切历史都是思想史，表现着人的思想。（柯林武德，1997，p. 303）历史中的人的表意活动实际上就是其思想的解释规则，集团主体的评价活动推动历史发展。

马克思、涂尔干、滕尼斯和韦伯都试图分析欧洲社会工业化所引起的巨变，他们都倾向于主张“现代化是个整体，包括资本主义市场经济、随之而生的大规模分工、强大的集权官僚国家、亲密的村庄群体变为不近人情的城市群体、公共的社会关系变为个人的社会关系”（福山，2014，p. 414）。现代化经工业化得以实现，所以工业化是现代化的核心。工业化从18世纪肇始于英国，美国紧随其后，20世纪中期进入成熟的高度工业化阶段。英美现代化始发的动力，源自基于新教伦理的文化动力：营利，追求金钱以及尽可能聚集更多的财富。资本主义的发展，必须战胜和剔除强大的基督教“传统主义”的阻力。基督教传统上反对市场、金钱、投机、高利贷等，是抑制敛财的。基督教会在中世纪以来之所以反对高利贷和积累财富，是因为教会代表一个远在资本主义之前的时代，而作为新事物的清教主义对教会而言如芒刺在背。宗教价值的确切位置是在一切文化的中心，经济变革是否可能，受文化的制约。（布罗代尔，2017，p. 66）新教伦理价值对经济行为和经济心态的渗透作用，一方面克服了抑制敛财的传统主义观念，推动了资本主义的发展，另一方面构筑了制衡经济行为的资本主义精神。

英美的现代性元语言因素传到丹麦后，其集团主义的意义解释方式是广泛设立民众中学，以民众中学为载体发起现代性启蒙运动。现代性启蒙运动传播格伦特维的启蒙思想，形成了格伦特维式的“天赋人权”“人人平等”“自由结社”的社会理念。在群众性启蒙运动中，民众学习农业技术，习得发起和管理合作社的理念。群众在民众中学获教化和启发后，他们的社会性评价活动又反过来支持了丹麦现代性的意义解释。民众现代性的表意活动推动了农业合作社运动的发展。这一阐释社群共同认可现代化进程中的评价体系，社会主导意识形态对丹麦社会文化起调控作用。现代性启蒙运动推动了农业合作社的发展，农业合作社走上工业化之路，丹麦现代化最终经由农业合作社运动完成。丹麦的现代化从农村开始，区别于英美从城市开启的现代化，它的特定现代化也成为北欧国家的参照对象，例如瑞典就参照了丹麦的特定现代化。

二、丹麦传统主义的演化：不同元语言因素的配制

丹麦传统主义背后的元语言支持，其意义解释经历了无限衍义的过程，各种元语言因素配制调和成元语言的集合。意义的每一次解释，背后都有一个由各种因素组成的释义元语言集合在支持，这些元语言因素可分成三类：（社会文化的）语境元语言、（解释者的）能力元语言、（文本本身的）自携带

元语言。（赵毅衡，2016，p. 227）从语境元语言分析，丹麦作为欧洲的一个小国，传统上被视为欧洲的边缘。尤其是基督教传入北欧之前，丹麦人的祖先维京人被视为“野蛮”人。维京人时常南下掠夺西欧教会的财产，他们和穆斯林一样被视为拉丁西欧的敌人。当时，丹麦社会认同的是一种古老的部族文化。社会文化是元语言组成因素的主要来源，是解释意义生产的外部条件。（赵毅衡，2016，p. 228）部落文化的元语言因素主要为原始宗教和图腾崇拜的理念，部落文化语境影响民众的文化表意方式。

基督教传入北欧后，丹麦开始被基督教同化，成为欧洲文明的一部分。基督教的评价体系支持丹麦民众的意义解释，为丹麦民族建设添加了共享的规范和文化，建构丹麦民族认同感。（福山，2015，p. 293）到了1533年，丹麦国王弗里德里克（Frederick）逝世，其长子克里斯蒂安公爵（Christian Duke）信奉路德宗，在其封地推行宗教改革。路德新教思想主张建立统一的民族国家，君主是世俗社会的首领，教会不应干涉世俗事务。马丁·路德（Martin Luther）认为世俗社会应有可行的自治权，皇帝为了履行自己的职责，不必成为一名基督徒（Whitford，2003，p. 189）。丹麦王国实际上是由天主教会把持的参政会在掌握国家的权力，它负责推选新国王。参政会担心克里斯蒂安继位会改变丹麦原有的统治秩序，损害天主教会的利益。（耶斯佩森，2012，p. 31）因此，参政会决定无限期推迟新国王的推选，自行接管了政府，结果导致丹麦市民和农人发起暴动，反抗参政会和天主教会的统治。克里斯蒂安公爵依靠自己的力量平息了暴乱，继承了王位。随后，他以叛国罪将天主教主教关进大牢，将参政会的天主教势力从世俗权力中剔除，没收天主教会的土地，在丹麦推行宗教改革并对政治结构进行改造。（Lockhar，1996，p. 31）丹麦宗教改革的完成是一个缓慢的演变过程，到1536年克里斯蒂安三世（Christian Ⅲ）发动政变时才完成。宗教改革后，路德教派成为王国的教会，国王成了教会的世俗首领，丹麦建立了世俗化的有限君主制。

丹麦社会从“野蛮”部族社会到步入基督教文明社会，再到确立新教路德宗为国教，这一过程中，天主教和新教的各种元语言因素配制成为传统主义背后的元语言支持。没有16世纪丹麦的宗教改革，资本主义在丹麦就不可能出现，因为新教伦理能够撤除资本主义发展所面临的传统主义抑制敛财这一障碍。（韦伯，2010b，p. 313）路德宗作为伦理宗教，能够打断丹麦社会的部族纽带，建立起信仰和伦理性生活样式的共同体。路德教派的信仰对经济心态的理性的形成具有制约性。在资本主义发展过程中，现代性元语言和传统主义演化的各种理念组成丹麦现代化背后的元语言集合。丹麦社会必将以某种意义解释方式接受制动的元语言价值，积极调控丹麦社会文化的运作，为资本主义的发展构筑社会、政治和文化的现实。

18世纪下半叶，卢梭关于人民主权的启蒙思想在丹麦影响越来越大。农人阶层逐渐不再相信1665年专制宪法中君权神授的观念，转而质疑专制政权的合法性。在危机时刻，专制政府采取了改革计划，实行开明专制统治，宣称自己是大众意志的解释人和代理人，视自身为人民总意志的最高反映。（Jesperson，2011，p. 68）作为卢梭启蒙思想在丹麦的接收者和解释者——农人、市民、君主和统治阶层，他们各自社会性成长经历、文化修养、社会地位和解释经验的差异，决定了他们的解释能力和反应各不相同；对要解释的启蒙思想的符号文本，他们会挑选出有关因素来组成适当的元语言集合，这是一种能力元语言的再现。（赵毅衡，2016，p. 228）解释者能力有差异，在文化活动中产生的意义解释也各不相同。在丹麦，这种元语言的集合发展为一种对话和协调传统：民意驱动政府政策的贯彻和实施，君主关注和倾听民声和民意。（耶斯佩森，2012，p. 13）启蒙运动后期，启蒙思想和虔信宗运动对立，出现教会和国家分裂的局势。虔信主义者认为信仰是个人私事，国家无权干涉，是不是国教教会正式会员并不重要，最重要的是个人再生的宗教体验。（pp. 88－89）在丹麦，启蒙思想和虔信宗运动的对立，从未造成国家和教会发展到分裂的地步，这与丹麦著名的教士、历史学家、诗人和教育家格伦特维（Grundtvig）的思想密不可分。丹麦出现的臻致资本主义，其背后是文化活动的评价体系内化了意识形态的冲突。

三、丹麦现代化进程中的元语言冲突和社会性评价活动

在北欧各国中，丹麦有发展农业的较好地理条件。丹麦位置接近海上主要航线，西面临北海，丹麦群岛将卡特加海峡与波罗的海分开，处于从波罗的海到各大洋、从北欧国家到中欧的海上必由之路的出入口。这一地理位置在丹麦现代化进程中起了重要作用：便于丹麦进口原料和出口产品，建立与国外的经济联系，接受现代化的动力价值。基于地缘政治、经济关系，丹麦传统上就是西欧的主要粮食供应国，丹麦尤其是向英国大量出口粮食。这种贸易关系决定了西欧对丹麦的经济和社会影响巨大。（Mille，1991，p. 122）粮食贸易是丹麦同英国主要的经济联系，通过与英国的粮食贸易，英国现代化的元语言价值必然对丹麦社会产生影响。在英国现代化的激励下，丹麦19世纪开始接受市场经济和资本主义的动力价值。在农业商品化和机械化带动下，城市开始发展，市场经济规模逐步扩大。同时，格伦特维的思想与丹麦

路德宗观念、协定文化、对话文化和启蒙思想耦合，引导着丹麦社会的运转。在民族国家层面，格伦特维把基督教精神、社会责任和民族身份融合在整体民族国家认同之中。

格伦特维对现代性的解释方式是设立民众中学，用生动的语言教化和启发民众。18世纪三四十年代，格伦特维开始提倡建立民众中学，民众中学就在格伦特维思想中萌芽产生。民众被教化和启发后，共同认可现代性的评价活动，继而现代化成为丹麦社会主导意识形态。民众中学是丹麦最重要且独有的文化符号。（Melchior，1987，p. 64）民众中学作为再现体，其设定的元语言标记指导和产生意义解释，其意图意义是启蒙和教化民众。丹麦社会达成如下共识：君主视为代表民众意愿的传统主义文化，为民众中学的发展创造了良好的社会条件。19世纪40年代，丹麦政府开始拨款资助民众中学。（Mille，1991，p. 160）1844年，第一所民众中学在丹麦罗亭一座南日德兰（Snderjyllands Amt）的村子诞生。18世纪晚期解放的农人在民众中学接受了教育，他们的独立意识和自我意识萌芽发展。民众中学为农业的发展提供了强大的文化和人力后盾，推动了农业合作社的发展。在几十年的发展过程中，民众中学发展成为一个强有力的全国性组织。事实上，乡村地区的所有青年人当时都在民众中学注册，接受附加的继续教育。民众中学注册的青年人除了学习历史和文学，还主要学习应用农业。丹麦的农人和青年在民众中学接受教育后，熟悉了自己的历史和传统。在丹麦接受国外现代化的动力后，他们能够找到适应自己的发展模式，以传统为出发点，在本民族传统主义文化中找到制约价值。制度最好是由本地的社会参与者创造，制度要想取得成功，必须符合当地的习俗和传统。（福山，2015，pp. 289-292）19世纪中期，在格伦特维思想影响下，丹麦古老社会的部族认同上升到丹麦集体民族的认同。集体民族身份的确立是个现代现象，也就是现代化的产物。丹麦传统主义演化的观念和格伦特维式思想配制调和组成的制动元语言集合，通过经济伦理对国家行为和人的行动起作用。制约价值实际上为现代化发展所必需。（赵毅衡，2016，p. 390）丹麦现代化背后的元语言支持中，动力价值来自国外，制约价值来自本土，虽然源头各不相同，但并存于丹麦社会评价体系中。由此出现的文化元语言冲突和评价旋涡作为意识形态评价体系支持了资本主义发展。丹麦臻致资本主义社会，正是在这一符号动力机制下诞生的。

新航路开辟和地理大发现后，西欧经济快速发展，对外贸易繁荣，城市不断壮大，人口迅速增长，对粮食需求剧增，丹麦旧的农业制度不能满足欧洲市场对粮食的需求。18世纪后期，丹麦政府进行了伟大的农业改革，将丹麦农业改造成现代的适合于自由民的产业。在丹麦现代化进程中，英国市场、丹麦农业和丹麦现代化三者形成了有机的联系。按照现代化理论，边缘国家的现代化，通过与英美等主要现代化国家的经济联系而获得发生的条件。丹麦通过与英国的经济联系为现代化创造条件，其现代化是一种农业的商品化和机械化。（钱乘旦，2010，p. 422）丹麦与英国的经济联系带来英国现代化投射的压力，这有利于丹麦接受现代化的动力价值。丹麦的粮食大量以高价出口到英国，粮食贸易的繁荣带动了丹麦整个社会的发展。英国社会给丹麦地主和农人阶层也提供了大量机会，加快了丹麦的现代化进程，使丹麦经济向自由贸易过渡。（Rying，1988，p. 279）1823 年，英国开始放宽《谷物法》的限制；1846 年，英国议会最终确定取消对外国谷物征收进口税，这让丹麦粮食贸易出现长达 30 年的繁荣。（耶斯佩森，2012，p. 232）农村变富裕，与农业相关的林业、园艺、养殖业和渔业也发展起来，全国的购买力也随之提升。农民开始放弃自给自足的农业生产习惯，购买建材、工具、糖和普通消费产品，这为丹麦工业化和城市化创造了基础。

到了 19 世纪末，丹麦农业合作社爆炸式发展，民众中学教化思想在其中起到了巨大推动作用。丹麦的现代化是农业的衍生物，经由农业合作社运动发展而来。农业合作社运动是丹麦社会集团主体对现代化的意义解释，是一种元语言方式。依据符号学的符号表意无限衍义原理，解释符号的符号依然需要另外一个符号来解释。（赵毅衡，2016，p. 101）农业合作社运动，作为解释符号的符号，自身也是新的符号，现代化是其解释项。随着交通运输的发展，北美和俄国通过铁路把价格低廉的粮食运到欧洲，欧洲粮食市场供大于求，粮食价格大跌。丹麦与英国粮食贸易的黄金时代消失了。到了 19 世纪晚期，丹麦农业再次被迫变革，进行大幅度转型，从种粮食改为养牲畜，生产肉类和奶制品。农业技术的发展，尤其是奶脂分离器的发明，改变了奶牛饲养业的技术基础。拥有大量资本和使用奶脂分离器的农场主，生产效率提高，规模扩大，经济收益增多。农民们担心受到剥削和不公正对待，相互联合起来组成合作农场。1882 年 6 月，丹麦第一家合作制酪场开始生产。合作农场观念得到丹麦农人的普遍认可，所以迅速发展成为全国性的农业合作社运动。（Jesperson，2011，pp. 158－161）在 1890 年，合作制酪厂达到 700 家，到了 1914 年达到 1,200 家，几乎每个地区都有一家制酪厂。（Rying，1988，p. 301）农场的每一个成员，无论投入多少，在农场年度大会上，都具有同等的投票权，民主决策制度由此建立。农业合作社由农场工人自我管理，负责农产品的生产、销售和生产资料的购买，合作社扩大了市场，提高了产量，降低了生产成本。（Miller，1991，p. 24，pp. 122－124）制造和生产消费产品的工厂随之广泛建立起来，工业开始发展。农业经济向商品经济转轨，手工业经济向机械化经济转型，农产品和生活必需品的生产开始市场化，这些都具有现代性的特征。“实际上，丹麦农业就是一个庞大的工厂，从牲畜啃的草一步步的加工，到牲畜身上精炼出来的食品，丹麦合作社运动就是这浩大重组中的一个婴儿。”（耶斯佩森，2012，p. 134）在丹麦现代化的进程中，很少出现类似西欧发达资本主义现代化中的阶级冲突，因为来自本土的制动元语言，影响经济活动中的行为和心态，通过经济伦理对人的行动起作用。现代化也加速了世俗化的倾向，教会在社会中的作用减弱，人们对教会和基督教的精神寄托弱化。教会日益融入现代社会，成为丹麦现代官僚机器的一部分。丹麦成为世界上最早去基督教（Jones，1986，p. 212）和实现高福利的臻致资本主义国家之一。

丹麦资本主义发展背后的分裂元语言支持中的制动部分制衡国家和人的经济行为，使农业合作社和现代化成为一种理性的劳动组织，为丹麦臻致现代化的出现奠定了基础。丹麦现代化与农业合作社运动结合在一起，管理层和普通工人的阶层冲突很小，为现代丹麦相对和谐的工业关系奠定了基础。所以，19 世纪晚期丹麦的农业合作社运动，被视为丹麦特定的现代化方式，此方式比其他欧洲国家的工业化方式更民主。（Mordhorst，2014，p. 116）

结　语

丹麦经由农业合作社运动成功转型为现代化国家，其中社会评价元语言冲突造成的评价旋涡，为丹麦现代化演进提供了更有效的意义解释和发展动力。现代性的元语言各组分可以是冲突的，只要制动元语言因素不压灭动力元语言因素，现代化依然可以成功。（赵毅衡，2016，pp. 385－390）丹麦接受国外的动力价值，从传统主义中找到了制约价值以制衡经济行为和经济心态。因而，丹麦现代化进程中没有出现尖锐的阶级冲突、大规模的罢工运动和示威，贫富差距很小，社会依照责任伦理去行动，从一个封建专制国家发展成一个现代国家。（Jesperson，2011，pp. 220－221）

反观近代中国的救亡图存运动，洋务运动、戊戌变法和辛亥革命都没有实现中国的现代化。洋务运动主张引进西方的先进工业技术，富国强兵，抵御外敌，其失败之根本在于只接受西方的动力价值，没有找到适合中国的统一的制动价值，不适应也不利于现代化的发展。洋务派人物严复译述赫胥黎的《天演论》，目的是传播欧洲思想。在译述过程中，严复多用意译，常常掺杂自己的见解，用按语的形式表达自己的思想和观点（白寿彝，2004，p. 1473)。严复引进的欧洲思想，只取动力部分，删去了制约部分。（赵毅衡，2016，p. 387）戊戌变法和辛亥革命引进国外的社会制度，只是简单复制西方制度的外在形式，毫无实质，产生所谓的“同构模仿”，不反映中国传统的价值观。（福山，2015，p. 53）西方制度思想和中国传统主义作为两套不同的文化元语言评价体系，无法调和，不适应中国现代化的发展。从符号学角度分析，失败的原因都是力图外求制动元语言价值。而事实上，正如韦伯所说的，所有传统主义都有制动价值，所有民族，只要接受动力元语言，就能够而且必须从自己民族的信仰中找到可用的制动元语言。（赵毅衡，2016，p. 390)

引用文献：

布罗代尔（1997). 资本主义的动力（杨起，译). 北京：生活·读书·新知三联书店.

布罗代尔（2017). 十五至十八世纪的物质文明、经济和资本主义（第三卷）（顾良，施康强，译). 北京：商务印书馆.

白寿彝（2004). 中国通史（近代前编 1840—1919). 上海：上海人民出版社.

福山（2014). 政治秩序的起源：从前人类时代到法国大革命（毛俊杰，译). 桂林：广西师范大学出版社.

福山（2015). 政治秩序与政治衰败：从工业革命到民主全球化（毛俊杰，译). 桂林：广西师范大学出版社.

柯林武德（1997). 历史的观念（何兆武，张文杰，译). 北京：商务印书馆.

韦伯，马克斯.（2010a). 新教伦理与资本主义精神（康乐，简惠美，译). 桂林：广西师范大学出版社.

韦伯，马克斯（2010b). 中国的宗教：儒教与道教（康乐，简惠美，译). 桂林：广西师范大学出版社.

钱乘旦（2010). 世界现代化历程（西欧卷). 南京：江苏人民出版社.

耶斯佩森，K. J. V.（2012). 丹麦史（李明，张晓华，译). 北京：商务印书馆.

赵毅衡（2016). 符号学：原理与推演. 南京：南京大学出版社.

Melchior, A. (1987). *There Is Something Wonderful in the State of Denmark*. Secaucus, N.J.: Lyle Stuart.

Rying, B. (1988). *Denmark History: Danish in the South and the North* (Vol. 2). Copenhagen, DK: Royal Danish Ministry of Foreign affairs.

Whitford, D. M. (2003). *Luther's Political Encounters*. In Eonald K. Mckim (Ed.). *The Cambridge Companion to Martin Luther*. London, UK: Cambridge University Press.

Miller, K. E. (1991). *Denmark: A Troubled Welfare State*. Oxford, UK: Westview Press.

Jesperson, K. J. V. (2011). *A History of Denmark* (Ivan Hill and Christopher Wade, Trans.). London, UK: Palgave Macmillan.

Mordhorst, M. (2014). *Arla and Danish National Identity—Business as Cultural History. Business History* (Vol. 56, No. 1). England, UK: Routledge Journals, Taylor & Francis, Ltd.

Lockhart, P. D. (1996). *Denmark, 1513－1660: The Rise and Decline of a Renaissance Monarchy*. London, UK: Associated University Presses.

Jones, W. G. (1986). *Denmark, A Modern History*. London, UK: Groom Helm.

作者简介：

肖宏德，四大学历史文化学院博士研究生，研究方向为欧洲社会文化、语言文化战略及翻译史。

Author:

Xiao Hongde, Ph. D. candidate in School of History and Culture, Sichuan University. His research fields are the European society and culture, the strategies of language and culture, and the study of translation history.

E-mail: hungday@qq. com

书 评

意义产生的交流格局：评陆正兰著《流行音乐传播符号学》

张 莉

书名：流行音乐传播符号学
作者：陆正兰
出版社：四川大学出版社
出版时间：2019
ISBN：978-7-5690-2840-9
DOI：10.13760/b.cnki.sam.201902017

人类用符号表达情感及意义。有的符号基于物理世界的规则性而建立，目的在于探索人类如何在物理世界栖息，而有的符号则面对人类的精神世界，目的在于探讨人类意识形态观象，实现人类在物理世界“诗意的栖居”。音乐符号表意活动即为人类精神世界表达情感及意义的过程。音乐符号通过生产、传播、消费全过程，构筑一种音乐文化，而歌众社会化的意义解释使得音乐传播形成完整闭环，音乐文化才得以保存、延续及发展。

音乐类型分类早在20世纪就已出现。狭义来讲，整个音乐界包括了流行音乐、古典音乐、民间音乐、爵士音乐等音乐形式；广义上说，则分为古典音乐及流行音乐（霍纳，斯维斯，2016，p. 6）。以阿多诺为代表的学者一直认为“流行音乐没有遵循独立于商业因素之外的音乐自身逻辑，而是重复着同样的、陈旧的模式，以便将自己更好出售给那些喜好这种样式的受众”。以理查德·米德尔顿为代表的反对者则认为，阿多诺的音乐批评总建立在高度抽象的音乐和社会概念之上，并没有顾及大众对音乐的感受和使用（2016，

p. 7)。他们认为：从音乐学理论出发，和声与曲式与古典音乐有关，而对流行音乐而言至关重要的是节奏、音色、模态等；音乐学强调以乐谱为研究对象，而流行音乐则是一种听觉音乐类型，强调以表演及音乐录制为主要研究对象；音乐学划分出音乐价值的标准，如运用记谱法，以印刷品的形式传播，而这些特征不适用于流行音乐，流行代表的是大规模生产和消费，流行音乐包括大众所聆听和购买的音乐。

陆正兰教授对流行音乐关注多年，对流行音乐符号独特的语言、乐音、表演，甚至结合了图像的传播系统有深刻洞察。2014 年在英国剑桥大学访学的经历更促发她的思考：流行音乐是当代中国文化符号中影响力巨大的传播形式，对其进行研究，思路是将其置于大众媒介领域，看重音乐的制作者、表演者、受众对音乐的感受，其表意有着迥异于其他文化样式的独特之处。

陆正兰教授所著《流行音乐传播符号学》，正是在遵从音乐生产、传播、消费、认同等逻辑原则的前提下，从传播符号学角度探讨音乐。作者借鉴美国符号学家、哲学家莫里斯的符形学、符义学、符用学三分法，围绕音乐的各种符号表意方式进行意义传播、文化传播机制研究，分别讨论流行音乐文本的符形构成、流行音乐的符号意义传播以及流行音乐的符用学机制，详细分析流行音乐传播的各个要素——歌词、音乐、歌手、媒介、传播、受众、文化以及文化商品功能等。作者将符号学原理与当代流行音乐发展中的一些重要传播机制结合起来研究，将歌众视为与音乐创作者、表演者等共同参与流行音乐实践的音乐符号主体，形成了一个较为完整的流行音乐传播符号学理论体系。

《流行音乐传播符号学》全书由导论、上篇、中篇、下篇四部分组成。导论首先指出全书的基本思路，即对流行音乐的符形、符义与符用研究。接着由大到小、层层递进，从音乐符号学、传播符号学、音乐传播符号学、流行音乐传播符号学角度，对相关研究进行了详细梳理，为全书写作夯实理论基础。

上篇从符形学角度研究流行音乐的文本结构：主要通过双轴关系研究，揭示流行音乐文本构成；通过对流行音乐文本的艺术性、实用性、使用性研究，得出流行音乐“物－实用－艺术”三联体符号特征；通过对流行音乐文本的“非指称化”研究，揭示其体裁规约性；通过对歌词中人称代词符号、言说主体、语境研究，呈现流行音乐文本的交流格局；通过对流行音乐文本内外的“重复”进行研究，形成刺点，强化表意；通过歌星的演示性表演，揭示流行音乐格外观照的社群效应。

流行音乐具有令人难以置信的复杂性，并且这种复杂性的各个方面能够延伸至语境世界。这就需要将流行音乐的表演、场合等文本特征纳入与语境相关的生产和消费进程中，进行意义传播考量。

中篇从符义学角度研究流行音乐的意义传播过程：主要通过对流行音乐传播模式的探讨，呈现其多环节意图循环的传播机制；通过流行音乐与纯音乐的对比，揭示流行音乐中歌词的定调作用以及意义解释对音乐意指过程的影响；通过流行音乐的伴随文本研究，延伸出相应的营销原则；通过对流行音乐块茎式传播特点的探讨，呈现流行音乐的无限衍义过程。

“除了乐器和音乐结构，另一种经常被忽略的是歌唱的声音，这恰恰是流行音乐产生意义的一面。”歌手因歌唱得名，而一个普通歌手一旦经过历史、文本、生产、媒体及受众合力推送，成为“明星”这个象征符号，又常常遮蔽歌曲文本和歌唱行为本身。基于此，作者讨论了歌星的象征化机制，通过对歌星与歌曲文本身份、粉丝经济的分析，得出歌星构建的文化象征趋同的结论。

作者紧接着通过 MTV/MV、KTV 等新表意方式的研究，揭示流行音乐在新媒介技术下的视觉化、社交化特征：新媒介可以使作为听觉文本的流行音乐，变成 MTV、MV 等视听文本，可以凭借技术创造出一种全新的“音色”，并建立新的符号视听认知模式。社交媒介将喜好同种音乐类型（或歌词，或创作者，或歌星等）的不同群体进行重聚重组，使其形成一种交流式的编码，作为消费方式牵引新一轮的交互性音乐传播。线下举办原创音乐节，线上开发数字音乐，提供在线下载、在线试听，现场直播音乐会，运用微信公众号、微博将音乐与阅读结合等，正在强化流行音乐传播的交流态势。

下篇从符用学角度，研究流行音乐的社会使用，明确流行音乐一直以来的讨论范畴，即流行音乐是一个文化再生产和变化发生的场域，双重分节将流行音乐置于特定的关系和秩序中，并在其中确定意义；作为主导类型的音乐一空间文本使得流行音乐无处不在，并构筑每个传播主体的身份；流行音乐的跨媒介、再媒介化过程使其呈现出一种修辞间性；性别性融入流行音乐歌词，通过概念对喻形成标出性偏边及翻转，以此影响流行音乐文本表层意义解读；流行音乐呈现文化代际及文化反哺的传播分层，“老歌翻唱”则在一定程度上补平歌曲代际沟壑，促进歌曲文化传承和文化反哺；流行音乐作为被大规模生产和消费的当代文化，在新媒介视域中呈现出符号域的大扩展，例如古代音乐、现代音乐、民歌在卷入新媒体时代过程中，包含向流行音乐扩展的元素。

陆正兰教授所著《流行音乐传播符号学》的独特之处在于，不仅仅构建了流行音乐传播符号学理论体系，还揭示了流行音乐的生产和传播过程的特殊机制，即在五个基本传播环节（词作家的歌词、作曲家的音乐、歌手的演唱、媒介的传播、歌众的接受）中，没有一个环节有充分主体性，存在的只是各个环节之间的主体间性。因此，讨论流行音乐文本，需要将创作者、歌手、媒介机构、歌众这些主体元素均纳入其中，用交流的视角开展研究。

作者指出，流行音乐不同于纯音乐，其歌词决定歌的意义归属，歌词中的人称代词构成不同主体的对话和交流，使得流行音乐传播变成一种双向交流，即歌者代表的创作主体与歌众主体之间形成一种动力性，歌者表达感情，展现自身经验，歌的意义在传达中重新编码，在语言、代言方式、内外部结构、生产与接受循环等方面形成一系列独特的传播交流机制，而这些传播交流机制又在构建社群文化的共同主体性，从而实现进一步交流。

流行音乐不同于其他艺术门类的单向发送，是一种大众参与实践的文化样式，因此，流行音乐传播有两层主体，即以词曲作者、歌手、演奏者等为代表的发送主体及以歌众为代表的再发送主体。在歌曲发出主体与作为接受主体的歌众之间，存在着无处不在的呼唤和应对系统。被歌询唤出来的歌众是一种群体人格品质，他们是被歌（尤其是歌词）询唤出来的“交流主体”。歌众有实现自身意图的充分主体性，可以在众多歌曲中选择性地进行传唱，并由此产生相应的情感动力，对本源主体进行反向意向性投射，以此形成体现传播接受者的认知与效果意义的音乐接受文本。也就是说，流行音乐的文本意义主要取决于创作者、歌手、媒介机构和歌众的意义构筑。因此，与小说、电影、戏剧不同，音乐传播度的衡量准绳是歌众的传唱乃至相互赠唱的这个再创造过程，只有歌众的传唱能真正实现歌曲流行的建构意义和影响力。

流行音乐符号文本有多种文本形态，伴随文本跨越共时/历时分界的存在，促成每种文本形态之间的融通。例如：乐谱和歌谱文本是最窄化的书面文本意义上的音乐文本，它通常是固定的，供专业演员“观读”演奏或演唱，是音乐的“蓝图”。歌手现场演出，使静态的歌谱文本动态化，从而产生一个“声音文本”，即视听媒体文本。视听媒体文本，是再度演示的音乐声音及影像文本，包括录像、录音及当代的媒体在线音乐，为流行音乐的演示性文本。歌者名字、专辑标题、特定的渠道，同一作者、同一歌手、同一题材、同一时代，歌曲形成前的全部条件、歌曲形成后或被接受前影响意义解释的各因素、延伸文本等伴随文本，以上一切促成乐（歌）谱文本、音乐现场表演文本和视听媒体文本之间形成一种“连贯的交流”。

流行音乐作为一种文本，是由音乐、歌词、图像以及歌手的演唱等各种媒介组成的，其文本表意过程的交流性还体现在复合媒介性上，即一个符号文本由多个不同媒介中的文本配合而成。复合媒介的出现丰富了流行音乐的表现角度，实现了人感官和表现器官最大化的延伸；复合媒介使符号文本和表演者分离，做到超时空交流；新媒介的“声源分离”技术使得“转瞬即逝”的声音被定格在一定的空间，具备了交流性；音乐节、KTV 等“类体验”，培养了部落化音乐社群，提供了演出艺术原有的“交互行为”带来的体验美感等。

值得思考的是，流行音乐既是一种精神生产，又是一种商品生产。在精神生产层面，理想的音乐传播应该能给传播过程的两端，即词曲创作者和传唱歌众以最大自由。歌手对歌曲的表演是流行音乐传播的中间环节，亦是为这两端提供的通达服务。但在商品生产层面，音乐的“创意—生产—营销—消费”构成了当代音乐文化的产业链，围绕一个流行音乐文本的演员表演、歌手服饰、舞台装置、灯光音响、广告赞助、场内外报道等，都在共同建构流行音乐的文化与商品价值。在消费社会语境中，它们更是被提到了一个新高度，甚至遮蔽了音乐文本本身。流行音乐意义产生的这种交流格局能多大程度揭去这个“遮蔽”，使交流主体（创作者、表演者、媒介机构、歌众等）最终回到音乐欣赏本身，还有待进一步研究。

引用文献：

霍纳，布鲁斯，斯维斯，托马斯（主编）（2016）．流行音乐与文化关键词（陆正兰，刘小波，等，译）．成都：四川大学出版社．

作者简介：

张莉，四川大学文学与新闻学院博士研究生，成都体育学院新闻与传播学院讲师，主要研究方向为符号学、传播学。

Author:

Zhang Li, Ph. D. candidate of School of Literature and Journalism, Sichuan University, and lecturer of School of Journalism and Communications, Chengdu Sport University. Her research fields are semiotics and communication.

E-mail: 11226896@qq.com

中国传统符号思想的研究典范：评苏智《〈周易〉的符号学研究》

于化龙

书名：《〈周易〉的符号学研究》
作者：苏智
出版社：四川大学出版社
出版时间：2018
ISBN：978－7－5690－2557－6
DOI：10.13760/b.cnki.sam.201902018

符号学于19世纪末、20世纪初诞生，迄今为止已有一百多年的历史，然而与中国传统文化相比，它仍显得十分年轻。但是这并不影响两者之间进行深入的交流，因为早在符号学确立以前，中国文化的符号思想就已形成，其标志便是《周易》的诞生。《周易》是上古先民运用符号理解万事万物的经典著作，它本是卜筮之书，但随着易学的深入（尤其是《十翼》的产生），其占卜功能不断减弱，而哲学意义渐渐凸显。它在阴阳的基础上衍生出了名为“八卦”的基本图像，而每卦两两组合，便形成了所谓的六十四卦：爻画不断叠加，形成了象征天地万物的符号系统，人们在这一基础上理解世界的运行，参与事件的发生。由于这样的结构携带了一切结构所具有的特征——整体性、转换性、自我调节性，人们对《周易》的理解与运用自然可以不断地扩张、延伸。（祝东，2012）

西汉武帝独尊儒术，《周易》作为“五经”之首，首先受到了经师儒生的高度关注。汉晋之间玄学崛起，《周易》作为“三玄”之一，再次得到了王弼等人的深入研究。从唐宋到明清，从张载、程颐、朱熹到王夫之、李光地、章学诚，《周易》的研究几乎贯穿了整个中国的历史。到了现代社会，人们更是进一步把《周易》与其他学科结合在一起，从科学领域的数学、医学、天文学、计算机理论，到人文领域的文学、史学、哲学、宗教学，乃至管理学、营销学，《周易》凭借其源头的地位与灵活的属性，几乎跟每一种学科都发生了或多或少的联系。这些研究基于《周易》的固有特征，串联起不同时代、不同领域的文化资源，并把它们纳入一个生生不息且有机统一的解释系统当中，共同组成了中华文化的符号思想，一起为今日周易学、符号学的结合打下了坚实的基础。

20世纪80年代中期，随着结构主义溢出语言学边界，一系列不同领域的符号学研究成果在中国相继问世（赵毅衡，2019）。《周易》的符号学研究亦是其中之一。就专著而言，王明菊的《叩寂寞而求音——〈周易〉符号美学》、詹石窗的《易学与道教符号揭谜》、徐瑞的《〈周易〉符号学概论》、李定的《符号学视野下的易学》，都是不可忽视的研究佳作。论文方面，陈良运于1988年撰写了第一篇关于《周易》符号学的文章——《论〈周易〉的符号象征》。此后，在陈道德、俞宣孟、孟华、李先焜等前辈学者的带领下，至今已有300多篇文章专门探讨这一问题（苏智，2018，p. 2），其研究内容包含了五个方面：第一，《周易》的符号思想研究，以徐瑞、柳倩月、金志友等人的研究为代表；第二，《周易》的语言符号学研究，以周山、陈玮的研究为代表；第三，《周易》的符号美学研究，以谢金良、苏保华、王椰林等人的研究为代表；第四，《周易》的身体符号学研究，以张再林的研究为代表；第五，《周易》伦理符号思想研究，以杜海涛、祝东、王小英等人的研究为代表。

诚如苏智所言，学界对于《周易》的符号学研究越来越深入，其在理论互通性、思路延展性与论证深入性等方面都呈现出稳步提升的态势。然而研究呈现的问题同样十分明显。首先是论文、专著数量虽有增加，但总量却不甚多。其次是研究的问题和角度不甚集中，还不能建构出全面的理论体系。最后是已有成果分析深入程度不同，许多结论都有进一步探讨的空间。（2018，p. 5）这些问题都说明《周易》的符号学研究仍是一个有待深入挖掘的学术课题。在这样的背景下，作为一部志在系统分析《周易》内部符号学问题的学术著作，苏智的《〈周易〉的符号学研究》便显示出了深远的意义与巨大的价值。

该书在符号学的基础上，既合理地参照了中国传统易学文化，也有效地运用了西方其他哲学领域的相关理论，通过解读《周易》的经传符号系统，分析了《周易》卦爻系统所呈现的符号思维逻辑，归纳了《周易》的修辞特征与叙述范式，进而揭示了其符号行为蕴含的文化特征与思想内涵，由此形成了《周易》符号学研究的全部内容。

全书共分为五章。在第一章，作者运用皮尔斯的符号三分理论，主要探讨了《周易》符号系统的意义生成机制，解读了《周易》符号的意义生成过程。《周易》的表意系统可以分为卦画（对意义的直观呈现）、卦辞（对卦画的直接描述）、《易传》（对卦义的深度阐发）三个部分，而参照皮尔斯对符号成分与符号属性的三分——再现体、对象、解释项，第一性、第二性、第三性，可知卦画同再现体与第一性相对应，卦辞同对象与第二性相对应，而《易传》对应的则是解释项与第三性。三者共同影响认知，并在文本内部形成了一个完整的意义产生过程：一方面，《周易》自下而上地从事物中抽象出了意义形成的基本范畴——阴、阳，使它们作为理解事物的起始元语言；另一方面，又在阐发意义的过程中自上而下地结合确定语境进行具体分析，从而形成了一个多层次的符号系统，赋予了《周易》无限衍义的可能。

在第二章，作者进一步结合皮尔斯与莫里斯等人的符号学理论，从符形、符义、符用三个角度，分析了《周易》符号的性质。首先从符形的角度讲，卦画是图像，卦辞与《易传》则是文字，所以它们分别呈现出质符、单符、型符的特征；其次从符义（即符号与对象的关系）角度讲，卦画、卦辞与《易传》分别具有像似符号、指示符号与规约符号的特点；最后从符用的角度讲，卦画与呈位相对，卦辞与述位相对，但由于在《周易》衍义过程中，《易传》不能给予绝对的阐释，《周易》符号呈现出元语言特征，因此《易传》不能与论位相对。在严格区分《周易》符号的基础上，该章又揭示了比喻、象征、反讽等修辞方法在《周易》表意过程中所产生的理据性变化，再次证明了《周易》无限衍义的可能性。

在第三章，作者主要考察了《周易》符号的结构系统，在运用索绪尔、巴尔特等人双轴理论的基础上，探讨了其多层次元语言之间的关系。《周易》组合轴的一大特点即不同的层次会有不同的组合，而不同的组合仍然可以同时成立。比如在面对某一具体卦象时，人们既可以自下而上地从第一爻到第六爻揭示事物的演进规律，也可以自上而下地用卦象组合来进行理解。两种方式可以同时运用，解释漩涡便由此形成，如《需》卦既可以用基于位序的“数理元语言”解读，也可以用基于总体的“人事元语言”理解，它们虽相互冲突，但同时成立。基于这一点，作者又深入地分析了《周易》的聚合轴特征，从卦画、卦辞、《易传》三个角度，指出其聚合过程不但是“近取诸身，远取诸物”，而且已经深入历史文化的诸多领域，由此与组合轴共同形成了“彰往察来，显微阐幽”的特点。

在第四章，作者基于叙述学理论，研究了《周易》符号系统中的思维逻辑与认知特点。《周易》的叙述可以分为文本内叙述与文本外叙述两类。文本内的叙述范式是由卦爻名称、比喻成分、占断成分、意动成分四种成分组成的；文本外的叙述范式往往由占题、取卦、占论、断辞、事实五种成分组成。通过分析《周易》文本的叙述范式，作者揭示了其中蕴含的“以言成事”的意动性特征，并讨论了《周易》叙述所呈现的语言逻辑思维与符号语用特征。作者认为《周易》的认知方式可以分为三类，即形象的、联想的、类比的，它们皆是《周易》符号系统建立的关键性思维；又基于《周易》的弱编码特征，结合符号文本与实际卜筮的具体情况，分析了其中“唯变所适”“同喻多边”的意义机制。

在第五章，研究的对象从前面的具体问题上升到了《周易》的文化意义。本章基于符号模塑与意识形态等相关理论，探讨了《周易》模塑系统的构成与特点，对符号文化的深层建构与意识观念等问题进行了深入研究，再次审视了传统文化的生成与变革。本章的研究是在以下三个语境中进行的：就文化语境而言，它揭示了《周易》符号模塑系统与其结构特征，分析了儒道文化中《周易》符号的转码情况；就时空语境而言，它探索了《周易》在线性时间推移与卦位空间变化中的阐释差异，指出了符号自我与具体环境的密切关联；就伦理语境而言，它说明了儒家价值观对于《周易》的全面渗入，研究了儒家道德如何影响吉凶阐释的问题。在此基础上，作者又进一步分析了阐释社群文化与传统意识形态对符号系统的影响，并在更高的理论层面上揭示了《周易》符号系统的文化意义。

在西方文论盛行的今天，如何研究中国传统文化，成了每一个研究者都不能回避的巨大问题。中国的学术传统自成一体，与西方学术传统相比，它一方面具有西方不可比拟的连续性，另一方面也具有西方不能容纳的异质性。（李幼蒸，2007，p. 778）所以不管是对中国，还是对西方，运用西方理论研究中国问题，都是一种巨大的否定与冲击。然而，不同文明只有在相互否定、相互冲突的过程中，才能重新审视自己的问题，并于已有的惯例及固定的程序中发现自身的罅隙，从而再次获得更新的契机。中国符号思想研究，必须从全新的角度深入传统文化的内在哲学精神，因为只有这样，不同的哲学精神才能在关联与对照的过程中得到全新的阐释，并且引导人们以更加全面、更加深刻的方式理解人类文化的价值观念。（苏智，2018，p. 8）

从符号的角度去研究《周易》，或许会引起人们的怀疑，但只有经过“怀疑”的过程，才能达到“不疑”的结果。正像《困》卦所揭示的那样：唯其先困，方可后通。虽然本书的作者还是一位年轻的学者，虽然本书的研究还有一定上升的空间，但在阅读《〈周易〉的符号学研究》时，我们仍然可以感到作者那份开辟新领域的勇气与严谨的学风。正是在实事求是、大胆创新的基础上，作者用实际的成果破除了人们的怀疑，使古老的周易学与年轻的符号学得以相遇，共同上演一场华丽的理论探险、一次出色的思想突围。

引用文献：

李幼蒸（2007）．理论符号学导论（第3版）．北京：中国人民大学出版社．

苏智（2018）．《周易》的符号学研究．成都：四川大学出版社．

赵毅衡（2019）．形式论在当代中国．社会科学，4，157－166．

祝东（2012）．拟诸形容，象其物宜：易学符号思想研究的回顾与反思．载于曹顺庆、赵毅衡（主编）．符号与传媒，5，115－123．成都：四川大学出版社．

作者简介：

于化龙，四川大学符号学－传媒学研究所成员，研究方向为《文心雕龙》符号学。

Author:

Yu Hualong, member of ISMS research team. His research field is semiotics of *Wenxindiaolong*.

E-mail: yuhualong182@163.com

本书在编辑过程中，得到了四川大学人文社科期刊资助项目、四川大学文学与新闻学院985工程文化遗产与文化互动创新基地，以及211工程子项目“中外文学与俗文化”的支持，特此感谢。